整合营销
业务流程再造

Integrated Marketing & Sales
Business Process Re-engineering

水藏玺　吴平新◎著

中国铁道出版社有限公司
CHINA RAILWAY PUBLISHING HOUSE CO., LTD.

图书在版编目（CIP）数据

整合营销业务流程再造 / 水藏玺，吴平新著 . — 北京：中国铁道出版社有限公司，2024.3
ISBN 978-7-113-30694-6

Ⅰ.①整… Ⅱ.①水…②吴… Ⅲ.①企业管理–市场营销 Ⅳ.① F274

中国国家版本馆 CIP 数据核字 (2023) 第 218172 号

书　　名：**整合营销业务流程再造**
ZHENGHE YINGXIAO YEWU LIUCHENG ZAIZAO

作　　者：水藏玺　吴平新

责任编辑：王　宏	编辑部电话：（010）51873038	电子邮箱：17037112@qq.com
封面设计：宿　萌		
责任校对：苗　丹		
责任印制：赵星辰		

出版发行：中国铁道出版社有限公司（100054，北京市西城区右安门西街 8 号）
印　　刷：三河市宏盛印务有限公司
版　　次：2024 年 3 月第 1 版　2024 年 3 月第 1 次印刷
开　　本：787 mm×1 092 mm　1/16　印张：12.5　字数：295 千
书　　号：ISBN 978-7-113-30694-6
定　　价：69.80 元

版权所有　侵权必究

凡购买铁道版图书，如有印制质量问题，请与本社读者服务部联系调换。电话：（010）51873174
打击盗版举报电话：（010）63549461

信睿企管专家委员会

主 任 水藏玺

委 员 吴平新　王远飞　赵晓东　刘志坚　刘　海
　　　　钟太林　刘凡惠　郭凌志　高国栋　许艳红
　　　　徐　凯　薛战才　李志强　沈花明　高　满

本书案例来源及技术支持

信睿咨询

南粤商学

信睿咨询

信睿咨询由国内知名管理专家水藏玺先生、吴平新先生发起，以"持续提升客户经营业绩"为追求目标，始终坚持"以客为尊，以德为先"的经营理念。结合十多年理论研究与企业实践，信睿咨询开创性地提出了"SMART-EOS 企业经营系统"理论，信睿咨询认为：企业的任何一项经营活动和管理行为都必须以提升企业市值为准绳。同时，在与客户合作模式方面，信睿咨询提出的"与客户结婚"和"咨询零收费"模式开创了国内咨询行业全新的商业模式。

南粤商学

南粤商学由国内知名管理专家水藏玺先生、张少勇先生等为核心发起人，联合近 300 位优秀企业家及企业高级管理者，以信睿"SMART-EOS 企业经营系统"为理论基础，以"拓展管理视野"为使命，传播南粤优秀企业管理经验，推动中国企业提升管理能力，怀揣"管理报国，利润报企，幸福报民"之理想，旨在帮助中国企业实现管理升级，为早日实现"中国梦"而努力。

前 言

通常认为，自从有了原始的物物交换，营销就已经开始了。试想一下，在物物交换的时代，交换双方为了提升自己物品的价值，就一定要从物品的外观、品相、功能上下些功夫，争取让自己的物品能够获得较高的认可度，从而换取更多自己需要的物品。一个社会的发展，必然会有分工。比如，英国的小作坊擅长生产针，而远在法国的农场主更擅长种植粮食，因此就会出现英国的小作坊主要把针卖给法国的农场主，而法国的农场主则把粮食卖给英国的小作坊，这之间必然又会产生销售关系。总之，物品在不同主体之间的有效转移，就需要一整套规则去实现，这就是现代企业所讲的市场营销。

如何才能把企业的产品卖出去，而且卖个好价钱？这个话题早就有人研究和实现，大家熟悉的整合传播理论、定位理论、冲突理论、顾客价值创造理论等，都是这个领域成熟的理论体系，如何利用这些理论做好营销工作，完美展现企业产品价值，进而满足客户诉求，这是每一家现代企业都需要思考并解决的核心问题。

随着这些年互联网经济的快速发展，从传统的坐销等客上门、摊位营销、电话营销、展会营销、会议营销、渠道营销、大客户营销，到近些年流行的网络营销、流量营销、私域营销、广域营销、新媒体营销、视频营销、社群营销、数字营销、大数据营销、服务营销、视觉营销、话题营销、爆款营销、饥饿营销、蜂鸣营销、口碑营销、新零售、智能零售等，与营销相关的概念层出不穷，甚至让人目不暇接，但我认为营销的本质始终没有发生任何变化。在互联网大背景下，每年都会有企业在营销模式创新上大显身手，小米、锅圈、格力董明珠店、直播带货等，也都是互联网经济兴起的产物。

本书的核心不是研究营销理论发展历程，也不是对新型营销模式的研究，而是通过回归营销本质，打通从品牌、市场、销售到客户服务等，从发现到创造客户价值的全过程，帮助企业建立规范、统一的整合营销业务流程，让企业以最便捷、最经济的方式获得客户，并为客户创造价值。

早在 2008 年，我就出版了《企业流程优化与再造实例解读》一书，这是我在此领域的第一本专著，也是国内早期为数不多与流程相关的书籍之一。随着这些年研究方向的不断拓宽和加深，我又在 2011 年之后连续出版了《流程优化与再造：实践、实务、实例》《流程优化与再造》《互联网时代业务流程再造》《业务流程再造》《不懂流程再造，怎么做管理》

等一系列与流程相关的书籍。在这些书籍中，结合不同行业、不同企业的最佳实践，我开创性地提出了"业务流程再造五步法"（即业务蓝图与业务流程规划、业务流程现状描述与问题分析、业务流程优化与再造、业务流程配套设计、业务流程信息化），这一方法已经在国内很多企业成功应用并取得了极佳的实践效果。

《整合营销业务流程再造》一书，也是按照我提出的"业务流程再造五步法"对企业整合营销业务流程再造进行详细介绍，期望能够对读者有所帮助。

全书共分为三篇九章，分别是整合营销业务流程再造理论篇、方法篇、实践篇，有系统理论、有实操方法、有最佳实践。通过阅读本书，读者可以全方位了解企业整合营销业务流程再造的方方面面。

在本书出版之际，我要感谢多年来一直保持着密切合作的客户们，在合作的过程中，有幸见证了中国企业的市场营销从早期的点子撬动、广告轰炸、密集型人员推广、近乎"骚扰"的电话营销向回归理性、精准营销、价值创造、经营长期客户的转变，越来越多的企业不再将巨额的资源投入不能创造价值的环节，而是更加注重产品创新，缩短甚至压缩销售环节，真正让客户受益，成就了一个又一个世界级的中国品牌，大家熟悉的华为、小米、万科、宁德时代、腾讯、长城汽车、小鹏汽车等都是各自领域的佼佼者。

另外，还要感谢我的家人，由于工作原因，长期、频繁出差，很少有时间好好陪在家人身边，在此也谢谢家人的鼎力支持、无私奉献和默默付出。

当然，限于个人资历、学识与能力，书中难免存在不足与缺憾之处，恳请广大读者不吝批评与指正，我愿与大家共同努力，推动中国企业通过整合营销业务流程再造提升企业市场运营能力，谢谢！大家有任何疑惑或不同的观点，可以直接来电、来信与我联系，期待与大家交流，我的联系方式为：电话（13713696644）、电子邮箱（sacaxa@163.com）、微信（shuicangxi）。

水藏玺

2023年10月于深圳前海

目 录

第一篇 整合营销业务流程再造理论篇 ... 1

第一章 流程与业务流程再造 ... 2
一、互联网时代需要整合营销业务流程创新 ... 2
二、什么是流程 ... 3
三、流程构成六要素 ... 5
四、企业流程类型 ... 7
五、业务流程再造 ... 9
六、第五代流程管理 ... 10

第二章 整合营销业务流程再造实践 ... 14
一、4P 理论、4C 理论与营销流程 ... 14
二、整合营销传播与营销流程 ... 15
三、顾客价值创造理论与营销流程 ... 16
四、从线索到现金流程 ... 17
五、APQC 产品与服务的销售相关流程 ... 21
六、互联网时代整合营销业务流程再造新趋势 ... 23

第二篇 整合营销业务流程再造方法篇 ... 25

第三章 整合营销业务流程规划 ... 26
一、价值链与业务蓝图 ... 26
二、整合营销业务逻辑关系图 ... 35
三、整合营销业务流程规划 ... 46

第四章 整合营销业务流程问题分析 ... 52
一、整合营销业务流程问题分析方法 ... 52
二、抽丝剥茧：挖掘流程真正存在的问题 ... 56

三、整合营销业务流程问题分析实践 57

第五章　整合营销业务流程再造方法与衡量 66
　　　一、整合营销业务流程再造常用方法 66
　　　二、整合营销业务流程再造衡量 68

第六章　整合营销业务流程配套体系设计 77
　　　一、基于整合营销业务流程的组织变革 77
　　　二、基于整合营销业务流程的制度与表单体系 79
　　　三、基于整合营销业务流程的分权体系 80
　　　四、基于整合营销业务流程的内控体系 81

第七章　整合营销业务流程信息化 83
　　　一、业务流程信息化规划 83
　　　二、CRM 与整合营销流程信息化 85
　　　三、DRP 与整合营销流程信息化 86
　　　四、OA 与整合营销流程信息化 88

第三篇　整合营销业务流程再造实践篇 90

第八章　工业品整合营销业务流程再造 91
　　　一、市场调研流程 91
　　　二、销售预测管理流程 95
　　　三、新客户开发流程 98
　　　四、终端客户订单获取流程 100
　　　五、销售价格管理流程 103
　　　六、大项目开发流程 107
　　　七、经销商订货流程 111
　　　八、销售订单管理流程 113
　　　九、销售订单变更管理流程 117
　　　十、销售回款管理流程 120
　　　十一、客户投诉处理流程 124
　　　十二、客户退换货处理流程 128
　　　十三、客户评价与管理流程 131
　　　十四、客户信用管理流程 135

第九章　消费品整合营销业务流程再造 140
　　　一、市场调研流程 140
　　　二、年度销售政策管理流程 143

三、年度品牌宣传计划及预算管理流程 147
四、品牌策划与实施流程 150
五、年度市场推广费用预算管理流程 154
六、市场物料开发流程 157
七、终端形象管理流程 159
八、市场活动策划与实施流程 163
九、年度销售合同管理流程 167
十、客户开户及资料变更流程 172
十一、月度销售目标及政策制定与执行流程 175
十二、返利结算流程 179
十三、自营平台运营管理流程 182

参考文献 188

水藏玺作品集 189

第一篇
整合营销业务流程再造理论篇

  为了取得经营业绩的戏剧性提高，企业应该再造经营——运用现代信息技术的力量急剧地重新设计每项业务的核心流程。

——迈克尔·哈默、詹姆斯·钱皮

  市场地位是市场营销的核心目标。我们不满足于总体销售额的增长，我们必须清楚公司的每一种主导产品的市场份额是多大，应该达到多大。特别是新产品、新兴市场的市场份额更为重要。品牌、营销网络、服务和市场份额是支撑市场地位的关键要素。

——《华为基本法》

  不论营销手段和方法如何改变和创新，营销的本质始终没有发生任何变化，营销的本质就是通过一定的流程让目标客户以最便捷、快速的方式找到你，并与你产生链接。

——水藏玺

第一章
流程与业务流程再造

从传统的电话营销、展会营销、会议营销、渠道营销、大客户营销、大项目营销，到近些年流行的网络营销、流量营销、私域营销、广域营销、新媒体营销、视频营销、社群营销、数字营销、大数据营销、服务营销、视觉营销、话题营销、爆款营销、饥饿营销、蜂鸣营销、口碑营销、新零售、智能零售等，营销的新概念层出不穷，甚至让人目不暇接，但我们认为营销的本质始终没有发生任何变化。不管营销手段如何变化，建立一套符合企业实际的整合营销业务流程都是必要的，也是必需的！

一、互联网时代需要整合营销业务流程创新

过去10年，有两家企业无疑是中国企业成功的典范，一者华为技术有限公司（以下简称华为），再者小米科技有限责任公司（以下简称小米）。关于华为成功的报道已经很多了，这里我们就以小米为例进行分析。

2010年4月6日小米成立，用短短10年的时间，从一家小企业，一跃位居2020年福布斯全球企业2 000强第384位，这是一个奇迹，我们从小米的发展简史可以管中窥豹，发现小米成功的秘密。

2011年7月12日，小米正式宣布进军手机市场，揭秘旗下3款产品：MIUI（米柚）、米聊、小米手机。

2011年9月5日，小米手机正式开放网络预订，两天内预订超30万部。

2011年12月18日，小米手机第一轮开放购买，3小时内10万部库存销售一空。

2012年1月4日，小米手机第二轮开放购买，3个半小时10万部售罄。

2012年1月11日，小米手机第三轮开放预订，36小时50万部预订完毕。

2012年3月初，第100万部小米手机售出。

2012年6月7日，小米手机销量突破300万部。

2012年10月10日，小米手机1S第四轮15万部标准版+5万部电信版开放购买，3分钟售罄。

2012年11月29日，小米手机2第三轮15万部开放购买，1分43秒售罄，同时20万部小米手机1S于13分29秒售罄。

2013年11月20日，小米路由器发布。

2014年12月9日，小米召开新品沟通会，发布小米空气净化器，售价仅899元。

2015年1月19日，小米发布了旗下生态链的最新产品"智能家庭套装"。

2016年7月27日，红米Pro、小米笔记本Air正式亮相。

2019年3月19日，小米集团发布2018年财报，总收入1 749亿元。

…………

从创业到进入世界500强，小米用了10年的时间。从早期的手机产品、米聊、米吧、小米路由器、移动电源，到空气净化器、平板电脑、笔记本电脑、电视……再到完善的小米生态链，小米也用了10年的时间。这10年无疑是小米最闪耀的创业年，坊间很多人将小米的成功总结为"创新的力量"！我们认为，小米除了对产品创新的极致追求之外，在营销方面的创新也是每家中国传统企业值得学习和思考的，在体验营销、饥饿营销、低成本营销、事件营销、私域营销等方面做足了功课，也赢得了市场。用互联网思维创新营销模式，并将其流程化，这是小米成功的另外一个重要原因。

可见，流程创新伴随着小米产品创新、营销创新，在过去10年小米的成功之路上发挥着极其重要的作用。

二、什么是流程

为了让读者全面了解整合营销业务流程，我们先从流程的基本概念讲起。当然不同的专家对流程有不同的理解和定义。

马文·M.沃泽尔在《什么是业务流程管理》一书中提到，流程是重复的增值活动的集合，它由组织的人和技术资源实施，其目的是实现共同的业务目标，生产出客户愿意也能够付费购买的产品或服务[①]。

迈克尔·哈默和詹姆斯·钱皮认为，流程是有精确定义的一个技术术语，它是成组的、相互联系的活动，这些活动一起为客户创造价值。

彼特·芬加认为，业务流程是一组完整的、动态协调的活动，它们相互协同、相互作用，共同为客户交付价值。

彼得·基恩认为，流程应该有四个标准：流程是周期性的；流程对组织能力的某些方面有影响；流程可以按不同方式完成，这些方式影响到流程产生的成本、价值、服务或质量；流程需要协调。

托马斯·达文波特认为，流程是为了给特定的客户或市场产出特定产品而设计的一组结构化、精准的活动。

国际标准化组织（ISO）在ISO 9001：2000质量管理体系标准中对流程是这样定义的：流程是一组将输入转化为输出的相互关联或相互作用的活动。

总之，关于流程的定义，不同的人有自己的理解和认知，因此给出的定义也就不尽相同。通过认真分析我们会发现，过去对流程的理解更多是以价值创造为出发点，试图说明企业

---

① 沃泽尔. 什么是业务流程管理[M]. 姜胜，译. 北京：电子工业出版社，2017：31.

内部为了满足客户需求（交期、成本、质量、服务）而选择或者实施的增值活动组合，本书提到的整合营销业务流程就是如此。当然，企业内部的集成供应链业务流程、集成研发业务流程都是如此，这与美国管理学教授迈克尔·波特提出的价值链模型中的基本活动相似，是从理解市场及客户需求开始，最终到最大化满足客户价值主张结束。

但在企业内部有很多活动其实并不直接与客户需求相关，而是与客户需求交付的支持或者控制相关，如迈克尔·波特在价值链模型中提到的支持活动，这些活动之间其实也存在流程，因此我们认为需要对流程进行更加全面的定义。

根据笔者多年的工作实践和对流程的理解，对流程定义如下：

所谓流程，就是指一系列的、连续的、有规律的活动，这些活动以特定的方式进行，并导致特定结果的产生。

在对流程定义的理解过程中，我们要注意：

（1）流程是一系列的、连续的、有规律的活动。正因为这样，这些"活动"是有先后顺序或并列关系的，同时这种先后或并列关系是连续和有规律的，企业不能违背规律地实施管理。正如迈克尔·哈默、詹姆斯·钱皮对流程定义中提到的"它是成组的、相互联系的活动"；也如彼特·芬加所说的"业务流程是一组完整的、动态协调的活动"；还如托马斯·达文波特所说的"一组结构化、精准的活动"。

比如说，企业要将自己生产的产品销售到终端客户手里，就要进行品牌宣传、市场推广、渠道开发、客户开发、订单开发、订单交付、客户服务等"一系列的、连续的、有规律"的活动。

（2）流程是以特定的方式进行的。在流程运作的过程中，不同公司、不同发展阶段，其"活动"之间的运作方式是不同的，即便是同一家公司、相同的发展阶段，因为客户需求或者流程目标的不同，可能也会导致"活动"之间的运作方式存在差异，因此这种"特定的方式"必须要结合企业实际业务需要，切不可照搬照抄。

比如说，珠海格力电器要把自己生产的空调销售出去，可以通过"国代—省代—市代—经销商"这种代理模式进行销售，也可以通过工程批发的模式由厂家直接供货，还可以通过格力董明珠店进行线上销售，当然不同的销售模式其流程是不同的，也就如流程概念中所说的每种销售模式都是"以特定的方式进行"。

（3）流程导致特定结果的产生。流程最终目的在于创造价值，也就是增值。正如马文·M.沃泽尔对流程的定义中提到的"流程是重复的增值活动的集合"，也如彼得·基恩对流程定义中提到的"这些方式影响到流程产生的成本、价值、服务或质量"。在企业中，流程的增值可能体现在效率提升、成本降低、销售增加、利润增长、质量提高，也可能体现在客户满意、员工满意。总之，这与每个流程的目的（绩效目标）有关。

在整合营销中，品牌宣传流程的增值方式是增加品牌认知度；市场推广流程的增值方式是拉近与消费者之间的距离，提升市场影响力；销售管理流程的增值方式是尽可能以最便捷的方式让消费者购买到企业的产品，进而扩大销量；客户投诉处理流程的增值方式是有效、快速处理客户投诉等。可见，不同营销流程的增值方式是不同的。

（4）基于流程目标，优秀流程的每项活动都是增值的。正如迈克尔·哈默、詹姆斯·钱皮所说的"这些活动一起为客户创造价值"。

（5）流程的目标是由客户决定的。菲利普·科比在《流程思维：企业可持续改进实践指南》一书中提到，持续满足客户需求是设计流程时无可争议的要求，这意味着我们要消除对目标毫无益处的活动，如果正在进行的工作刚好能够满足客户需求，那么流程便是高效的①。由此可见，企业在进行流程设计时首先要明确流程客户，并充分理解其核心需求，只有这样才能保证流程的每个环节都是有价值的。

对于整合营销流程而言，客户的需求是明确的：交期、品质、成本、服务，如何始终围绕客户核心需求进行整合营销业务流程再造，这是企业需要重点关注的。

（6）不同类型流程的增值方式会不同，对于业务流程而言，其增值可能体现在提升效率、缩短交期、降低成本、提升品质、确保客户满意等方面；对管理流程而言，其增值方式会体现在风险控制、知识传承、绩效提升等方面；而对辅助流程而言，其增值方式又会体现在内部客户满意、效率提升、业务支持等方面。总之，不同类型的流程其客户不同，客户需求有异，其增值方式也会不同。

虽然不同的人对流程的定义存在差异，但以上六点的认知是趋同的，这也是企业在进行业务流程再造时必须注意的。

三、流程构成六要素

一个完整的流程必须包含六个核心要素，即输入、供应商、过程、执行者、客户、输出。

（1）流程输入。流程输入是流程启动的触发点，是流程运作过程中不可或缺的组成部分。如品牌宣传流程的输入是企业品牌策略及年度经营计划，客户开发流程的输入是年度销售目标及年度客户开发计划。总之，每个流程都必须有明确的输入，这些输入可能是企业发展战略、年度经营计划、年度业务计划、行政指令、会议纪要或者某种特定的信息。

（2）流程供应商。流程供应商是指提供流程输入的物料、信息或其他资源的组织或个人。在日常的流程运作中，供应商可以有一个，也可以有多个。我们在进行流程设计时，一般只需要列出关键供应商即可。供应商作为流程组成的基本要素之一，所提供的物料、信息或其他资源对流程运作将产生重要影响。

（3）流程过程。流程过程是指为了满足流程客户需求所必须进行的相关活动的集合。这些活动对流程输出来讲，是核心的、关键的、不可缺失的、有增值效果的。从流程优化的思路来讲，过程才能为组织创造价值。因此必须尽量减少一切不必要的非增值环节，提高流程的质量和效率，使流程路径最短、效率最高、价值创造最大。

在一个完整的流程中，包含着多项活动，一般而言，流程活动之间是有着严密的逻辑关系的，上一个活动的产出就是下一个活动的输入，这些活动对应着不同的流程角色。因此在进行流程优化时，我们必须明确相关角色在这些流程活动中所承担的责任。

---

① 科比.流程思维：企业可持续改进实践指南[M].肖舒芸，译.北京：人民邮电出版社，2018：151.

（4）流程执行者。流程执行者又称为流程角色，是指具体流程中活动的实施者，它既包括岗位，也包括部门。在一个跨部门流程中，可能包括多个执行者。流程执行者的识别，与各个部门在流程中所扮演的角色和流程本身的层级划分有着重要关系。

（5）流程客户。流程客户就是流程输出结果的接受者，既可以是外部市场客户，也可以是内部组织客户。在设计相关流程时，首先必须明确流程的客户是谁，仔细把握客户最核心的需求，这样设计出的流程才有意义。而要做到这一点其实并不容易，需要我们认真甄别和思考，才能得出正确的结论。

在进行流程设计之前，不妨不断地提出相关问题，用以识别流程客户和客户的核心需求，比如：

谁来负责该流程的最终输出结果和效果？
该流程会对哪些部门的运作造成影响？
流程设计的最终目的是什么？
流程的内部客户是谁，外部客户是谁？
流程的主要客户是谁，次要客户是谁？
如何衡量流程客户的核心需求？

（6）流程输出。流程输出是指流程的最终产出结果，可能是有形的产品，也可能是无形的服务，还可能是一份文件或者一项决策。总之，不同流程的输出结果是不同的。流程的输出是否合格，最终需要由流程客户进行判断，看产出是否与客户需求相吻合。

另外在同一个流程中，可能有几种不同的输出，对应着不同的客户需求，这些需求可能会存在一定程度上的矛盾或者冲突。设计流程时应以满足该流程的主要客户的核心需求为主，这样设计出的流程才能达到我们所期望的效果。

【案例 1-1】光彩新材料整合营销业务流程规划

光彩新材料是一家专注于工业用新材料研发、制造与销售为一体的国家高新技术企业，受该企业委托，表 1-1 是我们帮助该企业规划的整合营销业务流程。

表 1-1　光彩新材料整合营销业务流程规划（部分）

流程名称	增值方式	流程六要素					
^	^	输入	供应商	过程	执行者	客户	输出
品牌宣传流程	提高产品知名度	年度营销计划、公司品牌策略	营销部、公司高层	品牌定位、品牌策划、品牌宣传、品牌监测	品牌部、市场部、销售部、营销中心负责人、总经理	销售部	销售线索、品牌宣传复盘报告
市场推广流程	提升市场影响力	年度营销计划、公司市场策略	营销部、公司高层	市场策划、市场活动策划与实施、市场物料开发、市场推广复盘	市场部、品牌部、销售部、营销中心负责人、总经理	销售部	销售线索、市场推广复盘报告

续上表

流程名称	增值方式	流程六要素					
^	^	输入	供应商	过程	执行者	客户	输出
渠道开发流程	增加渠道数量，提升渠道质量	年度营销计划、公司渠道策略	营销中心、公司高层	渠道规划、渠道政策、渠道开发与合同签订	销售部、市场部、品牌部、财务部、营销中心负责人	销售部	合格渠道名录
新客户开发流程	增加客户数量，提升客户质量	年度营销计划、公司策略	营销中心、公司高层	客户开发规划、客户画像、客户政策	销售部、市场部、品牌部、财务部、营销中心负责人	销售部	客户开户记录
销售漏斗管理	提升线索转化率	销售线索	销售部	线索池管理、销售漏斗管理、销售合同签订	销售部、市场部、财务部、营销中心负责人	客户服务部	销售合同或订单
常规订单评审流程	提升订单质量，降低订单交付风险	销售合同或订单初稿	客户服务部	销售合同或订单初稿、组织评审	客户服务部、销售部、计划部、技术部、品质部、财务部	计划部	常规订单评审结果
特殊订单评审流程	降低订单交付风险	销售合同或订单初稿	客户服务部	特殊订单初稿、组织评审	客户服务部、销售部、计划部、技术部、品质部、财务部、营销中心负责人	计划部	特殊订单评审结果

四、企业流程类型

在企业内部，流程贯穿不同部门、岗位等角色之间，不同流程发挥的作用是不同的。如强调客户价值主张的挖掘和洞察，重点解决产品的制造与交付、服务的交付，重点关注风险控制，为更好地实现客户价值主张提供支持和帮助。

不同企业由于其业务选择不同、价值链有异，因此内部的流程也存在巨大的差异，但不管怎样，企业内部的流程大致可以分为三类：其一是与企业产品及服务研发、生产、销售及客户订单交付直接相关的业务流程；其二是企业为了控制经营风险及运营成本而设置的管理流程；其三是帮助业务流程更顺畅、更高效的辅助流程。

概括来说，业务流程的价值在于从客户需求洞察、客户需求整理、产品研发、客户开发、采购供应、生产制造、市场推广、营销管理、客户服务等流程到客户价值主张的最大化满足，也就是通常所说的端到端的流程，旨在为企业创造更大的价值；管理流程的作用在于明确方向、确定目标、降低运营成本、控制风险等对业务流程运行进行监督；而辅助流程的作用则为业务流程提供支持和帮助，进而确保业务流程更加顺畅和高效运营。关于业务流程、管理流程与辅助流程之间的关系如图 1-1 所示。

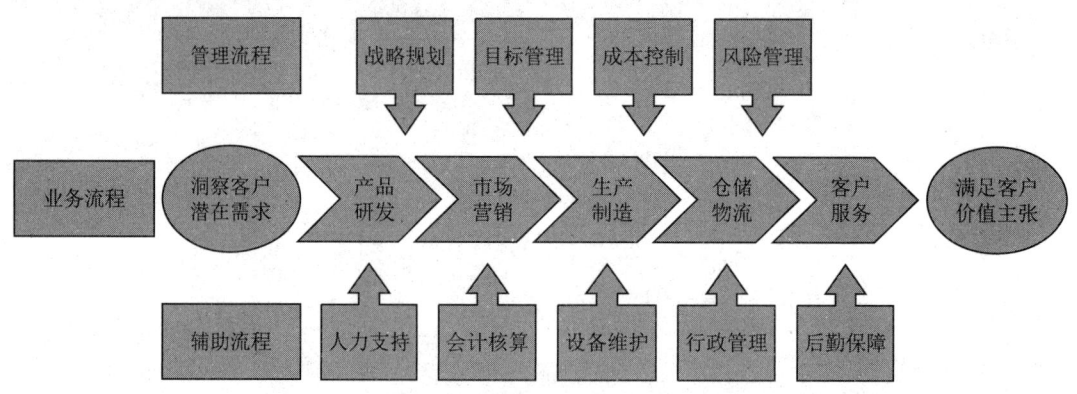

图 1-1　业务流程、管理流程与辅助流程之间的关系

（1）业务流程（BP），又称订单实现流程，是从洞察客户潜在需求开始，通过产品研发、市场营销、生产制造、仓储物流、客户服务等环节，最终满足客户价值主张。业务流程主要是直接参与企业经营运作的相关流程，涉及企业"产—供—销"三个基本环节，企业利用业务流程的高效运行，可以挖掘客户潜在需求，为客户直接创造价值。

企业常见的业务流程主要有整合营销类业务流程，包括销售线索开发流程、销售商机管理流程、客户开发流程、销售订单评审流程、货款管理流程、客户服务流程等；集成研发类业务流程，包括市场需求分析流程、产品规划流程、产品定义流程、产品研发流程等；集成供应链业务流程，包括销售订单管理流程、计划管理流程、原材料采购流程、生产制造流程、仓储管理流程、物流服务流程等。

（2）管理流程（MP），主要是企业开展各种管理活动的相关流程，它并不直接为企业经营目标负责，而是通过管理活动对企业业务开展进行监督、控制、协调、服务，间接为企业创造价值。

常见的管理流程主要有战略及经营类管理流程，如发展战略规划与实施流程、年度经营计划制订与管理流程、经营分析流程、经营风险控制流程等；财务类管理流程，如财务分析流程、财务预算编制及控制流程等；供应链类管理流程，如供应商开发与评价流程、合格供应商管理流程、采购货款管理流程、原材料品质管理流程、成品品质管控流程等；集成研发类管理流程，如新产品立项评审流程、产品开发验证流程、研发品质管理流程；整合营销类管理流程，如客户满意度管理流程、销售价格管理流程、销售政策管理流程、客户信用管理流程等；人力资源类管理流程，如组织管理流程、人力资源规划流程、劳动合同管理流程等。

（3）辅助流程（SP），主要是为企业的管理活动和业务活动提供各种后勤保障服务的流程。这些流程与管理流程一样，并不直接为企业创造价值，而是通过为企业创造良好的服务平台和保障服务，间接实现价值增值。

常见的辅助类流程主要有财经服务类辅助流程，如会计核算流程、费用报销流程等；人力资源服务类辅助流程，如员工招聘流程、员工培训流程、薪酬核算流程、人事事务服务流程、企业文化建设流程等；后勤服务类辅助流程，如车辆服务流程、办公用品管理流程、基础建设流程、物业服务流程等；行政服务类辅助流程，如档案管理流程、行政事务服务流程、会务服务类流程、员工食堂服务流程、物业服务流程等。

五、业务流程再造

早在1990年，美国管理专家迈克尔·哈默在《哈佛商业评论》上发表了一篇题为《再造：不是自动化，而是重新开始》的文章，率先提出企业再造的思想。1993年，在他与詹姆斯·钱皮合著《企业再造：企业革命的宣言书》一书中提到，为了取得经营业绩的戏剧性提高，企业应该再造经营——运用现代信息技术的力量急剧地重新设计每项业务的核心流程。从此，管理界对企业经营的认知正式进入了"再造"时代。

业务流程再造（BPR），就是指根据企业战略调整及商业模式变化从根本上重新考虑产品或服务的提供方式，再造全新的业务流程体系。

业务流程再造具有以下三个特点：

（1）根本性。所谓根本性，就是指我们要对业务流程存在的本质意义进行探讨和反思。如：我们的客户是谁？客户的核心诉求是否已经发生改变？客户潜在的需求是什么？为什么我们要满足这些需求？这些需求与组织战略是否一致？我们该如何满足这些需求？

（2）彻底性。彻底性就是指将现有流程完全抛弃，不再对其进行表面化的改善或者修补。通过根除现有不合时宜的架构与流程，独辟蹊径来完成相关流程的设计。

（3）显著性。显著性指业务流程改造并非缓和、渐进式的改善，而是一日千里的革新，可以说是为企业下的一剂猛药。一般而言，渐进式的变革需要"精雕细琢"，而猛烈的革新则必须"除旧布新"。

业务流程再造需要遵守一定的原则，迈克尔·哈默根据自己的实践，提出了业务流程再造的八项原则，分别是：

（1）围绕结果进行组织，而不是围绕任务进行组织。企业应当围绕某个目标或结果，而不是单个的任务来设计流程中的工作。

（2）让利用流程结果的人来执行流程。基于计算机的数据和专门技能的普及，部门、事业部和个人可以自行完成更多的工作。那些用来协调流程执行者和流程使用者的机制可以取消。

（3）要将信息处理工作归入产生该信息的实际工作流程。

（4）将分散各处的资源视为集中的资源。企业可以利用数据库、网络和标准化处理系统，在获得规模和利益的同时，保持灵活性和稳定性。

（5）将平行的活动连接起来，而不是合并它们的结果。在活动进行中，将平行职能连接起来，并对其进行协调。

（6）将开展工作的位置设定为决策点，并在流程中形成控制。让开展工作的人员决策，把控制系统嵌入流程之中。

（7）从源头上一次性获取信息。当信息传递难以实现时，人们只得重复收集信息。如今，当我们收集到一份信息时，可以把它储存到在线数据库里，供所有需要的人查阅。

（8）领导层要支持。流程再造要获得成功必须具备一个条件：领导层真正富有远见。除非领导层支持该工作，并能经受住企业内的质疑，否则人们不会认真对待流程再造。为了赢得那些安于现状的人的支持，领导层必须表现出投入和坚持，甚至狂热。

另外，美国流程专家阿什利·布拉干扎在《全面流程再造》一书中也提出企业业务流程再造的十项原则：

（1）全面的流程再造需要在大家对组织的变革动因充分认同的基础上进行，而这种变革动因既可以是危机，也可以是机遇。

（2）只有当跨职能变革而不是其他的方式成为实现变革动因的需要时，成功实施全面流程再造才成为可能。

（3）当人们认识到组织要素，即战略、结构、人员责任和评估标准、协作行为以及信息系统将要有所改变，并且这些要素应该与职能流程导向看齐时，更有可能实现全面的流程再造。

（4）当人们明确并接受组织所需的所有变革时，全面流程再造就更可能实现。

（5）当包括董事会成员、高层管理者、中层管理者和员工在内的所有人都愿意让变革影响他们时，就更容易建立全面的流程意识。

（6）当人们发现需要处理的问题，并把那些问题和所需的真正变革联系起来时，全面的流程再造才更有可能实现。

（7）在进行全面流程再造时，如果能够根据各个问题的实际情况并运用革命性和改良性的实施方法，变革更有可能获得成功。

（8）公司只有通过全面的行动方案激发人们实施变革的主人翁意识和意愿，全面的流程再造才更可能取得成功。

（9）如果变革的实施者和接受者都能认同这两种角色并且意识到它们是相互关联的，而且愿意扮演这两种角色，就更可能实现全面流程再造。

（10）衡量全面流程再造所取得的成果，要看变革动因是否被根除以及行为方式改变的程度。

六、第五代流程管理

自从20世纪90年代流程一词进入中国企业，到现在已经有近30年的时间，在过去30年间，中国企业在流程的应用和创新方面取得了丰硕的成果。特别是在整合营销领域，品牌宣传、市场推广、客户开发、销售漏斗管理、订单开发与评审、客户服务、客诉受理等环节，流程的作用越来越凸显，越来越多的企业开始关注并着手持续进行整合营销业务流程优化与再造的工作。

根据多年实践，我们将企业流程管理划分为五个阶段，分别为流程显性化、流程规范化、流程体系化、流程智能化、流程互联网化，如图1-2所示。

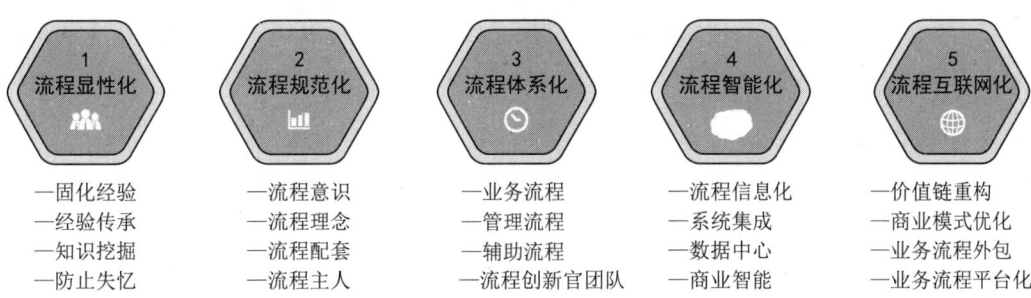

图 1-2　流程管理的五个阶段

1. 流程显性化

流程显性化是所有企业进行流程梳理时最基本的诉求，因为流程无处不在。正如菲利普·科比曾提到，哪里有信息或物质交换，哪里就有流程。也就是说，只要企业内部存在物流、信息流、资金流交换的地方，就有相应的流程[①]。可见，流程在企业内部的重要性不言自明。

正因为如此，企业进行流程管理的初期就需要将这些诉求灌输于老员工，抑或将个人电脑当中的隐性流程显性化，让所有员工都能看得见、摸得着。这样既利于员工学习与技能提升，也利于经验积累与流程传承。

我们发现，绝大多数中国企业进行流程显性化是伴随着 ISO 9000 体系中的程序文件开始的，但近些年企业在整合营销领域的业务流程创新是日新月异的。

比如，困扰很多企业的一个现实问题，企业的核心客户往往集中在少数老业务人员手中，一旦这些老业务人员离职或职位变动，就很有可能导致客户流失或被带走，为了解决这一棘手问题，很多企业采用将客户开发与维护流程一分为二，让不同的人分别负责，同时实施客户关系管理系统（CRM）将客户开发与维护过程数据沉淀下来，进行可视化管理，这种模式创新归根结底就是流程显性化。

2. 流程规范化

随着企业对流程的认识逐步加深，越来越多的企业开始着手于流程规范化建设，这个阶段的五个典型特征分别如下：

（1）以流程客户为导向、以流程结果为衡量的观念逐步形成。

（2）大多数管理者都已经掌握了流程描述以及优化相关的方法、工具。

（3）流程管理成为独立运作的一级部门，赋予其流程优化与再造、流程信息化建设的相关职能。

（4）与流程相配套的制度、表单、绩效指标逐步完善，各级管理者已经适应了直面流程，针对流程找问题的管理方法。

---

① 科比. 流程思维：企业可持续改进实践指南[M]. 肖舒芸，译. 北京：人民邮电出版社，2018：34.

（5）业务流程、管理流程、辅助流程的概念已经明确，而且员工也都明白它们之间的差异，但以业务流程为核心的体系还没有完全建立起来。

3. 流程体系化

流程体系化阶段的核心目标就是要根据公司发展战略及经营需要逐步实现流程的体系化，并突出业务流程在组织当中的价值，适度降低管理流程对业务的控制，一切以终端客户价值主张的最大化满足为导向，有效识别企业风险控制点，全面实现流程体系化，同时着手信息系统集成及商业智能体系建设。

流程体系化阶段，企业需要完成以下五项核心工作：

（1）企业价值链规划、业务蓝图分析、核心业务逻辑关系图规划，以及核心业务流程、管理流程、辅助流程识别。

（2）形成以价值链为核心的业务流程白皮书，以及以部门为单位的管理流程、辅助流程红皮书。

（3）与流程相关的制度、表单、分权、流程风险控制及相应控制措施、流程绩效、信息化、知识管理基本健全。

（4）企业内部有一批既懂流程，又懂信息系统，还懂业务的流程创新官（CPIO），CPIO 的工作职责覆盖首席流程官（CPO）、首席信息官（CIO）、首席运营官（COO）的范畴，优秀的 CPIO 是企业经营系统升级及流程再造的主要推动者和责任承担者。

（5）企业通过管理流程、辅助流程的持续优化与再造实现效率最大化，同时通过业务流程持续优化与再造实现业绩倍增。

4. 流程智能化

流程智能化阶段是企业流程管理的最高境界，不论是员工的流程意识、流程对战略的支撑，还是流程中新型组织运作都已经达到了很高的境界，企业内部一切运营都以流程为导向。流程会根据企业发展战略作出调整、商业模式创新以及客户诉求变化进行自我优化。同时，流程已经渗透到企业经营的各个领域，流程信息化也可以对经营过程进行实时跟踪、衡量与评价，实现企业经营过程可控制、经营结果可视化，甚至可以通过信息系统干预企业业务活动及经营决策。

这个阶段企业需要完成以下五项核心工作：

（1）以开放、包容、协同、客户导向、价值创造为核心的流程文化深入人心，同时渗透到企业业务运营的各个环节。

（2）利用成熟软件系统或根据企业实际自行开发软件系统来固化流程。

（3）流程支撑企业战略转型及经营业绩倍增。

（4）流程完全具备自我优化与再造的能力。

（5）通过信息系统集成和商业智能系统开发，实现企业经营过程可控制、经营结果可视化。

在整合营销领域，CRM、分销管理（DRP）、企业资源计划（ERP）等系统的逐步成熟和深度应用对企业整合营销业务流程的固化起到了关键性的作用。

5. 流程互联网化

严格来讲，流程互联网化不是流程管理的更高境界，只不过随着实体企业与互联网经济的高度融合，实体企业互联网化已经成为不可逆的大趋势。因此，企业内部的流程也要顺应互联网无边界、失控、去中心化的特征，对内部业务流程、管理流程、辅助流程进行全面改造与升级。

根据我们的经验，企业流程互联网化需要完成以下四项工作：

（1）以互联网视野重新定义企业价值链。过去的企业价值链往往是从产品研发到生产组织再到市场营销，是典型的产品推动型或者订单拉动型，在这个过程中很难保证内部价值链的每个环节都能站在客户的立场上去思考客户价值主张的最大化满足，因此，企业必须利用互联网视野重构内部价值链，建立科学合理的价值链模型。

（2）将企业内部的流程利用互联网技术延伸到流程每个相关者，包括经销商、终端客户、供应商、外委加工厂、开户银行等。应该这么说，客户在哪里，企业的流程边界就在哪里；同理，供应商在哪里，企业的流程边界也就在哪里。比如企业可以让终端客户登录企业 DRP 系统，实现线上下单、跟踪订单执行情况等；企业还可以打通供应链管理（SCM）系统，让供应商在第一时间获得采购订单信息，或者让供应商根据企业实时库存状况进行备料及发货等；企业也可以通过开放产品生命周期管理（PLM）系统，让客户在自己的终端提交产品定制及个性化需求，接入产品研发与验证，甚至交付的全过程。

（3）利用互联网进行业务流程外包，持续简化企业内部价值创造模型，如营销流程外包、研发流程外包、供应链流程外包、财务流程外包或人力资源流程外包等。

（4）利用云技术、大数据、传感技术、通信技术、计算机技术等新科技进行产品迭代与升级、产品及服务交付模式创新、颠覆式的成本降低等，进而提升企业竞争力。

现在大家常用的淘宝、京东、拼多多、苏宁易购、当当网等，这些互联网平台都是互联网时代企业整合营销业务流程互联网化的产物，企业可以通过这些平台将自己的营销流程架设在其中，让客户与企业之间无缝链接。

第二章
整合营销业务流程再造实践

如何才能把自己企业的产品卖出去，并且卖个好价钱？这个话题早就有人研究和实现，大家熟悉的 4P 理论、4C 理论、整合传播理论、定位理论、冲突理论、SIVA 理论、顾客价值创造理论、LTC 理论等都是这个领域成熟的理论体系，如何利用这些理论做好营销工作，实现企业产品价值，进而满足客户价值主张，这是每一家现代企业都需要思考并解决的问题。

一、4P 理论、4C 理论与营销流程

营销领域的理论和流程创新从未停止，从 20 世纪 60 年代盛行的 4P，到后来的 4C，营销理论随着时代发展及销售手段、营销环境的变化不断迭代和升级，企业的整合营销业务流程也相应地随着理论的升级而不断创新。

1. 4P 营销理论及营销业务流程

（1）产品（product）的组合：主要包括产品的实体、服务、品牌、包装。它是指企业提供给目标市场的货物、服务的集合，包括产品的功能、质量、外观、样式、品牌、包装和规格，还包括服务和保证等因素。

（2）定价（price）的组合：主要包括基本价格、折扣价格、买赠条款、付款时间、赊销条件等。它是指企业出售产品所追求的经济回报。

（3）分销（place）的组合：主要包括分销渠道、储存设施、运输设施、存货控制，它代表企业为使其产品进入和达到目标市场所组织、实施的各种活动，包括途径、环节、场所、仓储和运输等。

（4）促销（promotion）的组合：促销组合是指企业利用各种信息载体与目标市场进行沟通的传播活动，包括广告、人员推销、营业推广与公共关系，等等。

基于 4P 营销理论，企业的营销流程主要关注：产品定义开发流程、产品包装与外观设计流程、产品商品化流程、产品品牌定位及推广、产品定价流程、销售渠道开发与管理流程、成品仓储管理流程、销售发货流程、促销管理流程等。

2. 4C 营销理论及营销业务流程

（1）顾客（customer）：主要指顾客的需求。企业必须首先了解和研究顾客，并根据顾

客的需求来提供产品。同时，企业提供的不仅仅是产品和服务，更重要的是由此产生的客户价值。

（2）成本（cost）：不单是企业的生产成本，或者说4P中的价格，它还包括顾客的购买成本。同时也意味着产品定价的理想情况，应该是既低于顾客的心理价格，也能够让企业有所盈利。此外，顾客购买成本不仅包括其货币支出，还包括其为此耗费的时间、体力和精力消耗、购买风险等。

（3）便利（convenience）：即为顾客提供最大的购物和使用便利。4C营销理论强调企业在制订分销策略时，要更多地考虑顾客的方便，而不是企业自己方便。要通过好的售前、售中和售后服务来让顾客在购物的同时，也享受到了便利。

（4）沟通（communication）：4C营销理论认为，企业应通过同顾客进行积极有效的双向沟通，建立基于共同利益的新型企业与顾客的关系。

基于4C营销理论，企业的营销流程主要关注：客户需求调研流程、价格管理流程、售前管理流程、售中管理流程、售后管理流程、销售过程管理流程、客户满意度管理流程等。

二、整合营销传播与营销流程

整合营销传播之父唐·舒尔茨教授从20世纪80年代就开始研究整合营销传播（IMC），提出从品牌和客户投资回报（ROCI）的角度思考IMC，目前他提出了以解决消费者需求为中心的SIVA理论，即解决方案（solutions）、信息（information）、价值（value）、途径（access）。SIVA理论主要是以消费者需求为中心，在消费者解决自身需求的系列行为轨迹上找寻到营销的关键环节。

整合营销其实就是在IMC的基础上，为了保证客户价值主张的最大化满足，企业从研究客户诉求着手，提出解决方案（产品和服务），并通过适当的途径销售出去来满足客户需求的过程。

我们也可以通过图2-1看到，唐·舒尔茨主张企业的任何营销行为必须围绕客户与潜在客户的价值主张开始，其实企业内部的营销核心业务流程的设计也需要按照以下这个思路展开：

（1）我们的客户是谁？

（2）客户的核心价值主张是什么？如何评估？

（3）为了最大化满足客户价值，我们需要提供什么样的最佳产品（服务）？

（4）以什么样的方式让顾客知道我们的产品（服务）？

（5）如何才能保证我们提供的产品（服务）是最有价值的？

（6）我们如何才能从品牌、广告、市场、促销、销售政策、客户服务等多个维度达到以上目的？

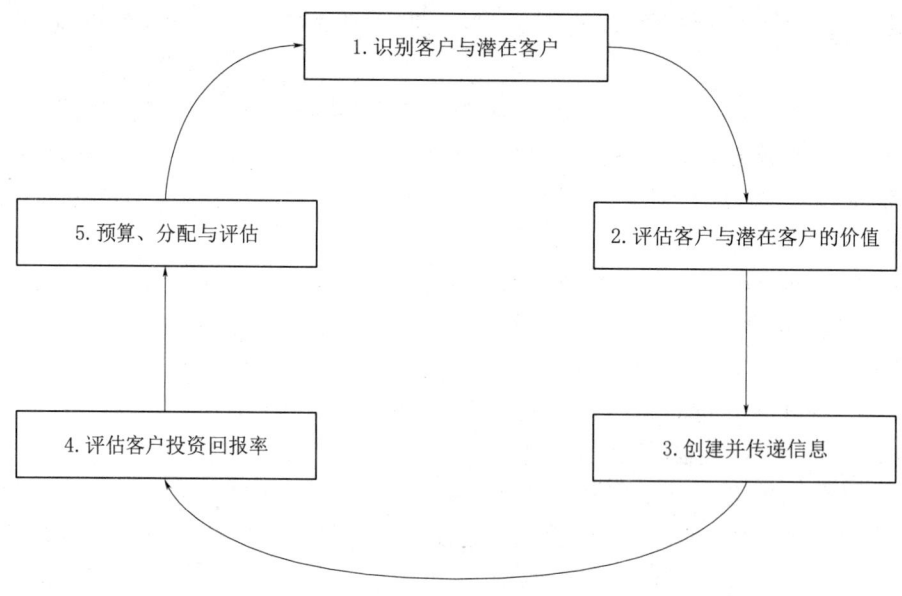

图 2-1　IMC 五步循环模型

三、顾客价值创造理论与营销流程

美国西北大学凯洛格管理学院教授菲利普·科特勒、凯文·莱恩·凯勒在《营销管理》一书中提到，营销的本质就是顾客价值创造。

根据菲利普·科特勒的顾客价值创造理论，企业可以优化与再造整合营销业务流程，见表 2-1。

表 2-1　顾客价值创造理论与对应营销流程

顾客价值创造过程	顾客价值创造核心工作	对应整合营销核心流程
评估市场导向和顾客价值	扫描营销环境和捕捉市场；创造顾客价值和顾客关系；分析消费者市场；分析企业市场	市场调研流程等
价值选择	识别市场细分和目标市场；设立定位和应对竞争；创建品牌资产	市场推广流程、品牌策划流程等
提供价值	制定产品战略；设计和管理服务；制定价格战略和流程	产品设计流程、产品商品化策划流程、新品上市流程、价格管理流程等
传递价值	设计和管理整合营销渠道；管理零售、批发和物流	渠道开发与管理流程、销售管理流程、销售订单交付流程、销售物流管理流程等
传播价值	设计和管理整合营销传播；管理大众传播；管理个人传播	品牌传播流程、品牌舆情管理流程等
实现长期增长和持续价值	转型营销管理；新世界的营销管理	销售绩效管理流程等

四、从线索到现金流程

为了建立"以客户为中心"的销售模式,华为率先提出并成功实践了从线索到现金(LTC)的全新营销业务流程,并建立了与LTC相配套的市场"铁三角"组织、协同机制、授权体系、评价体系及激励模式,最终让华为继集成研发、集成供应链之后,在整合营销业务流程再造领域成为国内诸多企业学习的榜样,如图2-2所示。

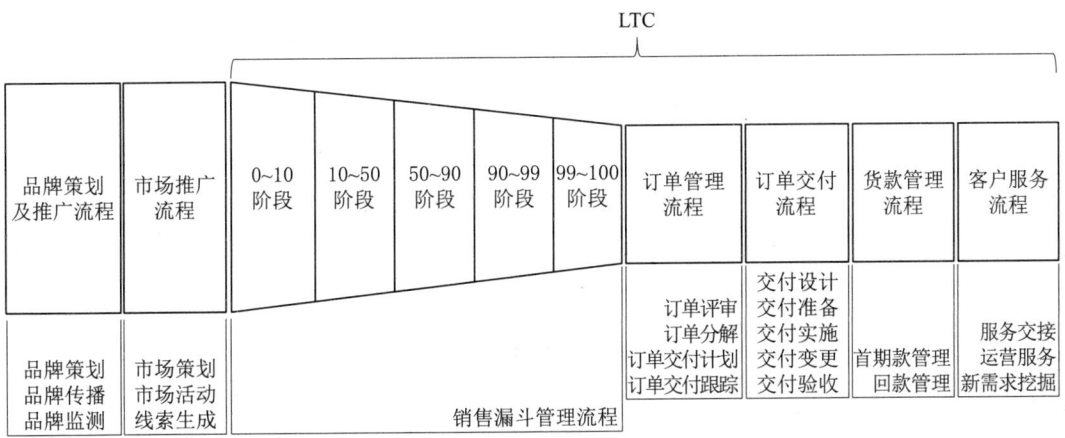

图2-2 华为LTC营销流程(示意)

华为倡导的LTC营销流程打通了从品牌、市场、线索、商机、销售漏斗、订单、交付、现金到客户服务等营销全价值链,让每一个环节都为客户价值创造服务。

【案例2-1】杭州中付信息LTC业务逻辑关系图

杭州中付信息是一家在人工智能领域向客户提供先进算法、平台系统、应用软件、智能硬件、场景解决方案等服务的高科技企业,该企业的核心客户主要集中在金融、高铁、机场、政府等领域,为了提升该企业整合营销业务流程效率,我们帮助该企业规划了LTC业务逻辑关系图。如图2-3、图2-4、图2-5所示,结合杭州中付信息业务特征,我们将该企业LTC共分为LTC规划、线索开发、需求确认、销售订单、订单交付、客户服务,共六个阶段。

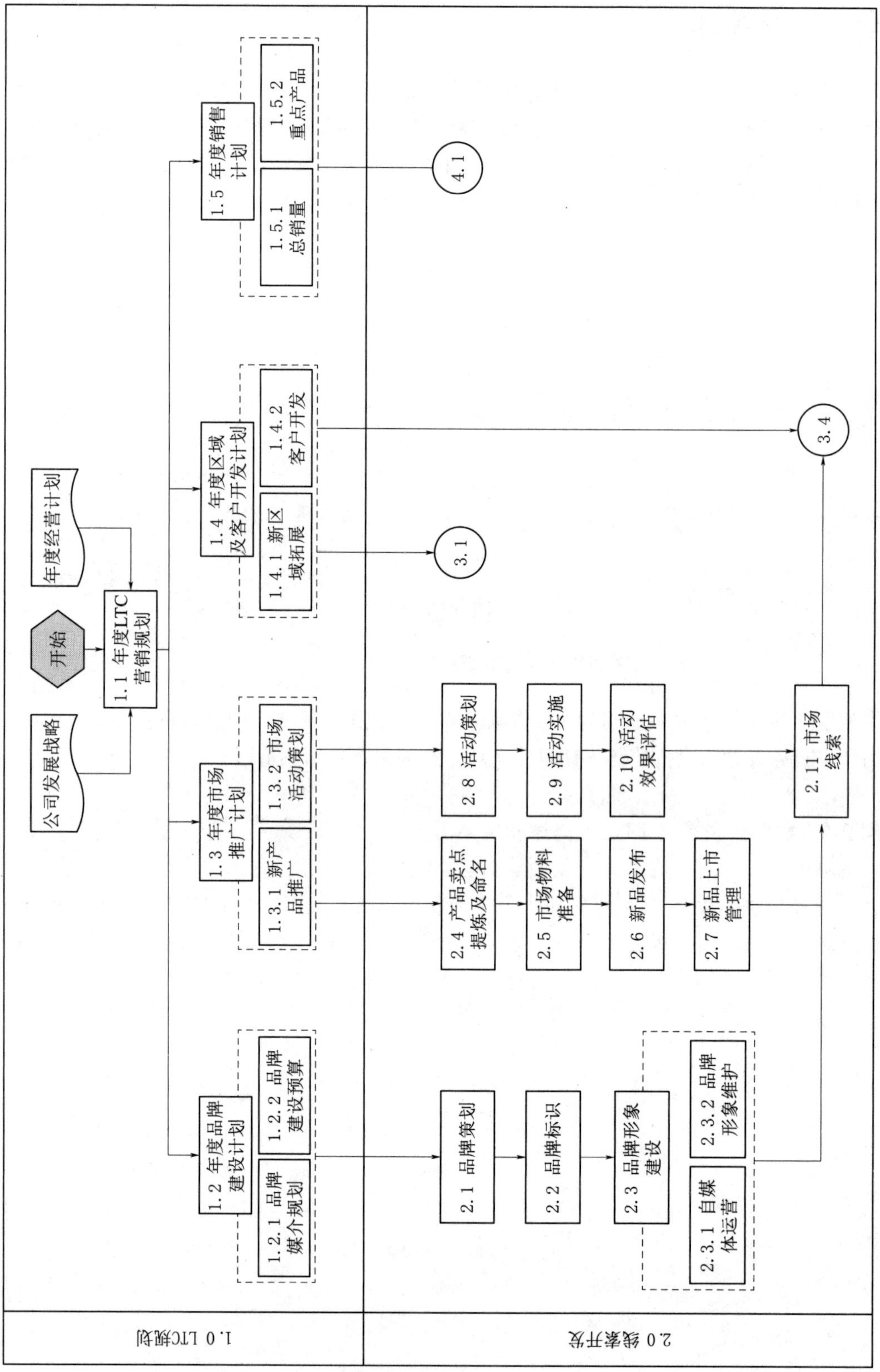

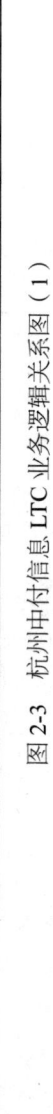

图 2-3 杭州中付信息 LTC 业务逻辑关系图（1）

第二章 整合营销业务流程再造实践 | 19

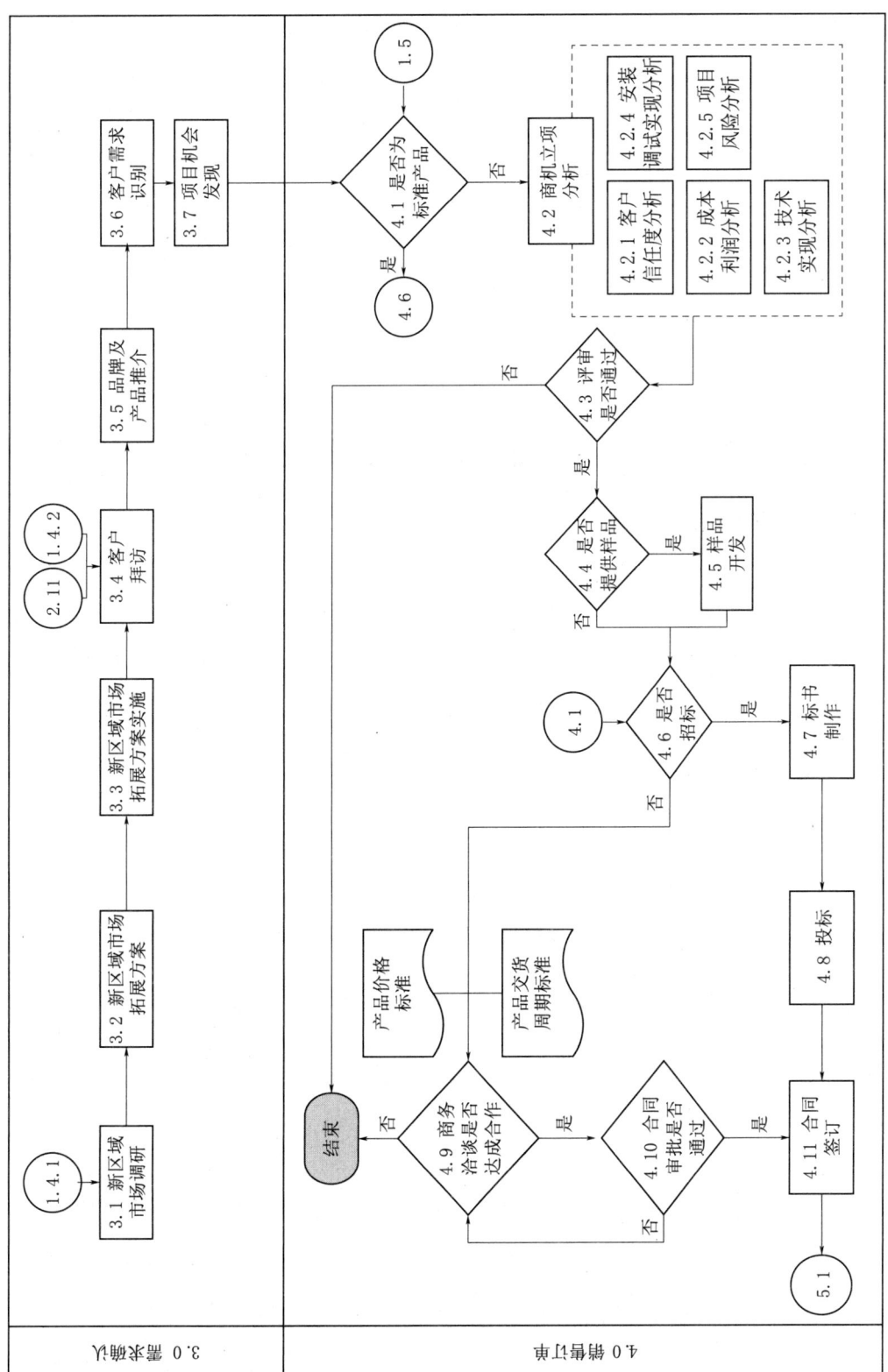

图 2-4 杭州中付信息 LTC 业务逻辑关系图（2）

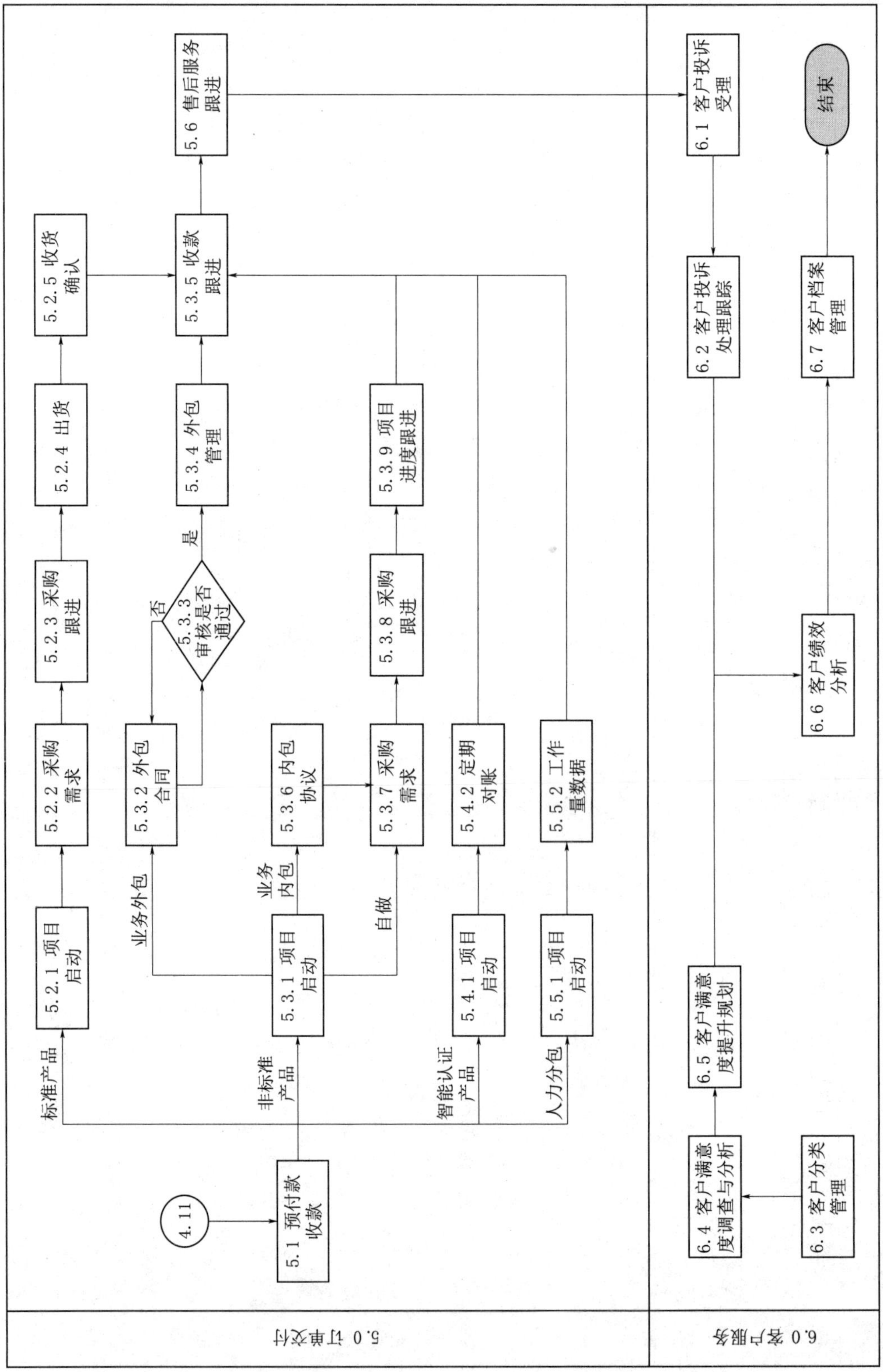

图 2-5 杭州中付信息 LTC 业务逻辑关系图（3）

五、APQC 产品与服务的销售相关流程

美国生产力与质量中心（APQC）将企业内部的流程共分为 12 类，如图 2-6 所示。

图 2-6　APQC 企业内部流程分类

（1）愿景与发展战略。
（2）设计与开发产品及服务。
（3）产品与服务的营销。
（4）产品与服务的交付。
（5）客户服务管理。
（6）发展与管理人力资本。
（7）信息技术与知识管理。
（8）管理财务资源。
（9）物业的获得、建设与管理。
（10）健康、安全、环境管理。
（11）管理外部公共关系。
（12）对改善与变革进行管理。
其中，产品与服务的销售流程分为六个阶段，见表 2-2。

表 2-2 APQC 产品与服务的销售流程

流程阶段	核心流程	主要工作
1. 制定营销、分销和渠道策略	（1）理解产品需求并预测客户购买行为	
	（2）识别市场细分和目标客户	
	（3）定义报价和定位	
	（4）对渠道战略进行定义和管理	
2. 制定客户战略并加以管理	（1）制定客户管理战略	
	（2）设定客户管理目标	
	（3）开展销售预测	
	（4）确定销售总体预算	
	（5）确定客户管理测量标准	
	（6）整理、分析和评估客户管理结果	
3. 对广告、定价和促销活动进行管理	（1）广告设计和管理	①制定广告目标和战略 ②定义目标客户 ③甄选第三方广告机构 ④开展广告活动
	（2）沟通管理	①制定媒体预算 ②制订媒体计划 ③执行媒体计划
	（3）渠道管理和商业活动管理	
	（4）定价设计和管理	①开展分产品预测、设定价格 ②执行定价计划 ③评估定价效果 ④必要的定价改进
	（5）促销活动设计和管理	①制定出能够"直达客户"的促销概念 ②进行"直达客户"的活动计划 ③实验和执行"直达客户"的促销活动 ④整理、分析及评估"直达客户"的促销效果评价标准 ⑤改进"直达客户"的促销效果评价标准 ⑥制定出能够"转达客户"的促销概念 ⑦进行"转达客户"的活动设计 ⑧实验和执行"转达客户"的促销活动 ⑨整理、改进及评估"转达客户"的促销效果评价标准 ⑩改进"转达客户"的促销效果评价标准
	（6）包装策略的制定和管理	①制定包装策略 ②试验包装策略 ③执行包装策略 ④改进包装

续上表

流程阶段	核心流程	主要工作
4. 销售伙伴和联盟管理		
5. 销售机会和销售漏斗管理	（1）对大客户进行识别与管理	①制定大客户方案 ②识别优先级高的大客户
	（2）确定预算	
	（3）制定销售、大客户方案	①销售方案达成共识后执行 ②整理、分析、评估销售结果
6. 录入、处理和跟踪订单：订单管理	（1）接受并验证销售订单	
	（2）采集和维护客户信息	
	（3）明确库存可用量	
	（4）确定物流和运输安排	
	（5）将订单录入系统	
	（6）对缺货通知单和产品升级通知进行处理	
	（7）处理订单查询（涉及订单接受后的订单执行情况）	

六、互联网时代整合营销业务流程再造新趋势

互联网时代企业要想进行整合营销业务流程再造，必然离不开互联网时代的主旋律，因此，掌握和导入互联网思维模式（用户思维、粉丝经济、服务营销、免费模式、流量思维、渠道扁平化思维等）就显得非常重要。

1. 客户至上

我们认为只有做到客户至上才能真正实现整合营销，整合营销不是从企业有了产品做广告、做促销、做推广开始的，整合营销应该从企业连产品还没有或者说产品还处在概念阶段、预研阶段的时候就已经开始了，整合营销应该贯穿产品设想、概念、预研、正式立项、开发、开发验证、量产、市场体验、上市管理、生命周期管理等各个环节，而且在每个环节上都应该让客户参与，让其充分发挥作用。

如小米让用户参与产品公测、蔚来汽车让用户参与新产品试驾活动等都是将客户至上的成功做法。

2. 粉丝经济

有人讲互联网时代是粉丝经济的时代，得粉丝者得天下，确实是这样，每个企业都需要挖掘和培养一批品牌的忠实粉丝，就如苹果公司的"果粉"、小米科技的"米粉"等。在目前视觉营销、视频营销、流量营销的时代，粉丝的重要性不言而喻。

3. 产品即媒体

好产品会说话，好产品就是最好的宣传媒体。传统营销采用电视、杂志、广播、形象代言等资源作为产品推广的重要媒介，这种宣传模式只是简单地说教和推销，而在互联网时代，这种推销模式似乎已经很难打动普通民众，因为他们更加关注产品体验和消费过程。因此，现代企业在进行营销业务流程再造的时候一定要明白"产品即媒体"的道理。

4. 服务即营销

服务就是一种增加产品本身价值的体验，通过体验提升产品价值。如餐饮企业，若客户订了一道菜，这道菜是产品，而要把这道菜完美地呈现出来则是服务的过程；又如江小白的白酒是产品，但江小白在外包装上的文案却是一种服务，通过这些文案给客户情感上的体验；再如苹果手机（iPhone）是产品，但苹果商店（App Store）中海量的应用则是服务，给客户带来便捷的同时享受高科技的服务等。这种服务的形成在移动互联网时代会变得更加多样化，移动终端让企业了解到客户不同的偏好，然后再去设计出更吸引客户的场景。即，用户个体偏好＋移动中的场景＝满足用户需求的个性化服务。

5. 免费模式

免费是互联网时代的另外一个特征。传统企业通过简单的买卖关系赚取差价而获得利润，因此企业要想赚到更多的钱只能想办法将差价进一步拉大，拉大差价有两种办法，其一提高售价，其二降低成本。这是一种传统的企业经营模式，在这种经营模式下，并不是每家企业都能够自如地提高售价或降低成本，对于绝大多数企业而言可能两方面都不能做到改善，最终的结果是自己的利润越来越低。

而在互联网时代，很多企业在不提高售价，也不降低成本的前提下还频繁打出"免费"（如"0元"游5A景区、"1元"去旅游、滴滴打车送红包等），这种模式对于很多传统企业而言简直是想都不敢想，那么为什么互联网企业能够做到这一点呢？其实道理很简单，他们是通过产业链的整合，利用整体产业链的力量提升自身盈利能力。

因此，传统企业在营销创新和营销业务流程再造的时候，有必要思考按照互联网企业的模式设计"免费"环节，让粉丝们得到实惠，也让整个价值链实现共赢。

6. 最好的营销是没有营销

不管怎样，传统企业的营销都要进行品牌宣传、市场推广、渠道开发、订单交付等一系列业务，但在互联网时代，最好的营销流程就是压缩渠道实现渠道扁平化；抛弃传统的广告轰炸变为软文、短视频"种草"；改变原来产品从"厂家—渠道—用户"的流转模式变为让客户直接线上下单，厂家直接发货等。总之，在互联网时代最好的营销就是减少营销环节，压缩渠道、减少产品流转环节、降低营销成本，甚至做到没有营销！

第二篇
整合营销业务流程再造方法篇

人之所以要购买,是因为他们自己的原因,而不是您的原因。

——史蒂芬·E.黑曼、黛安·桑切兹

营销的本质就是创造冲突。

——叶茂中

从品牌宣传、市场宣传、渠道开发、客户与订单获取到客户服务构成了整合营销的全部,整合营销业务流程再造的核心就是将以上内容流程化。

——水藏玺

第三章
整合营销业务流程规划

根据笔者的拙作《业务流程再造》（第5版）提出的"业务流程再造五步法"（即业务蓝图与业务流程规划、业务流程现状描述与问题分析、业务流程优化与再造、业务流程配套设计、业务流程信息化），流程规划是业务流程再造的起点，整合营销业务流程再造也不例外。

一、价值链与业务蓝图

价值链理论是由美国管理学教授迈克尔·波特提出的[①]，他把企业的所有活动分为两大类：基本活动（价值创造活动）与支持活动（支持价值创造活动），如图3-1所示。迈克尔·波特认为，企业参与的价值活动中，并不是每个环节都创造价值，实际上只有某些特定的价值活动才真正创造价值，这些真正创造价值的经营活动，就是价值链上的"战略环节"。企业要保持的竞争优势，实际上就是在价值链中的某些特定战略环节上的获得优势。借用迈克尔·波特的价值链理论，我们认为企业必须对真正创造价值的活动进行规划及分析，并在此基础上详细规划出企业的核心业务流程。

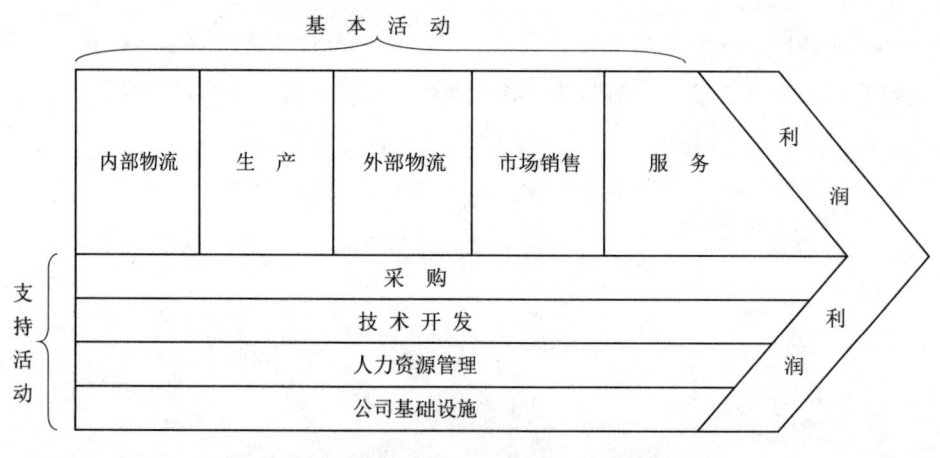

图3-1　迈克尔·波特价值链模型

---

① 波特.竞争优势[M].陈小悦，译.北京：华夏出版社，2005：37.

根据迈克尔·波特的价值链模型可以看到，市场营销是企业的基本活动之一，是企业内部价值创造的重要环节，任何一家企业都需要合理规划自己的市场营销核心业务，以便更加便捷、高效地为客户创造价值。

【案例3-1】肯德科技价值链模型

肯德科技以"改善人居生活品质"为使命，是一家集智能晾衣架研发、生产、销售、安装服务为一体的高新技术企业。在肯德科技的价值链模型中（见图3-2），基本活动包括内部物流、生产经营、外部物流、市场营销、服务，支持活动包括采购、产品开发、人力资源管理、战略管理、公司基础设施。

基本活动

| 内部物流
（材料运输、搬运、仓储） | 生产经营
（金工、装配、包装） | 外部物流
（成品入库、仓储、发货、物流） | 市场销售
（品牌、广告、促销、渠道、报价、订单评审、跟单处理） | 服务
（安装、培训、客服） |

利润

支持活动

采购（供应商开发、采购计划、采购跟单、材料采购）

产品开发（市场研究、需求管理、产品线规划、新产品定义、新产品研发立项、新产品开发、开发验证、新产品上市及生命周期管理）

人力资源管理（人力资源规划、招聘、培训、激励）

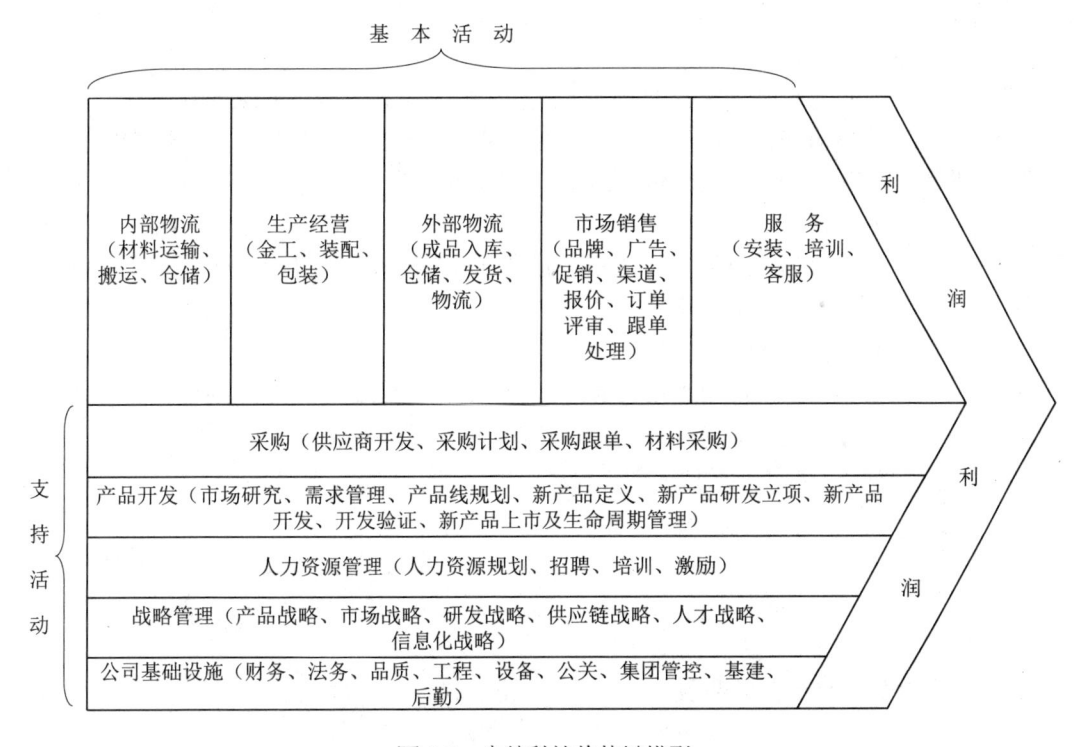

战略管理（产品战略、市场战略、研发战略、供应链战略、人才战略、信息化战略）

公司基础设施（财务、法务、品质、工程、设备、公关、集团管控、基建、后勤）

图3-2 肯德科技价值链模型

我们可以看到，肯德科技与市场营销相关的业务活动有品牌、广告、促销、渠道、报价、订单评审、订单跟踪等，这些业务共同构成了肯德科技市场营销体系，肯德科技需要在这些业务领域建立完善的市场营销业务流程。

对于绝大多数企业而言，价值链模型还是比较抽象的，为了更加清晰、全面地呈现企业业务现状，我们的做法是在价值链的基础上详细绘制企业的业务蓝图。

业务蓝图一方面可以帮助企业全视野看清业务布局现状，另一方面还可以帮助企业进行有效的业务逻辑分析，找出现有业务中存在的问题，以便识别哪些业务活动对满足客户诉求是有利的、哪些业务活动是没有价值的，进而通过流程优化与再造为客户创造价值。

业务蓝图通常由以下四部分构成：

（1）战略及经营计划。这部分内容是为企业指明发展方向，优化商业模式，明确年经营策略及目标，并建立完善的目标来实现计划体系与经营预算。

（2）经营衡量。这部分内容从三个维度进行企业经营衡量，即经营健康度指标、经营过程指标及经营结果指标。不同企业的经营衡量指标会存在差异，但健康度指标、过程指标和结果指标这三个大类都是雷同的。其中，健康度指标衡量企业是否具有长期、稳健经营的能力，如员工满意度、客户满意度、管理成熟度、人均产值、人均利润、投资回报周期、现金流等；过程指标用来衡量企业经营过程的状况，是确保企业经营结果指标顺利达成的基础，如订单交付周期、订单准时交付率、生产计划达成率、产品不良率、存货周转次数、库存周期、销售回款及时率等；经营结果指标是阶段性经营成果的体现，是企业全体员工共同努力的结果，也是用来衡量结果是否达到股东诉求，如利润、收入、资产回报率、资产增值、股东价值、企业市值等。

（3）核心业务。与价值链模型中的基本活动类似，业务蓝图中的这部分内容需要详细列出企业从洞察客户需求，到产品研发、获取订单、订单交付、客户服务等价值创造全过程的业务活动。值得注意的是，不同企业价值创造的逻辑是不同的，有些企业是市场营销—面向订单研发—面向订单生产制造—仓储物流—客户服务，有些企业是客户需求调研—产品研发—市场营销—面向订单生产制造—仓储物流—客户服务，还有些企业是需求调研—产品研发—生产制造—市场营销—仓储物流—客户服务等。总之，在绘制业务蓝图的时候一定要将企业价值创造的逻辑表达出来。

（4）支持业务。与价值链模型中的支持活动类似，支持业务需要规划和识别与企业价值创造不可或缺的辅助和支持活动，常见的支持业务包括品质管控、设备管理、工厂管理、财务管理、组织及人力资源、行政后勤、流程与信息化、资源管理等。

【案例 3-2】肯德科技业务蓝图

接【案例 3-1】，图 3-3 是我们在图 3-2 的基础上，为肯德科技绘制的业务蓝图。

【案例 3-3】浙江高科塑料业务蓝图

浙江高科塑料是一家专门从事塑料管材、管件及重载包装膜袋、塑料容器等产品研发、生产与销售的高科技企业，该企业现有制造工厂六家，受该企业委托，图 3-4 是我们为浙江高科塑料绘制的业务蓝图。

【案例 3-4】光彩新材料业务蓝图

接【案例 1-1】，图 3-5 为我们帮助该企业绘制的业务蓝图。

第三章 整合营销业务流程规划 | 29

图 3-3 肯德科技业务蓝图

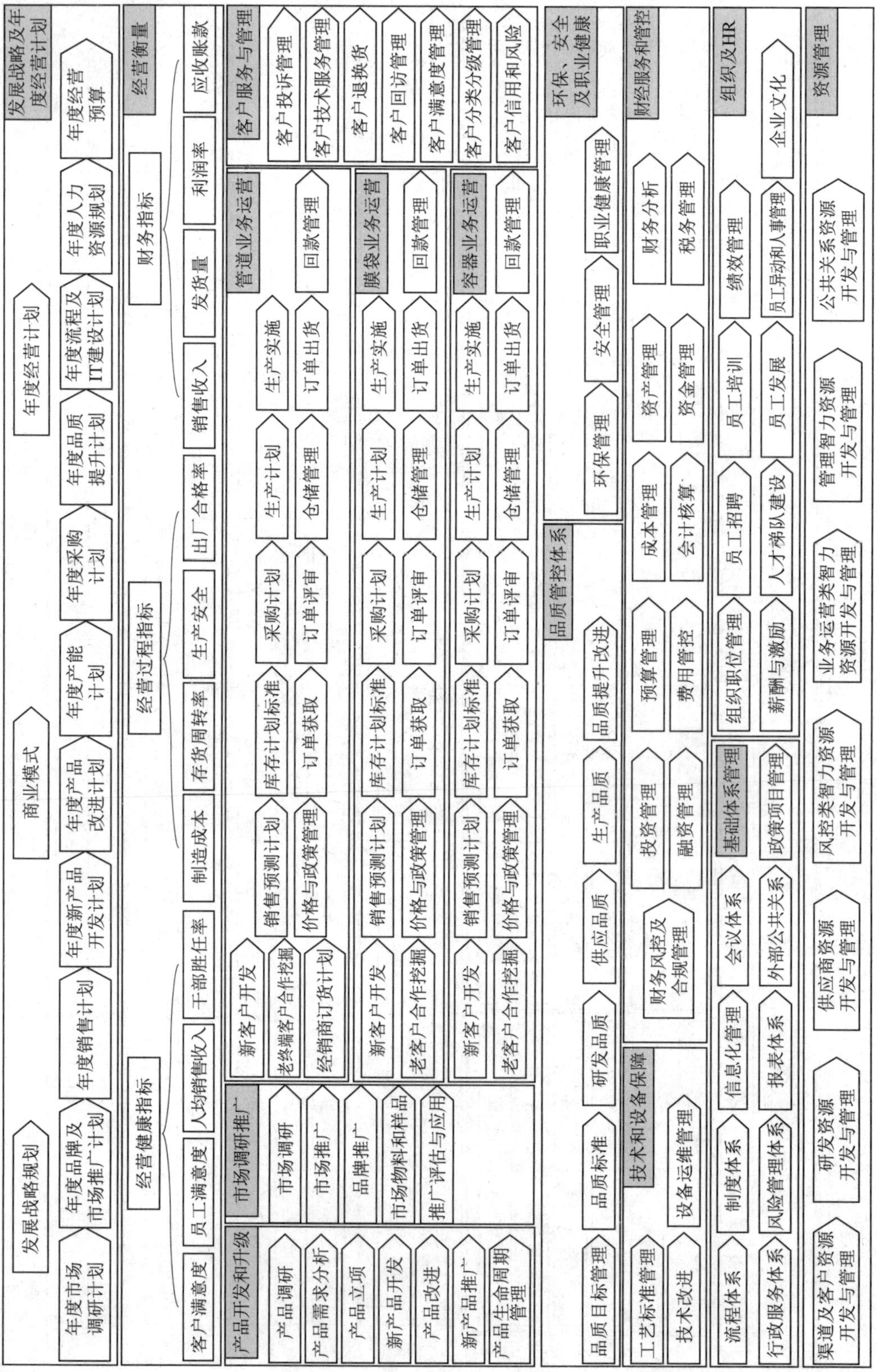

图 3-4 浙江高科塑料业务蓝图

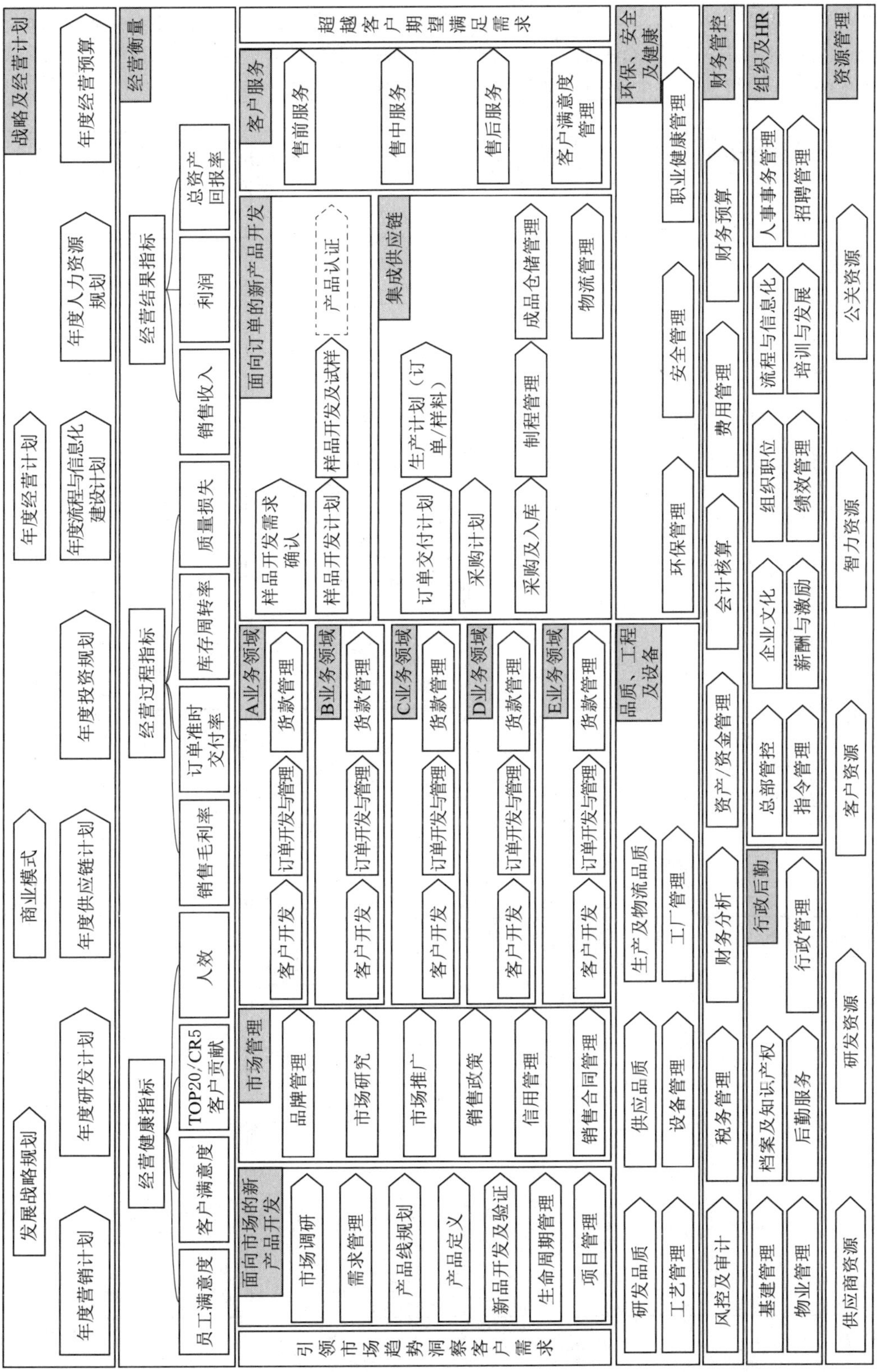

第三章 整合营销业务流程规划 | 31

图 3-5 光彩新材料业务蓝图

【案例 3-5】绿源饮料业务蓝图

绿源饮料是国内一家以奶制品饮料、果蔬汁饮料的研发、制造、销售为主的快消品企业，图 3-6 是我们帮助该企业绘制的业务蓝图，仅展示核心业务部分。

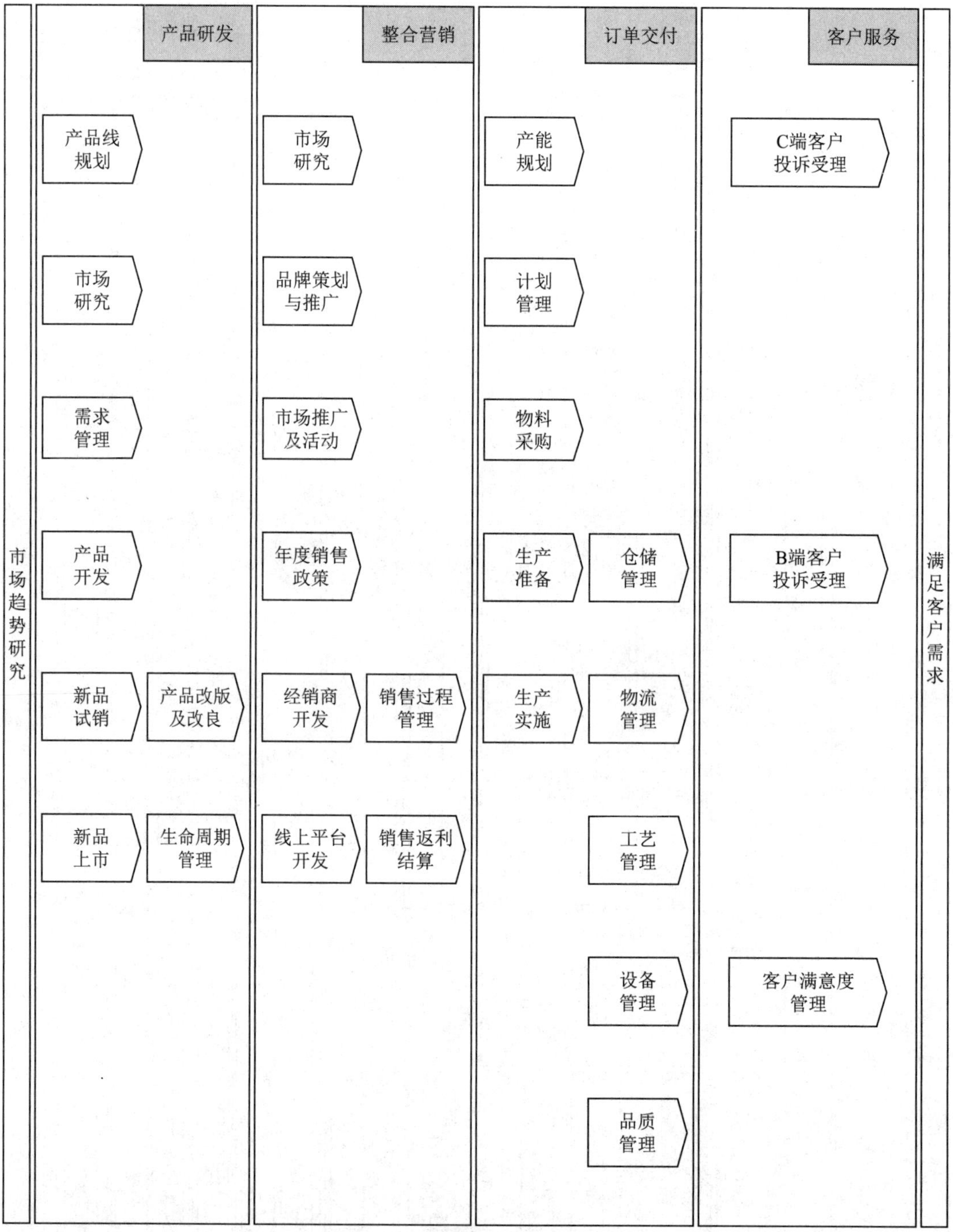

	产品研发	整合营销	订单交付	客户服务	
市场趋势研究	产品线规划 市场研究 需求管理 产品开发 新品试销 / 产品改版及改良 新品上市 / 生命周期管理	市场研究 品牌策划与推广 市场推广及活动 年度销售政策 经销商开发 / 销售过程管理 线上平台开发 / 销售返利结算	产能规划 计划管理 物料采购 生产准备 / 仓储管理 生产实施 / 物流管理 工艺管理 设备管理 品质管理	C端客户投诉受理 B端客户投诉受理 客户满意度管理	满足客户需求

图 3-6　绿源饮料业务蓝图

【案例 3-6】上海中恒业务蓝图

上海中恒致力于电子、信息、自动化等专业的系统设计、系统集成、系统工程、项目管理等，为政府提供智能化、信息化、自动化等系统解决方案及系统工程，图 3-7 是我们为该企业绘制的业务蓝图。

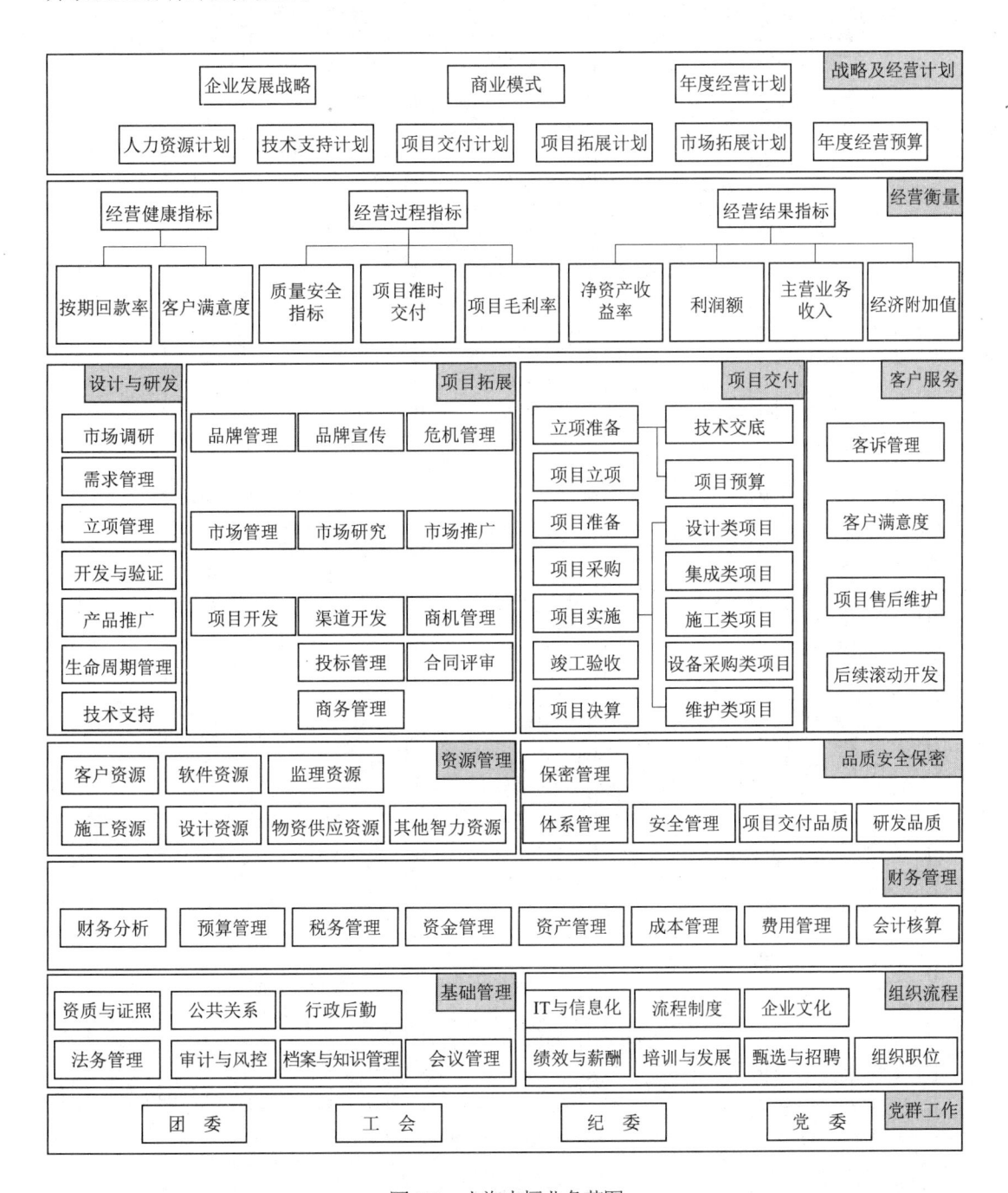

战略及经营计划
- 企业发展战略
- 商业模式
- 年度经营计划
- 人力资源计划
- 技术支持计划
- 项目交付计划
- 项目拓展计划
- 市场拓展计划
- 年度经营预算

经营衡量
- 经营健康指标：按期回款率、客户满意度
- 经营过程指标：质量安全指标、项目准时交付、项目毛利率
- 经营结果指标：净资产收益率、利润额、主营业务收入、经济附加值

设计与研发：市场调研、需求管理、立项管理、开发与验证、产品推广、生命周期管理、技术支持

项目拓展：品牌管理、品牌宣传、危机管理、市场管理、市场研究、市场推广、项目开发、渠道开发、商机管理、投标管理、合同评审、商务管理

项目交付：立项准备、技术交底、项目立项、项目预算、项目准备、设计类项目、项目采购、集成类项目、项目实施、施工类项目、竣工验收、设备采购类项目、项目决算、维护类项目

客户服务：客诉管理、客户满意度、项目售后维护、后续滚动开发

资源管理：客户资源、软件资源、监理资源、施工资源、设计资源、物资供应资源、其他智力资源

品质安全保密：保密管理、体系管理、安全管理、项目交付品质、研发品质

财务管理：财务分析、预算管理、税务管理、资金管理、资产管理、成本管理、费用管理、会计核算

基础管理：资质与证照、公共关系、行政后勤、法务管理、审计与风控、档案与知识管理、会议管理

组织流程：IT与信息化、流程制度、企业文化、绩效与薪酬、培训与发展、甄选与招聘、组织职位

党群工作：团委、工会、纪委、党委

图 3-7　上海中恒业务蓝图

【案例 3-7】杭州米米业务蓝图

杭州米米是一家专门从事医院信息化解决方案的服务型企业，图 3-8 是杭州米米的业务蓝图，仅展示核心业务部分。

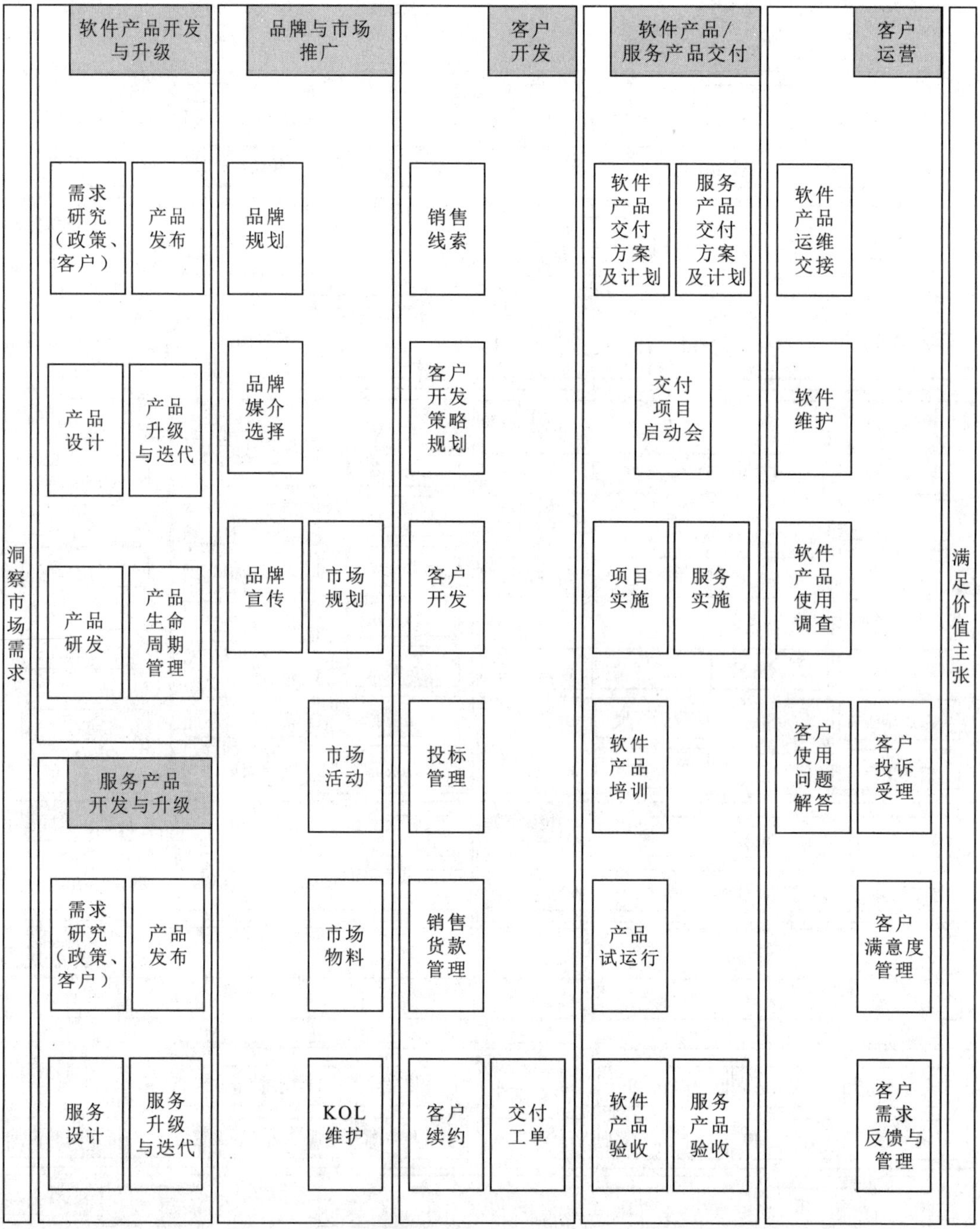

洞察市场需求	软件产品开发与升级		品牌与市场推广		客户开发		软件产品/服务产品交付		客户运营		满足价值主张
	需求研究（政策、客户）	产品发布	品牌规划		销售线索		软件产品交付方案及计划	服务产品交付方案及计划	软件产品运维交接		
	产品设计	产品升级与迭代	品牌媒介选择		客户开发策略规划		交付项目启动会		软件维护		
	产品研发	产品生命周期管理	品牌宣传	市场规划	客户开发		项目实施	服务实施	软件产品使用调查		
	服务产品开发与升级		市场活动		投标管理		软件产品培训		客户使用问题解答	客户投诉受理	
	需求研究（政策、客户）	产品发布	市场物料		销售货款管理		产品试运行		客户满意度管理		
	服务设计	服务升级与迭代	KOL维护		客户续约	交付工单	软件产品验收	服务产品验收	客户需求反馈与管理		

图 3-8　杭州米米业务蓝图

从【案例3-2】到【案例3-7】，综合以上六家企业业务蓝图可以看到，这六家企业的核心业务逻辑各不相同，同样整合营销也存在很大的差异。

肯德科技的核心业务为"产品研发—市场营销—集成供应链—客户服务"，是一家典型以产品为导向的公司，整合营销涵盖了内部核心价值链的第二部分（市场营销）、第四部分（客户服务）两个主要环节。

浙江高科塑料作为一家工业品公司，从市场营销的角度来讲，品牌及市场并非重点，但在新客户开发、老客户维护以及客户服务方面则是整合营销业务流程关注的重点。

光彩新材料虽然也是一家工业品公司，它的销售模式与浙江高科塑料又不同，光彩新材料的销售需要与客户的新产品开发同步进行，也就是说这家公司的销售要提前进入客户新产品研发立项环节，面向订单的销售是这家企业销售的最大特点。

绿源饮料作为一家快消品公司，其在营销过程中品牌、市场、渠道开发与运营、线上销售、订单管理、客户服务、产品生命周期管理都非常重要。

上海中恒的销售模式又不同于其他几家企业，上海中恒是大客户、大项目开发模式，更加需要关注销售线索挖掘、商机管理、销售漏斗管理。

杭州米米的营销链条更长，包括品牌及市场推广、销售线索挖掘、客户开发、销售订单开发、项目交付、客户长期维护等。

通过以上六家企业整合营销模式的分析，我们发现不同产品、不同类型的企业其整合营销运营模式差异很大，为了能够更加清晰、全面规划不同企业的整合营销核心业务流程，我们还需要将这些企业的业务蓝图细化展开，形成完整的整合营销业务逻辑关系图。

二、整合营销业务逻辑关系图

从【案例3-2】到【案例3-7】可以看到，不同企业的整合营销模式是不同的。为了简洁、明了地展示产品研发的全过程，我们的经验是还需要将整合营销的全过程进行业务逻辑分析，并在此基础上绘制整合营销业务逻辑关系图。

业务逻辑分析是在对企业价值链和业务蓝图分析的基础上，针对企业价值链和业务蓝图中所涉及的每一项活动进行细化分析，分析每项活动对企业的价值贡献，以便帮助企业识别增值与非增值业务单元，为企业重新规划流程体系，以及为流程体系的系统优化与再造提供依据。

核心业务逻辑分析主要包括三个环节，即识别核心业务、业务活动分析、业务逻辑分析与优化。

（1）识别核心业务。在企业中，每天都在同时运作很多业务，有些业务是增值的，也有很多业务是非增值的，企业核心业务逻辑分析的第一步便是对现有业务进行全面盘点和梳理。

（2）业务活动分析。结合每项业务活动的绩效表现，利用访谈、问卷调查、现场观察等手段对每项活动进行分析，明确关键活动及增值活动，并识别需要加强、削弱、增加或删除的业务活动。

（3）业务逻辑分析与优化。根据对现有核心业务的系统分析，企业还需要对这些核心业务活动的逻辑关系进行分析，以便确定这些业务活动存在的必要性及先后顺序。

业务逻辑关系图就是将核心业务按照一定的逻辑关系用一张图表达出来，在绘制业务逻辑关系图的时候一定要体现各个业务之前的前后关系、并列关系。

根据整合营销理论，企业的任何行为，不论是品牌定位、广告宣传、市场推广、市场活动、促销活动、销售政策、客户开发、订单开发、客户服务，还是客诉受理、客户满意度管理等都必须围绕挖掘客户需求，进而通过提供最佳产品（服务）满足客户需求来展开，我们把企业整合营销业务共分为6个阶段，每个阶段包括若干项业务活动，见表3-1。

表3-1 整合营销核心业务活动汇总

业务阶段	核心业务活动
营销规划	营销战略及定位（客户、市场）、年度营销规划（年度品牌建设计划、年度市场推广计划、年度目标分解、年度渠道及客户开发计划、年度客户服务计划、年度客户满意度提升计划）
品牌宣传策划与实施	品牌定位、品牌宣传、媒介管理（电视媒介、平面媒介、官网、公众号、博客、微博、抖音、快手、小红书等）、品牌知名度管理、品牌美誉度管理、品牌忠诚度管理
市场推广策划与实施	市场调研、市场推广、市场活动（促销活动、新品上市活动、节假日活动、节点活动等）、市场物料（产品手册、广告、活动物料等）
渠道及订单开发	销售政策、产品价格、渠道开发、订单评审、销售预测、销售合同管理、订单交付、成品仓管理、渠道仓管理、客户信用管理、客户对账、销售货款管理、退（换）货管理
终端管理	加盟店（专卖店）管理、门店商品规划、门店客户服务、门店形象、店务管理
客户服务	售前服务、售中服务、售后服务、客户关系维护、客户满意度调查与管理、客户投诉管理、客户档案管理

当然，不同行业、不同类型的企业整合营销业务阶段与业务活动会存在一定的差异，需要企业根据自己的实际情况进行合理规划。

【案例3-8】肯德科技整合营销业务逻辑关系图

基于【案例3-2】，我们共为该企业整合营销业务规划了四个阶段，共计51项核心业务活动，图3-9至图3-10为我们帮助该企业绘制的整合营销业务逻辑关系图。

【案例3-9】浙江高科塑料整合营销业务逻辑关系图

接【案例3-3】，如图3-11至图3-13所示，我们将该企业的整合营销共分为营销规划，品牌及市场推广，客户和订单、项目开发，订单交付和回款，客户服务五个阶段，共计38项核心业务活动。

第三章　整合营销业务流程规划 | 37

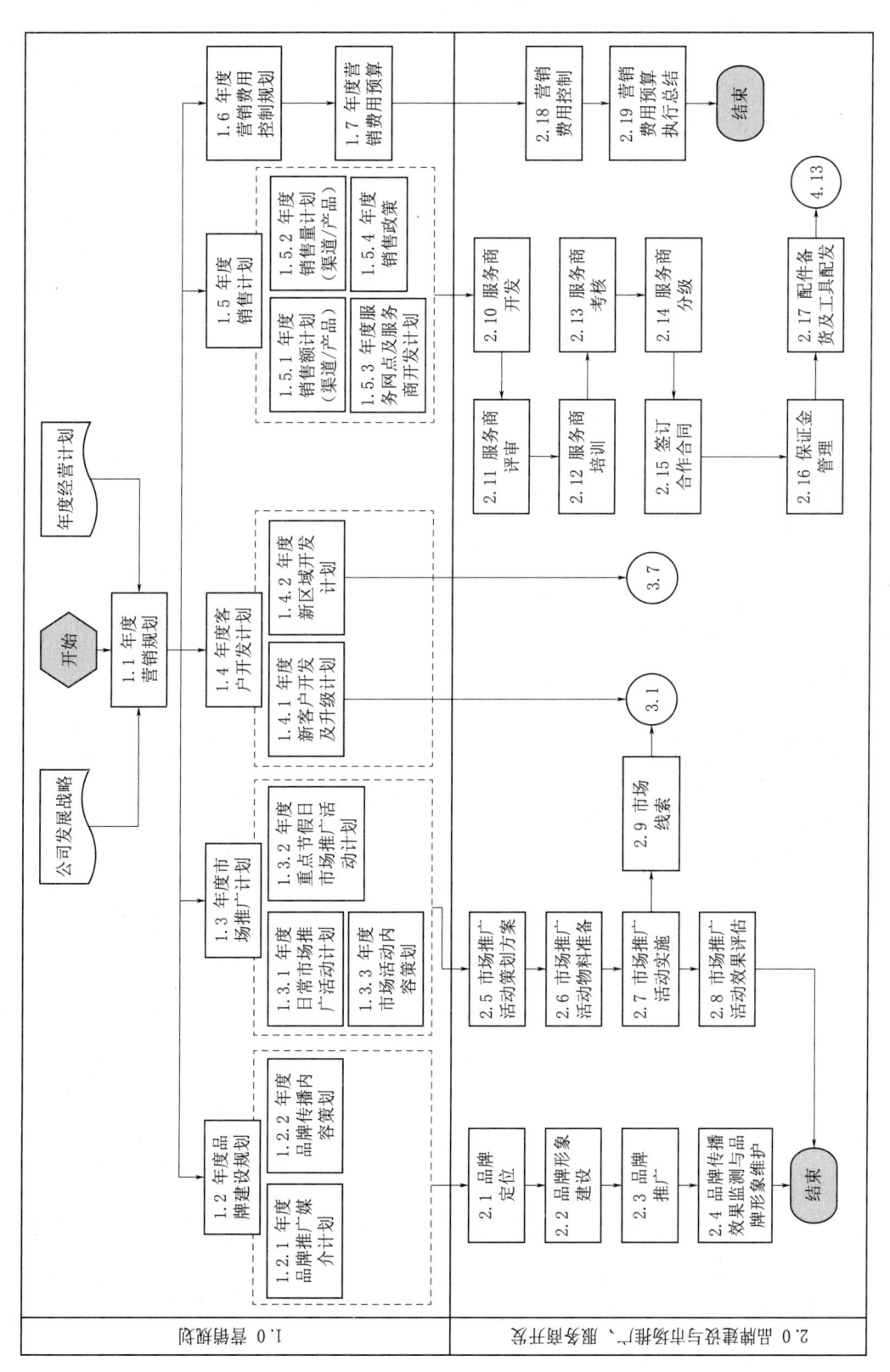

图 3-9　昔德科技整合营销业务逻辑关系图（1）

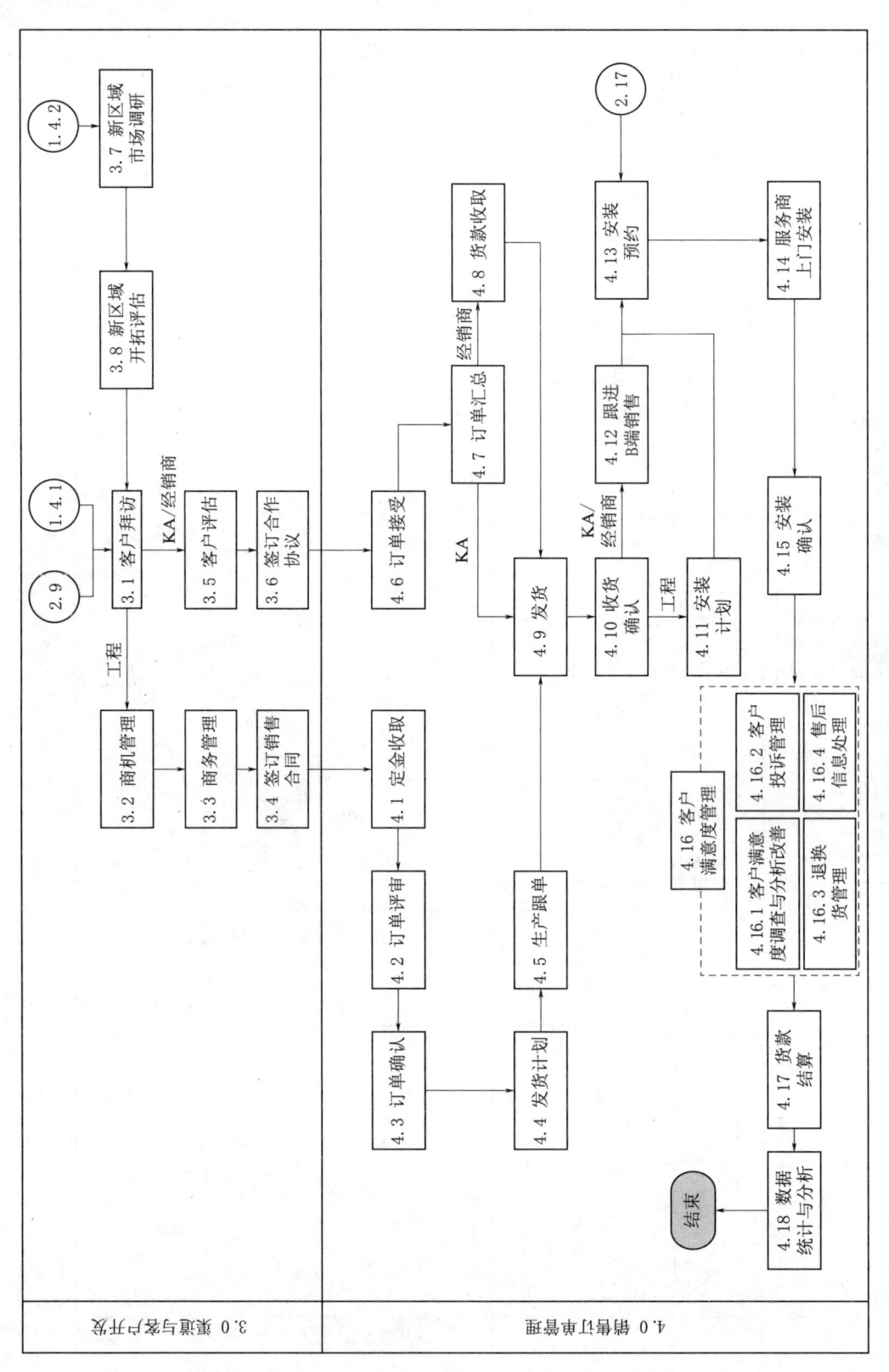

图 3-10 肯德科技整合营销业务逻辑关系图（2）

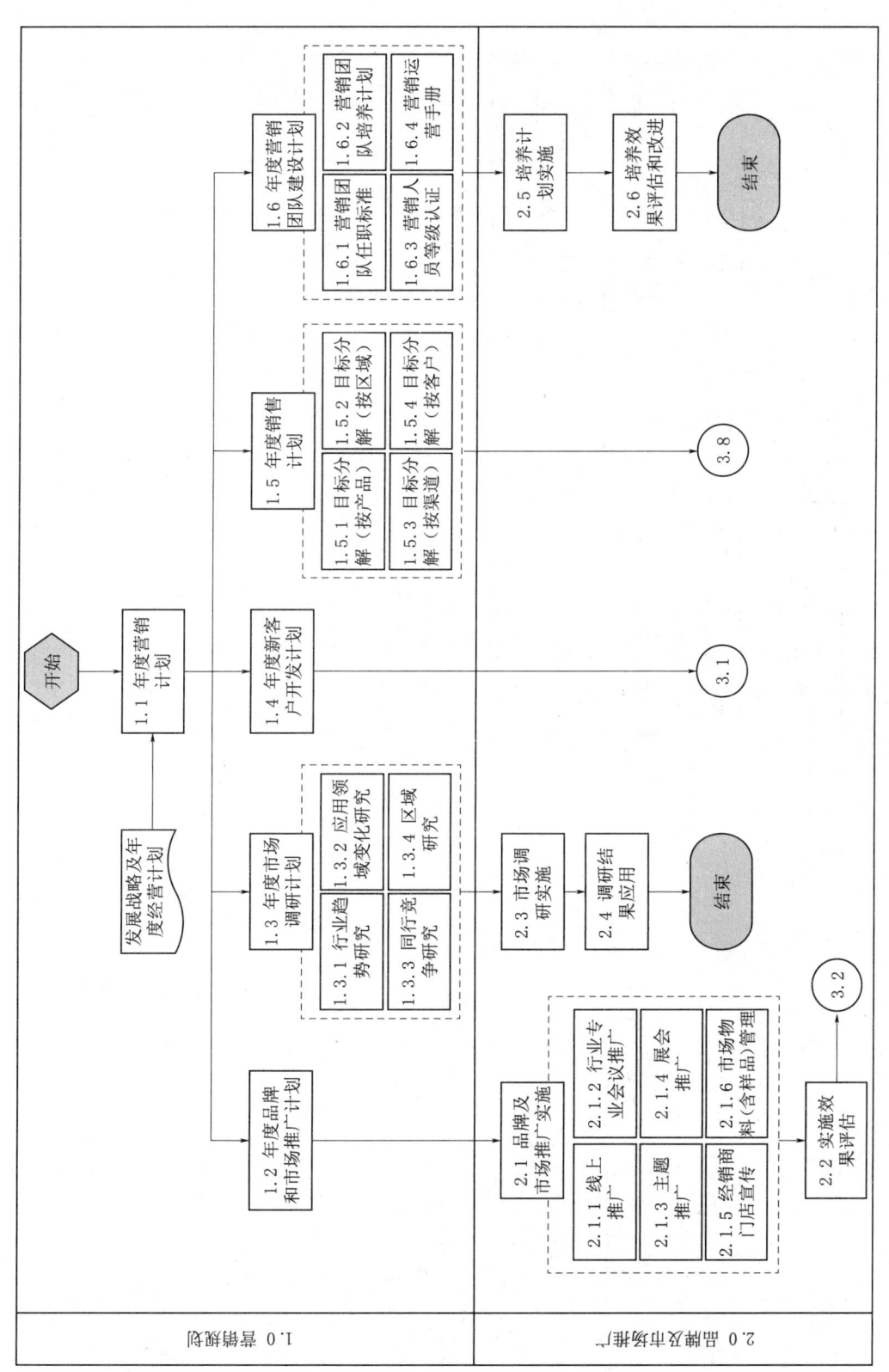

图 3-11 浙江高科塑料整合营销业务逻辑关系图（1）

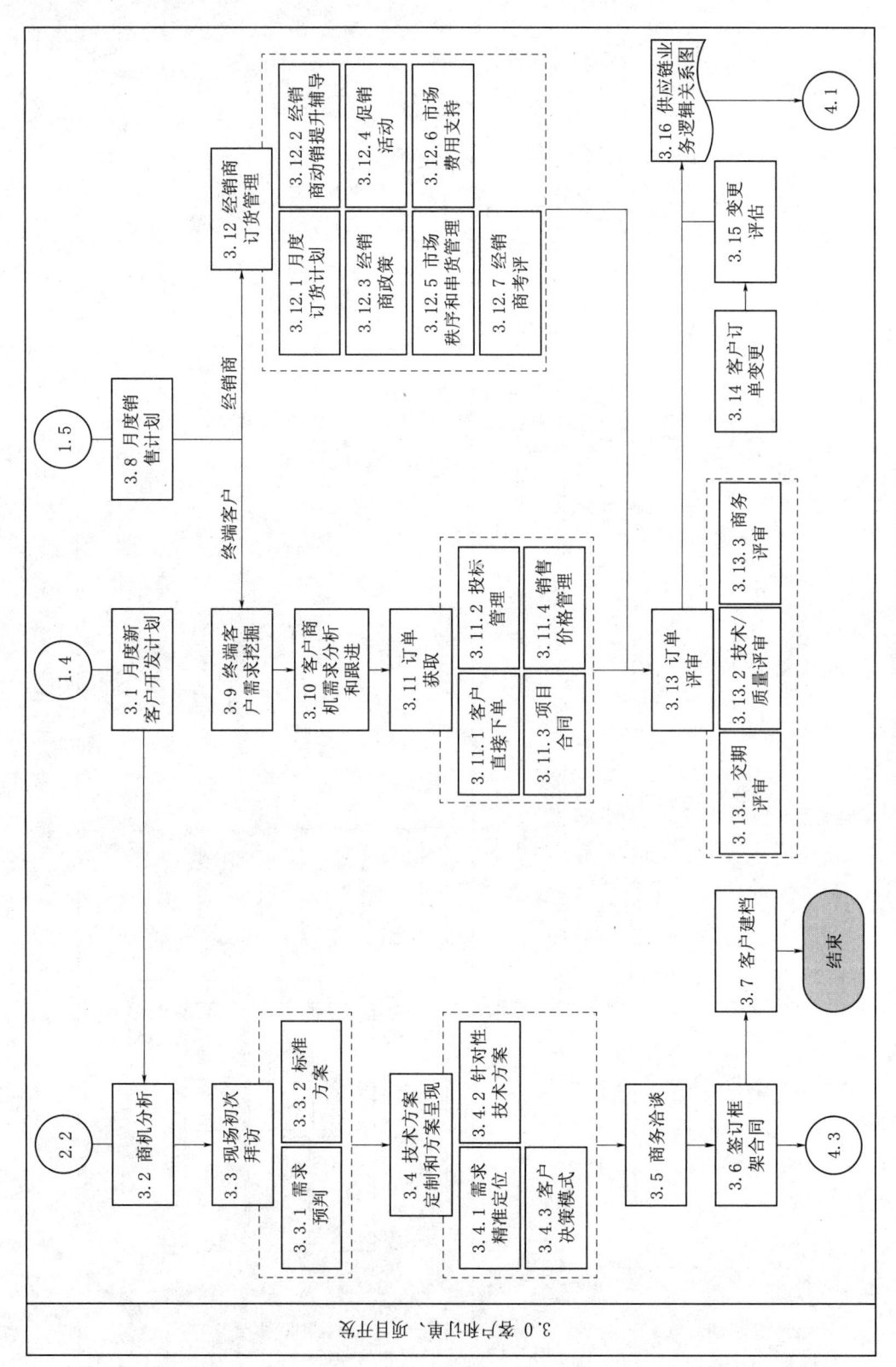

图 3-12 浙江高科塑料整合营销业务逻辑关系图（2）

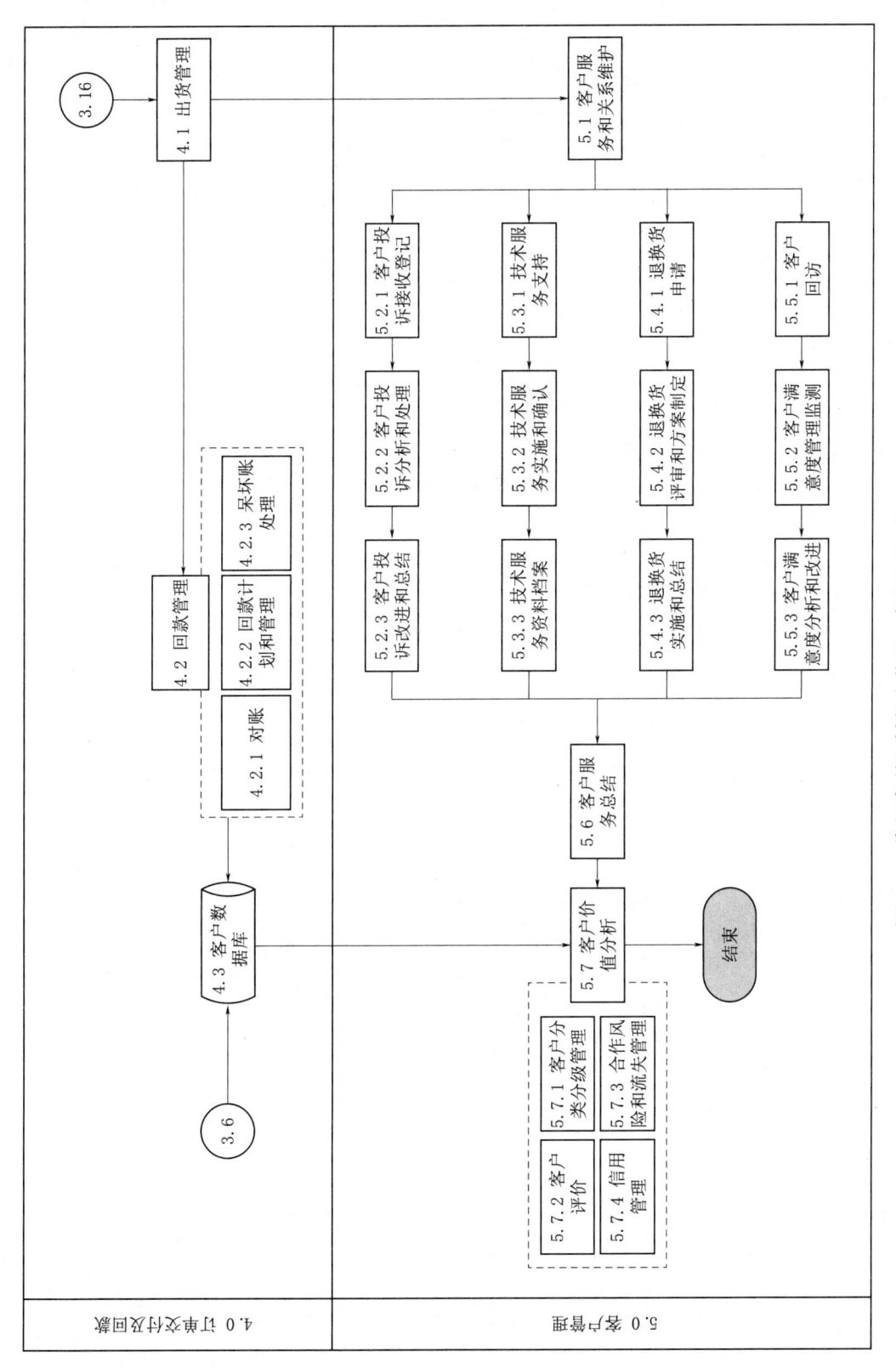

图 3-13 浙江高科塑料整合营销业务逻辑关系图（3）

【案例 3-10】光彩新材料整合营销业务逻辑关系图

【案例 3-4】,如图 3-14 至图 3-15 所示,我们将该企业的整合营销共分为年度营销规划、品牌及市场推广、项目/客户/渠道开发、销售订单管理、客户服务、营销管理六个阶段,共计 41 项核心业务。

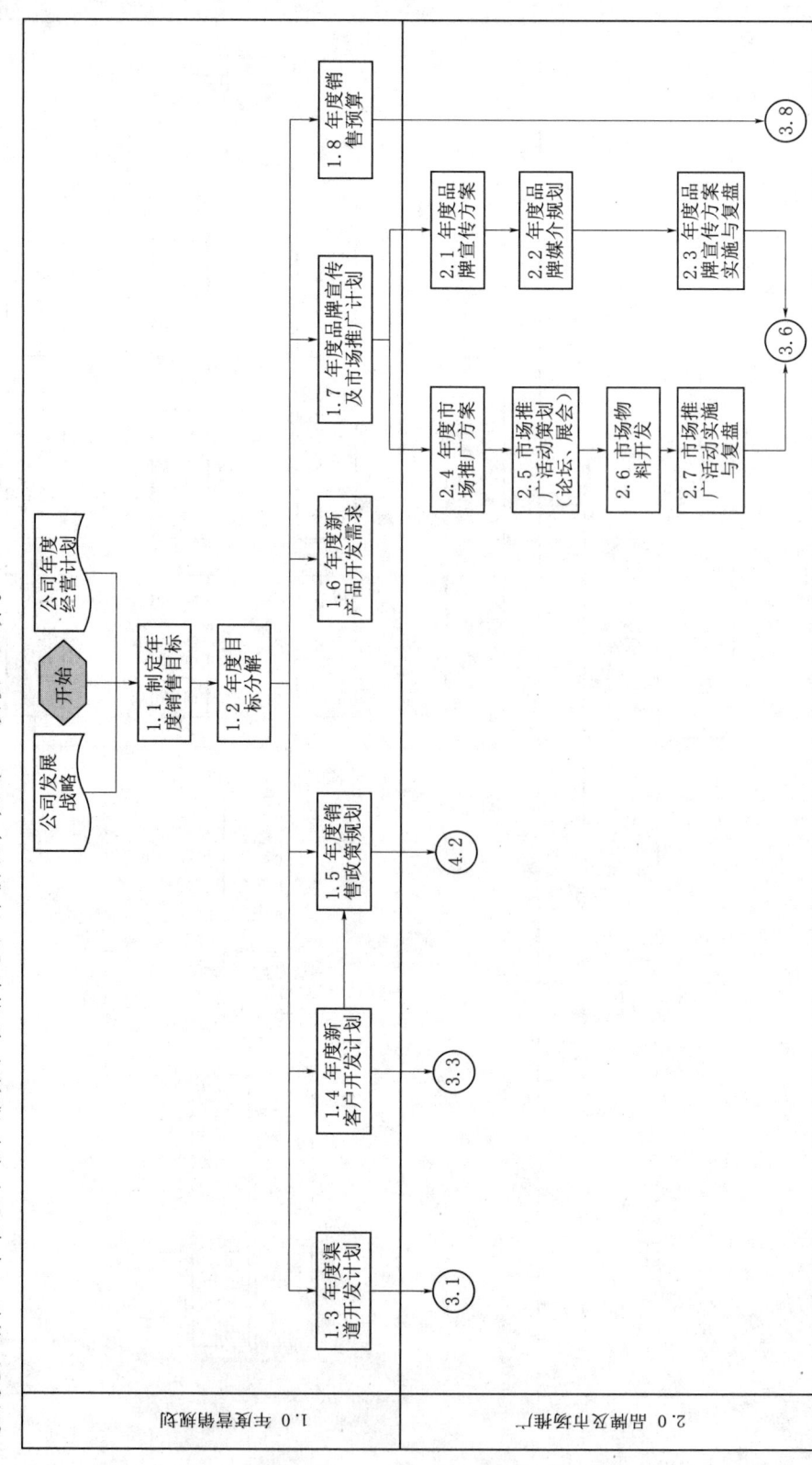

图 3-14 光彩新材料整合营销业务逻辑关系图(1)

第三章 整合营销业务流程规划 | 43

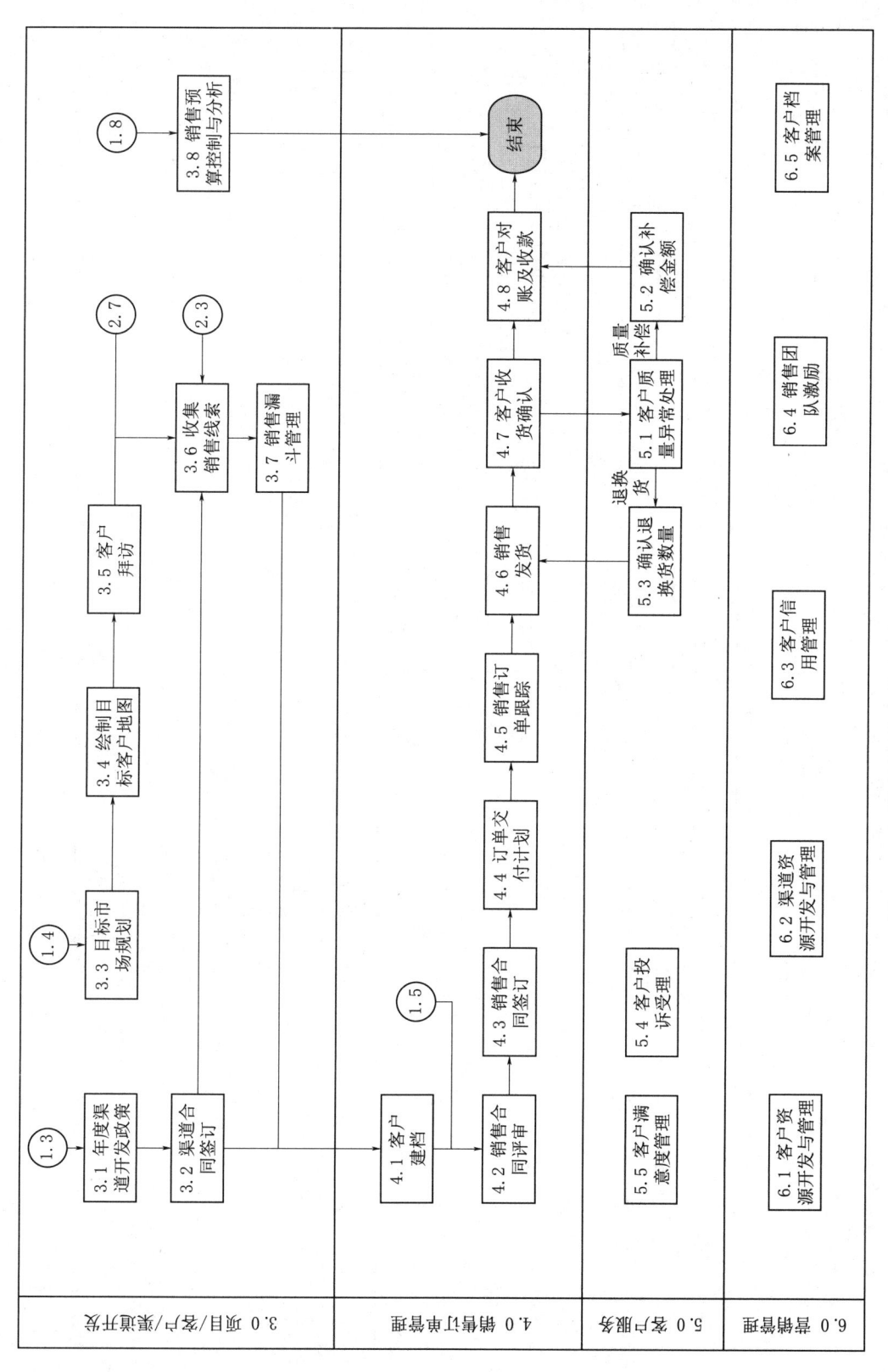

图 3-15 光彩新材料整合营销业务逻辑关系图（2）

【案例 3-11】绿源饮料整合营销业务逻辑关系图

同理,在【案例 3-5】的基础上,通过图 3-16 至图 3-17 可以看到,绿源饮料作为一家饮料企业,该企业整合营销共分为七个阶段,62 项核心业务活动。

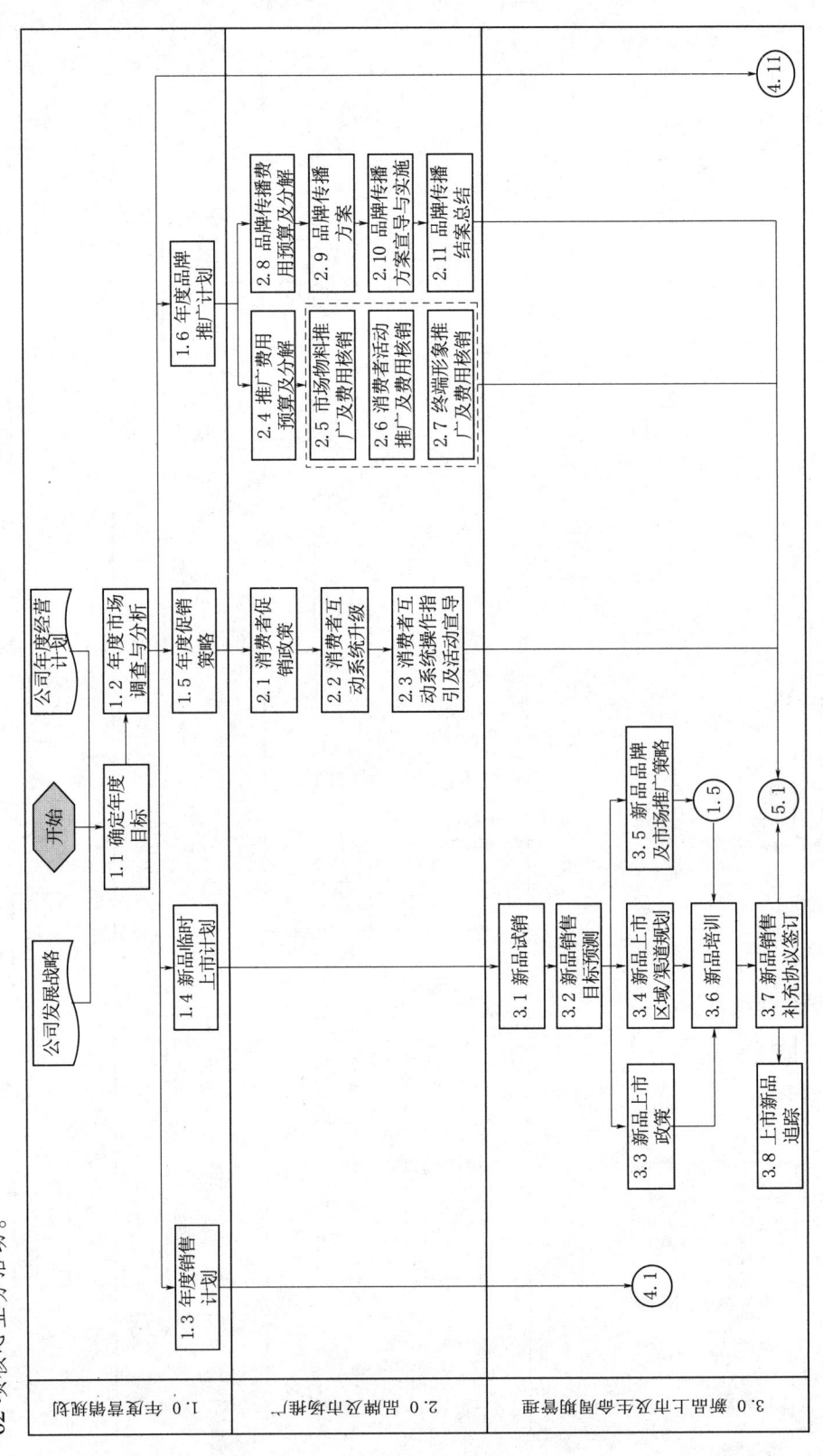

图 3-16 绿源饮料整合营销业务逻辑关系图(1)

第三章 整合营销业务流程规划 | 45

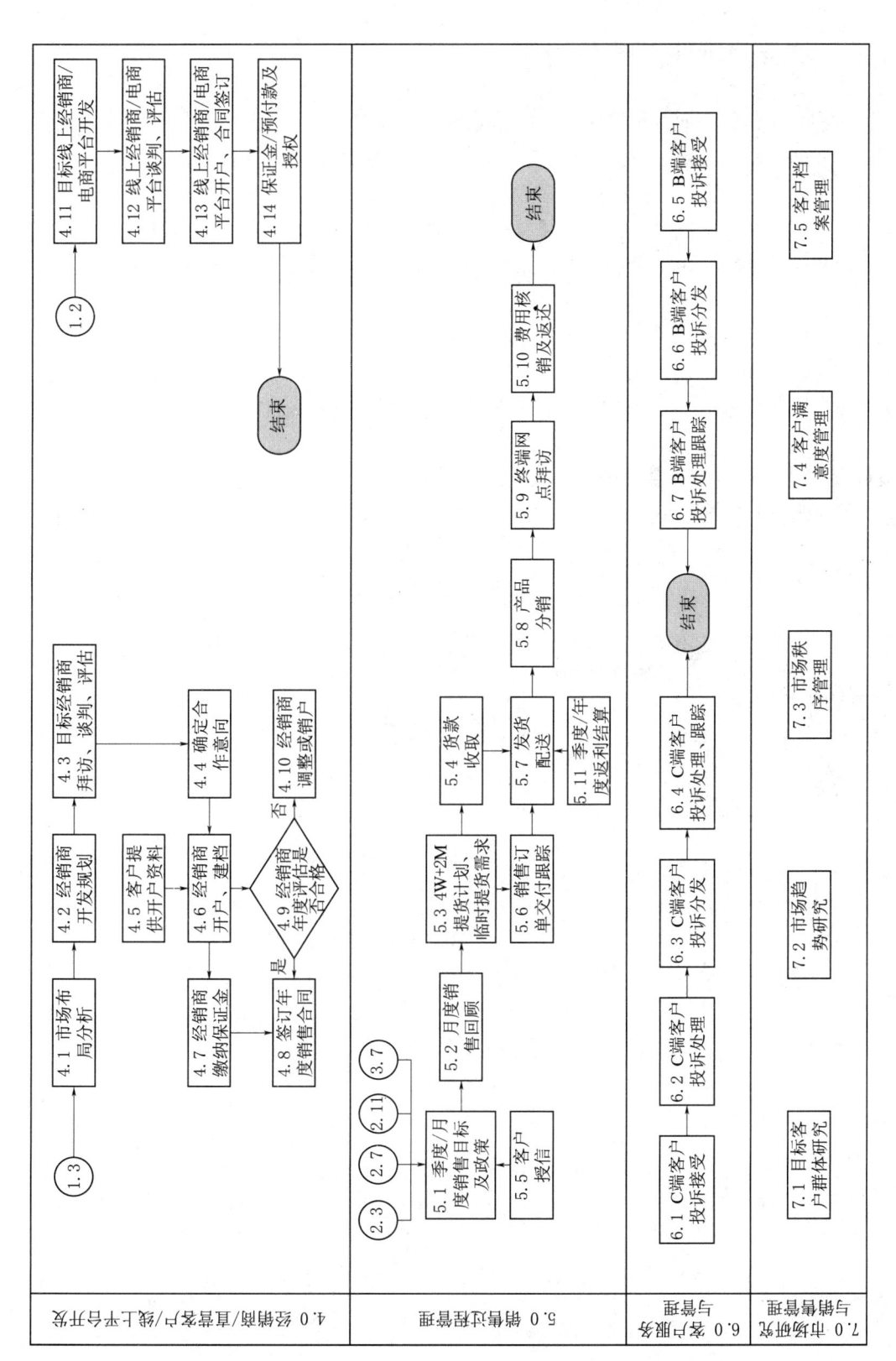

图 3-17 绿源饮料整合营销业务逻辑关系图（2）

三、整合营销业务流程规划

在对整合营销核心业务员逻辑分析的基础上,企业就可以进行整合营销核心业务流程规划了。根据我们的实践,企业在进行整合营销核心业务流程规划的时候需要注意:

(1)可以是一项业务活动对应一个流程,也可以是多项业务活动对应一个流程。

(2)如存在某个流程过于复杂的情况,可以将其拆分为多个流程,也可以将其作为一个一级流程,从而将这个一级流程中的某个或某几个业务活动作为一个或几个二级流程来支撑它。

(3)流程规划通常会包括流程名称、对应业务活动编号、流程归口部门(流程主人)、相关部门、流程输入、流程输出、增值方式、流程供应商、流程客户、流程核心步骤、流程类型等内容,当然企业也可以根据自己的实际需要对规划内容进行删减。

【案例 3-12】肯德科技整合营销业务流程规划

接【案例 3-8】中的图 3-9、图 3-10,表 3-2 是我们帮助肯德科技规划的整合营销业务流程。

表 3-2 肯德科技整合营销业务流程规划

一级流程	二级流程	对应业务活动编号	流程主人	相关部门	流程输入	流程输出	增值方式
品牌策划与推广流程		1.2、2.1~2.4	品牌部	市场部、销售部、财务管理部、营销中心负责人、总经理	年度营销规划	品牌知名度调查报告	提升公司品牌知名度
市场活动策划与实施流程		1.3、2.5~2.8	市场部	销售部、品牌部、财务管理部、营销中心负责人、总经理	年度营销规划	市场活动实施报告	提升市场影响力
	市场物料制作及发放流程	2.6	市场部	销售部、品牌部、采购部、仓储物流部、财务管理部	年度市场推广方案、年度营销规划	市场物料盘点报告	提升市场物料使用效率
客户及新区域开发流程		1.4、3.1、3.5~3.8	销售部	法务部、财务管理部	年度营销规划	客户合作协议	提升客户及新区域开发成功率
服务商开发及管理流程		1.5、2.10~2.17	客户服务部	销售部、财务管理部、法务部	年度销售计划	服务商合作协议	提高服务渠道覆盖率
工程项目开发流程		3.2~3.4	销售部	法务部、财务管理部	销售线索	工程项目协议	提高工程项目开发成功率

续上表

一级流程	二级流程	对应业务活动编号	流程主人	相关部门	流程输入	流程输出	增值方式
销售订单管理流程		4.1～4.10	销售管理部	财务管理部、计划部、生产部、采购部、仓储物流部	销售合同	客户收货确认单	提高订单交付效率
安装服务流程		4.11～4.15	客户服务部	安装服务商、销售部	安装需求	安装确认单	提高安装质量及效率
客户投诉受理流程		4.16	客户服务部	品质管理部、生产部、销售部	客诉信息收集	客诉受理结果	提升客诉处理效率
	客户退换货流程	4.16.3	仓储物流部	销售部、客户服务部、品质管理部	客户退换货申请	客户收货确认单	提升客户满意度
销售货款管理流程		4.17	销售部	财务管理部、法务部	客户收货确认单、对账单	客户付款到账记录	确保按合同收款

【案例 3-13】浙江高科塑料整合营销核心业务流程规划

接【案例 3-9】中的图 3-11、图 3-12、图 3-13，表 3-3 是我们帮助浙江高科塑料规划的整合营销业务流程。

表 3-3 浙江高科塑料整合营销业务流程规划

一级流程	二级流程	对应业务活动编号	流程主人	流程相关部门	流程输入	流程输出
市场调研流程		1.3、2.3、2.4	市场部	销售部、调研小组、总经理	年度市场调研计划、临时调研需求	调研报告应用结果
销售预测管理流程		1.5、3.1	销售部	客户服务部、市场部、生产管理部、营销中心总监	年度销售计划、同期及上期数据	月度销售数据分析报告
新客户开发流程		3.2～3.7	销售部	客户服务部、营销中心总监	年度客户开发计划、月度销售计划	客户档案建立
终端客户订单获取流程		3.9～3.11、3.13	销售部	客户服务部	客户月度、年度销售数据	销售订单获取处理
	大项目开发流程	3.11	销售部	市场部、项目"铁三角"、总经理	项目信息	项目开发结案报告
	销售价格管理流程	3.11.4	销售部	财务管理部、客户服务部、总经理	市场价格调研、产品成本核算	价格数据
经销商订货流程		3.12	销售部	客户服务部、客户经理	经销商月度需求	月度订单数据统计

续上表

一级流程	二级流程	对应业务活动编号	流程主人	流程相关部门	流程输入	流程输出
销售订单管理流程		3.13～3.15	客户服务部	销售部、技术质量部、生产部、仓管部、采购部	客户订单	发货记录
	销售订单变更管理流程	3.14、3.15	销售部	客户服务部、营销中心总监	客户变更申请	订单变更数据
销售回款管理流程		4.1～4.3	销售部	财务中心、客户服务部、总经理	发货单	客户付款记录
客户投诉处理流程		5.1～5.6	客户服务部	销售部、客户服务部、技术中心、相关部门、总经理	客户投诉信息	客户投诉处理结果
	客户退换货处理流程	5.4.1～5.4.3	客户服务部	技术中心、仓管部、销售部、总经理	退换货通知	退换货处理结果
客户评价与管理流程		5.7.1、5.7.2	客户服务部	销售部、总经理	客户价值评价管理办法	客户档案
客户信用管理流程		5.7.4	客户服务部	销售部、企管部、财务中心、市场部、总经理	赊销客户管理办法、赊销额度申请	年度赊销客户明细表

【案例3-14】绿源饮料整合营销核心业务流程规划

接【案例3-11】中的图3-16、图3-17，表3-4是我们帮助绿源饮料规划的整合营销业务流程。

表3-4 绿源饮料整合营销业务流程规划

流程名称	对应业务活动编号	流程主人	相关部门	流程输入	流程输出	增值方式
市场调研流程	1.2	品牌部	调研需求部门、品牌中心负责人	市场调研需求	调研报告归档	提升市场调研质量与时效
年度销售政策管理流程	5.1	营销中心	销售运营部、财务管理部、品牌部、市场部、公司总经理	上年度销售政策总结、年度经营预算	销售政策及预算资料归档	提升销售政策针对性及执行率
年度品牌宣传计划及预算管理流程	1.6、2.4、2.8	品牌部	公关部、市场部、财务管理部、营销中心负责人、品牌中心负责人、公司总经理	年度品牌策划与实施工作总结及评价	年度品牌费用使用分析	提升品牌费用使用效率
品牌策划与实施流程	2.9～2.11	品牌部	公关部、媒介部、市场部、电商部、营销大区	品牌战略、年度经营计划	品牌应用与实施效果评估	提高品牌影响力

续上表

流程名称	对应业务活动编号	流程主人	相关部门	流程输入	流程输出	增值方式
年度市场推广费用预算管理流程	2.4	市场部	财务管理部、营销大区、营销中心负责人、品牌中心负责人、公司总经理	年度品牌计划及预算	年度推广费用使用盘点	提高市场推广能力
市场物料开发流程	2.5	市场部	质量管理部、采购管理部、品牌部	年度市场物料开发计划、新品市场物料需求	市场物料确认	提升市场物料品质
市场活动策划与实施流程	2.6	市场部	营销大区、财务管理部、营销中心负责人、品牌中心负责人、公司总经理	年度推广策略	年度市场活动总结	提升市场活动影响力
终端形象管理流程	2.7	市场部	广告公司、营销大区、营销中心负责人、品牌中心负责人、公司总经理	年度终端形象建设策略、年度终端形象建设费用预算	年度终端形象建设费用盘点	提升终端形象
年度销售合同管理流程	4.1~4.9	销售运营部	销售服务部、营销大区、电商部、营销中心负责人、公司总经理	销售合同修订意见	合同履约汇总	提升合同履约率，降低合同履约风险
客户开户及资料变更流程	4.6	销售运营部	销售服务部、营销大区、区域、财务管理部、营销中心负责人、公司总经理	客户设立、终止变更管理办法	更新客户档案	提升客户开户效率
月度销售目标及政策制定与执行流程	5.1	营销中心	销售服务部、计划管理部、财务管理部、营销大区、区域、营销中心负责人	年度营销目标	月度目标达成转换分析	提升月度销售目标达成率
返利结算流程	5.11	销售运营部	计划管理部、销售服务部、营销大区、区域、财务管理部、营销中心负责人、公司总经理	年度销售政策	返利结算单	提高返利结算准确度及效率
自营平台运营管理流程	4.11~4.14	电商部	媒介部、销售运营部、物流管理部、财务管理部、品牌部、仓储物流部、电商负责人	年度经营计划	月度、季度销售目标复盘	提升电商销量

【案例 3-15】上海中恒整合营销核心业务流程规划

接【案例 3-6】中的图 3-7，表 3-5 是我们帮助上海中恒规划的整合营销业务流程。

表 3-5　上海中恒整合营销业务流程规划

一级流程	二级流程	流程主人	流程相关部门	增值方式
S1：市场拓展流程		市场部	客户部、项目部	拓宽市场渠道
	S11：异地机构拓展流程	市场部	客户部、产品部、项目部	增加异地合作机构数量
	S12：老客户开发流程	客户部	市场部、项目部	延长老客户合作周期
S2：品牌管理流程		市场部	产品部、项目部、财务部	提升品牌影响力
S3：市场活动策划与实施流程		市场部	产品部、客户部、项目部	提升市场影响力
S4：项目拓展流程		客户部	产品部、项目部、市场部	提升项目拓展成功率
	S41：商机管理流程	客户部	市场部	提升商机转化率
	S42：项目报备流程	客户部	项目部	规范项目拓展管理
	S43：投标管理流程	客户部	商务部、财务部	提升投标成功率
	S44：项目合同评审流程	客户部	财务部、产品部、项目部	降低项目交付风险
S5：客户服务流程		客户部	项目部、产品部	提升客户满意度

【案例 3-16】杭州米米整合营销核心业务流程规划

接【案例 3-7】中的图 3-8，表 3-6 是我们帮助杭州米米规划的整合营销业务流程。

表 3-6　杭州米米整合营销业务流程规划

流程名称	归口部门	相关部门	流程输入	流程输出	增值方式
品牌策划与宣传流程	市场部	销售部、产品部、客户成功部	年度品牌及市场推广计划	销售线索	提升品牌知名度，挖掘销售线索
市场推广流程	市场部	销售部、产品部、客户成功部	年度品牌及市场推广计划	销售线索	提升市场影响力，挖掘销售线索
关键意见领袖（KOL）开发与管理流程	市场部	销售部、产品部、客户成功部	KOL 开发计划	销售线索、KOL 库	提升公司专业影响力，挖掘销售线索
销售漏斗管理流程	销售部	市场部	销售线索	销售合同	规范销售过程，提升线索转化率
投标管理流程	销售部	产品部、客户成功部、应用研发部	投标需求	销售合同	规范投标管理，提升投标成功率

续上表

流程名称	归口部门	相关部门	流程输入	流程输出	增值方式
交付工单管理流程	销售部	工程部、客户成功部	销售合同	客户验收确认单	监控交付过程，提升客户满意度
销售货款管理流程	销售部	财务部	销售合同	财务收款记录	按时回款，避免呆坏
客户续约管理流程	销售部	产品部、客户成功部、工程部	续约意向	销售合同	长期为客户服务，客户价值最大化

第四章
整合营销业务流程问题分析

扁鹊见蔡桓公，从疾在腠理、病在肌肤、病在肠胃到病在骨髓，最终"桓侯体痛，使人索扁鹊，已逃秦矣。桓侯遂死"。

正如扁鹊一样，中医讲究"望闻问切"，业务流程现状分析也不例外，企业可以利用不同的手段和方法对整合营销业务流程存在的问题进行全面诊断，进而提出优化的方向和重点。

一、整合营销业务流程问题分析方法

业务流程问题分析的方法有很多，比如流程绩效分析、流程作业现场调查、文档查阅、问卷调查、研讨会、测时、现场模拟、实际参与、流程节点时间分析、标杆对比分析、作业时间分析、作业成本分析、作业质量分析等，下面我们将结合整合营销业务流程特点一一为读者进行阐述。

1. 望诊：整合营销业务流程现状分析

中医云："视其外应，以知其内脏，则知所病矣。"对于整合营销业务流程现状分析，流程绩效分析就是一种非常理想的"望诊"方法。

流程绩效分析首先需要识别与流程相关的绩效指标，然后通过绩效数据的分析，发现流程存在的问题。

根据前文介绍，我们知道每个流程都有其特定的增值方式，也就对应特定的流程绩效衡量指标，通过流程绩效的好坏就可以直观地判断整合营销流程现状。对于整合营销流程的绩效衡量，通常会从订单准时交付、客户开箱不良率、客户开发、投诉受理、客户服务满意度等维度进行。

【案例4-1】肯德科技整合营销核心业务流程绩效分析

见表4-1，从肯德科技各业务流程绩效分析来看，该企业整合营销业务流程存在很大的问题，特别是在营销费用管控、市场推广、订单覆盖、货款管理方面都表现得差强人意，这些正好就是该企业整合营销业务流程优化的重点所在。

表 4-1　肯德科技整合营销核心业务流程绩效分析

整合营销核心业务流程	流程绩效指标	流程绩效数据	相关部门
品牌策划与推广流程	品牌推广费用预算执行率	102%	品牌部、市场部、销售部、财务管理部、营销中心负责人、总经理
市场活动策划与实施流程	市场活动有效执行评价	88%	市场部、销售部、品牌部、财务管理部、营销中心负责人、总经理
市场物料制作及发放流程	市场物料满意度	78.5%	市场部、销售部、品牌部、采购部、仓储物流部、财务管理部
客户及新区域开发流程	年度客户及区域开发计划达成率	98%	销售部、法务部、财务管理部
服务商开发及管理流程	城市服务商覆盖率	70%	客户服务部、销售部、财务管理部、法务部
工程项目开发流程	工程项目开发目标达成率	92.3%	销售部、法务部、财务管理部
销售订单管理流程	销售订单准时交付率	93%	销售管理部、财务管理部、计划部、生产部、采购部、仓储物流部
安装服务流程	安装及时率	88%	客户服务部、安装服务商、销售部
安装服务流程	安装客户满意度	89.5%	客户服务部、安装服务商、销售部
客户投诉受理流程	客户投诉及时关闭率	93%	客户服务部、品质管理部、生产部、销售部
客户退换货流程	客户退换货金额	300 万元	仓储物流部、销售部、客户服务部、品质管理部
销售货款管理流程	销售货款及时回款率	90.6%	销售部、财务管理部、法务部
销售货款管理流程	年度呆坏账金额率	0.35%	销售部、财务管理部、法务部

2. 闻诊：整合营销业务流程成熟度分析

"闻诊"在中医里面是指通过听声音和嗅气味两个方面，以分辨病情的虚实寒热。我们也可以通过文档调查、研讨会、流程成熟度分析等方法，对流程进行"闻诊"。

（1）文档查阅法。在对流程开展调研的同时，我们应该收集与流程运作有关的制度、表单、文件、方案等文档，这些材料是支撑流程运行的基础。通过分析上述材料所记录的数据、规定、事件，我们可以推断流程实际运作的有效性。同时，文档本身制订得是否合理、是否充分满足了流程环节监控与管理需求、所需数据是否记录全面等问题，也会对流程有影响。

如企业可以通过 CRM 系统对业务人员的销售行为进行管理，同时利用该系统记录员工对客户开发的全过程，并通过相关记录查询发现客户开发过程中存在的问题。

（2）业务流程研讨会。召集与业务流程相关的部门和人员，大家共同对实际运作中存在的问题进行描述、分析，有助于避免个人偏见造成的片面认识和理解，信息收集将更加真实和全面，同时也有助于提高各部门对流程系统运作的认识，增强相互协作和配合。

（3）业务流程管理成熟度分析。业务流程管理成熟度（BPMM）分析是通过对流程管理活动、流程中的角色认知与履行、流程文化、IT对流程管理的支持、流程团队成员的流程管理技能、各级管理者对流程管理的看法及参与程度等多个维度进行评价，从而评估企业的流程管理能力。

美国生产力与质量中心（APQC）把业务流程管理成熟度分为5级，分别是经验级、职能级、规范级、绩效级和标杆级，见表4-2。

表4-2 APQC流程管理成熟度分级

成熟度级别	级别定义
标杆级	改进已经成为全体员工的习惯，最佳的综合改进过程，证实达到了最好的结果
绩效级	分析、确认上下游工作的需求，并对过程进行不断改进，保证结果良好且保持改进趋势
规范级	管理系统基于过程方法的应用，管理体系有相对完整的规划性，但仍处于系统改进的初级阶段，可获得符合目标的数据和所存在的改进趋势方面的信息
职能级	能对管理运作过程遇到的问题做出反应，但处于就事论事阶段，只是基于问题或纠正的反应式系统方法，改进的结果很少以数据或总结形式反映解决的方法和过程
经验级	企业管理没有采用系统方法的证据，没有结果或结果不好，处于非预期结果阶段，充满突发性错误，危机四伏，管理人员"忙"而"盲"

另外，知名咨询机构埃森哲把流程管理成熟度也分为5级，分别为非正式的、基础的、形成中的、被管理的、优秀的，处于不同级别的流程具有其明显的特征，见表4-3。

表4-3 埃森哲流程管理成熟度

成熟度阶段	流程管理特征
优秀的	（1）流程思想普及于整个组织 （2）流程拥有者为客户代言人 （3）有良好的评估与回报
被管理的	（1）流程是主要动机 （2）组织以流程为中心，但职能管理依然存在 （3）流程拥有者为资深领导 （4）利用评估架构
形成中的	（1）流程开始具有影响 （2）流程拥有者有更大权限 （3）公司以混合模式运作 （4）功能与流程都存在评估
基础的	（1）流程已被定义 （2）流程拥有者作为项目主管主导流程相关工作 （3）功能拥有者仍是主要领导 （4）面向任务与功能的评估
非正式的	（1）流程及其拥有者未做明确定义 （2）随机的评估，不与结果相联系

【案例 4-2】不同企业整合营销业务流程成熟度分析对比

为了便于比较，我们对【案例 3-2】至【案例 3-7】对应的 6 家企业整合营销业务流程成熟度进行对比分，见表 4-4。

表4-4 整合营销业务流程成熟度模型

序号	问题	是	否
1	市场和销售部门能够把流程持续改进和全面质量控制作为市场竞争的有效手段		
2	通过与顾客间长期互惠的关系建设，即客户关系管理，来改善质量、成本及客户满意水平		
3	通过建立部门间与客户的直接联系来改善公司有关部门对客户的响应速度		
4	从公司接收客户订单到客户接收货物的周期长度正在持续缩短		
5	订单受理与评审的流程分工清楚，各责任岗位明确自己的分工职责		
6	客户订单能够在合同约定期限内完成交付		
7	对于紧急或特殊订单，有措施保证及时准确的受理		
8	为更好地对订单更改进行管理，当订单的有关承诺发生变化时，销售部门、订单管理部门、生产部门、采购部门都能够参与，从而及时向客户回复新的承诺		
9	按照第一次承诺客户的时间，交货率可以达到95%以上		
10	对任何不能及时交货的原因能够及时进行分析并向客户做出沟通解释		
备注	（1）在评价时，根据每个问题描述的情景，结合企业的实际情况进行回答（"是"或者"否"）就可以了，企业在统计得分时，"是"得1分，"否"得0分 （2）根据参与评价人的个人得分求算术平均值，即可得到整合营销业务流程成熟度得分 （3）最终得分按照5分制折算		

基于以上模型，表 4-5 为不同企业的整合营销业务流程成熟度现状对比。

表4-5 不同企业整合营销业务流程成熟度分析对比

企业名称	成熟度得分	经验级 （0～1）	职能级 （1～2）	规范级 （2～3）	绩效级 （3～4）	标杆级 （4～5）
肯德科技	2.85			√		
浙江高科塑料	3.76				√	
光彩新材料	3.15				√	
绿源饮料	4.38					√
上海中恒	4.1					√
杭州米米	3.90				√	

3. 问诊：整合营销业务流程满意度分析

"问诊"是中医中常见的一种方法。《素问·三部九候论》中写道："必审问其所始病，与今之所方病，而后各切循其脉。"对流程问题的分析，可以通过访谈、问题收集与反馈等多种方式进行。

（1）访谈。访谈是进行流程调研最为常见的方法。通过与流程运作各个环节相关人员进行面对面的沟通和交流，能够了解到实际流程运行的情况和存在的问题，从中查找出造成问题的真实原因，便于将来对流程改进对症下药。

（2）问卷调查。为了增强流程调研过程中的相关数据和信息收集的全面性，企业可以适度开展问卷调查。开展问卷调查有助于提高员工对流程改进的参与程度，并能较全面地体现公司各个运作部门对企业整体流程运作效率的看法。但是问卷调查也有一定局限性，主要表现为相关问题比较固化，不能给人以开放性的思考，因此需要结合其他方法一同使用。

4. 切诊：整合营销业务流程绩效分析

"切诊"是指医者用手指按病人腕后桡动脉搏动处，借以体察脉象变化，辨别脏腑功能盛衰、气血津精虚滞的一种方法。在流程管理中，我们可以通过测时法、标杆法、流程作业现场调查、现有解决方案跟踪与研究等多种手段对流程存在的问题进行系统分析。

（1）测时法。测时法就是通过对流程过程中每个步骤实际耗时进行测量与记录，然后分析用时最长的环节及浪费时间最多的环节，从而发现影响流程效率的环节及原因。

（2）标杆法。标杆法是企业开展流程管理的理论基础之一。选择标杆的作用在于可以根据标杆企业的做法选择衡量企业流程的绩效指标，并根据标杆企业的经营成果确定本企业的目标，同时还可以借鉴标杆企业在解决企业相应问题时候的思路和工作办法，探索处理问题的新方法。

（3）流程作业现场调查。流程作业现场调查主要是用来对运作类流程进行诊断的一种方法。通过观察实际作业活动、记录活动耗费时间、对作业现场环境进行查看、询问相关作业操作人员等手段，对流程运作的基础进行了解。

（4）现有解决方案跟踪与研究。通过对现有解决方案的跟踪和研究，我们可以更为深刻地理解现有流程运作中存在的问题，验证解决方案的有效性和执行程度，挖掘流程运作中实际存在的干扰因素和问题，更为有效地对流程进行分析和研究。

二、抽丝剥茧：挖掘流程真正存在的问题

前面我们系统地介绍了业务流程现状分析的多种方法，企业在进行整合营销业务流程问题分析的过程中必须因地制宜，同时也不要被流程的种种假象所迷惑。为了能够让读者朋友更加准确地了解流程现状分析的过程，下面简单介绍一下在流程现状分析过程中需要重点关注的几个切入点。

（1）如何识别并分析流程问题区域。一个流程在运行的过程中经常会出现各种各样的问题，这些问题可能会非常严重，直接影响流程的效率和增值，也有可能问题的存在对流程本身没有很大的影响，所以企业在进行流程现状分析的时候，第一个需要考虑的问题就是先把流程存在的问题找出来，然后根据问题的严重程度进行区分。

（2）如何识别并评估流程中的关键活动。在一个流程中，我们经常会把所有的活动分为关键活动、非关键活动；增值活动、非增值活动等，那么企业在进行流程现状分析的时候，首先需要关注关键活动、增值活动的状态。

（3）如何分析流程中的角色与活动匹配问题。在企业流程现状分析的过程中，还需要重点思考各个角色在流程过程中的定位与职责履行状况，如果发现某个或某几个流程定位有误或出现偏差的时候，企业应该进行纠正。

三、整合营销业务流程问题分析实践

如何快速有效地发现流程存在的问题？通过多年的实践总结，我们认为流程问题的分析可以从以下几个方面思考：流程责任分析、流程效率分析、风险控制分析、知识传承分析、有效授权分析、流程绩效分析、经营提升分析。总之，只要把握以上内容，企业便可轻松地发现流程存在的问题，为下一步进行流程优化提供依据。

1. 流程责任分析

最常见的流程问题就是流程相关责任人之间的责任界定不清，虽然流程描述时企业会尽可能地厘清流程角色之间的职责，但在实际工作中，往往会在流程交接点上出现模糊地带，甚至真空之处，如对流程交付物的理解不一致、工作交付标准不一致、时间节点把握不一致、流程意识不同步等现象，最终导致流程角色之间责任不清，协同困难，因此流程问题分析的第一步就是要厘清流程相关责任人之间的工作职责。

2. 流程效率分析

根据前文对流程的定义，我们知道不管是业务流程、管理流程，还是辅助流程，都有其特定的增值方式，不同的流程其增值方式会不同，有些流程是为了时间更短（如订单交付流程），有些流程是为了成本更低（如成本管理流程、采购价格管理流程），有些流程是为了质量更好（如研发品质管理流程、原材料品质管理流程、成品品质管理流程），有些流程是为了客户更满意（如客诉受理流程、客户满意度管理流程），有些流程是为了风险更低（如销售订单评审流程、供应商开发与评价流程、采购价格管理流程、财务分析流程）。总之，每个流程都期望每循环一次比前次更好，其实这就是流程效率的体现。

因此，流程问题分析的第二步就是要分析流程在效率提升方面是否还存在空间，因为企业进行流程管理的终极目的就是要提升运营效率。特别是在互联网时代，天下已经没有新鲜事，你能做出来的东西，别人很快也能做出来，那么企业唯一能够取胜的关键就是效率。

3. 风险控制分析

企业经营过程中，随时都会面临授权不当、成本上升、质量隐患、安全隐患、环保隐患、客户投诉、决策失误、宏观政策调整、对手不正当竞争、关键岗位员工流失、核心客户流失、核心供应商失信等一系列潜在的经营风险。一个合理、健全的流程，一定要做到对流程涉及的相关风险进行预警和控制。大家试想一下，如果没有对企业经营流程进行规范，企业的任何风险控制都要靠人去实现，而人又存在能力差异、流动性、忠诚度等诸多方面的限制。因此，企业进行流程问题分析的另外一个关键点在于识别风险点并检讨与这些风险点相关的流程是否存在问题。

4. 知识传承分析

戴维·海姆在《重新定义流程管理》一书中提到，组织孤岛和知识鸿沟是创新的两大障碍[①]。组织孤岛的形成源于传统职能式组织模式，职能式组织模式更多地强调组织内部的分工，如前文提到的，传统组织分工强调横向到边、纵向到底，而忽略了部门之间、岗位之间的协同问题，最终造成厚厚的部门墙。知识鸿沟是由于部门之间、上下级之间的信息流被阻断而形成的，戴维·海姆用"打电话游戏"（即由一个人将口信悄悄地传给另外一个人，直到本队的最后一个人并让他说出最终听到的内容）告诉我们，在企业中大量存在类似的现象，由于信息传递过程中的失真，最终使重要细节往往无法到达真正需要它的人。

存在组织孤岛的企业往往是低效的，同样缺乏知识传承的企业是很可怕的，因为企业管理成熟度以及经营能力的提升一定是要通过不断积累和传承企业在过往经营过程中的知识沉淀，在很多企业，知识只是存放在员工个人电脑中，甚至存放在员工大脑中，而且是零散的。没有经过流程链接的知识体系不能为企业提升经营和管理能力带来任何帮助，所以企业在进行流程问题分析的时候，也可以从这个维度进行着手。

5. 有效授权分析

在企业中存在这样一个现象：企业高层非常想放权给总监，甚至经理，但下属总是不敢，甚至不愿意接受。为什么呢？因为在很多企业，老板"一支笔"是非常常见的现象，那么在这种情况下，如果缺乏流程体系的合理分工和对权限的划分，事实上，老板的所谓授权也就只能是空谈了。

另外，缺乏有效授权的企业其运营效率会大打折扣，同时也会存在潜在的决策风险，因此在对流程问题进行分析的时候，也有必要同步对流程权限设置是否有效进行分析。

6. 流程绩效分析

流程绩效分析是最有效、最直接的流程问题分析手段，企业可以通过流程对应绩效表现分析，发现流程中存在的问题。

[①] 海姆. 重新定义流程管理：打造客户至上的创新流程[M]. 楚建伟，译. 北京：中国人民大学出版社，2017：7.

很多企业在推行绩效管理的时候，最头疼的一件事情就是绩效数据很难收集，最终导致绩效管理只能停留在纸面上。其实企业做绩效管理的另外一个目的，就是要通过流程客观记录每个环节的相关数据流和信息流。

7. 经营提升分析

在企业中，流程的增值可能体现在效率提升、成本降低、销售增加、利润增长、质量提高，也可能体现在客户满意、员工满意。总之，这与每个流程的目的（绩效目标）有关。虽然流程个体增值方式存在差异，但企业总体流程目的只有一个——提升经营业绩。

综上所述，企业还可以按照以下思路进行流程问题分析，见表4-6。

（1）流程的问题区域在哪里？
（2）该流程的关键活动有哪些？存在什么问题？
（3）在本流程中，各部门的角色定位和职责履行是否到位，是否存在错位的现象？
（4）问题的具体表现是什么？
（5）如果问题得不到改善，可能导致的结果是什么？
（6）流程应该从哪些维度进行优化？

表4-6 流程问题分析表

序　号	存在的问题	对应流程步骤	具体表现	可能导致的结果	优化思路

另外，企业还可以通过表4-7的方式对流程问题进行分析。

表4-7 企业流程问题分析表

流程核心步骤	是否关键活动		是否增值活动		可能存在的问题					
	是	否	是	否	责任界定	流程效率	风险控制	知识传承	有效授权	绩效管理	经营提升

【案例4-3】肯德科技销售产品定价管理流程、市场调研流程、销售货款流程现状分析及优化

接【案例3-2】，以下是我们在帮助肯德科技进行流程现状描述和问题分析时对销售产品定价管理流程进行分析及优化的过程，具体内容如图4-1至图4-2、表4-8所示。

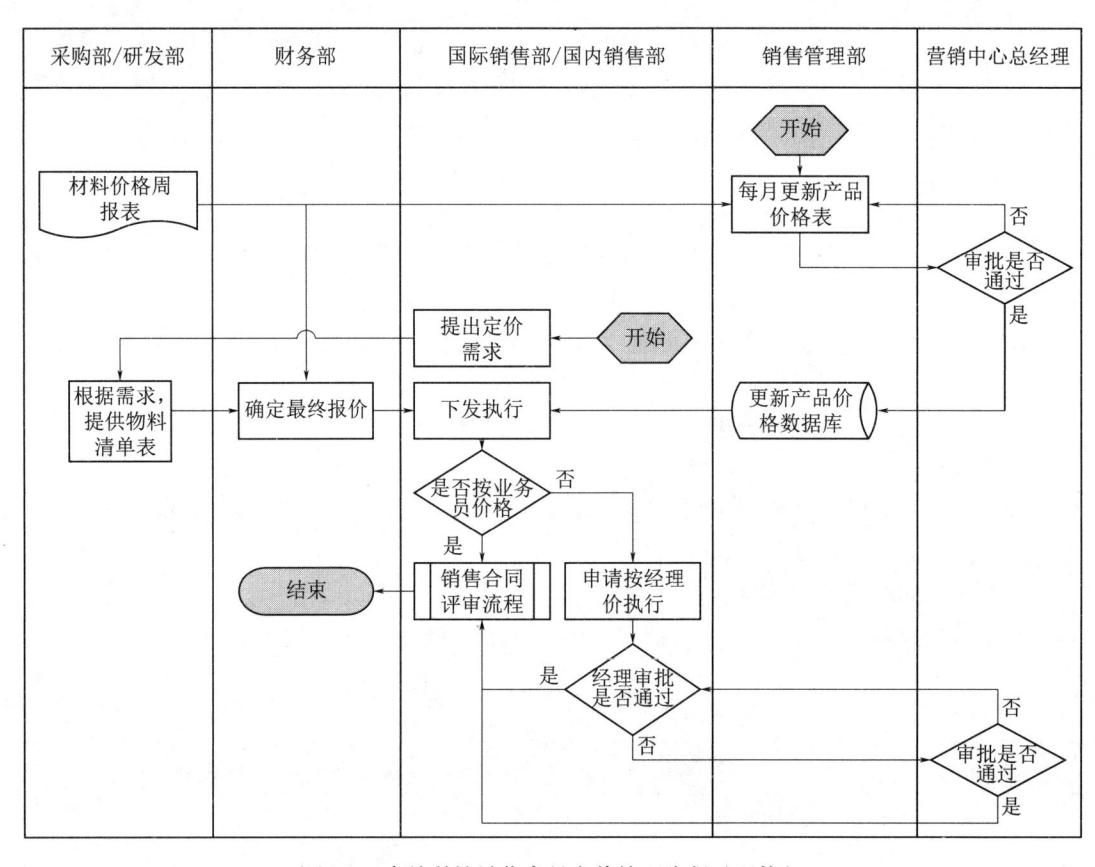

图 4-1　肯德科技销售产品定价管理流程（现状）

表 4-8　肯德科技销售产品定价管理流程问题分析表

序号	存在的问题	具体表现	可能导致的结果	优化思路
1	产品定价原则不明确	（1）价格策略不明确 （2）对竞争产品的研究不够 （3）客户定位不够细化 （4）产品定价脱离了公司利润预算	（1）销售方向不明确，业务员更愿意做有公司支持的大客户 （2）业务员更倾向于以低价获取订单 （3）达不成公司利润预算 （4）价格策略不明导致客户开发不顺	（1）加强市场部对公司产品竞争态势的研究 （2）产品定价按客户分类 （3）建议公司成立定价委员会
2	产品价格不合理	（1）成品率不高导致价格偏高 （2）物料清单表不准确	价格偏高	（1）压缩品质成本和人工成本 （2）提高成品率
3	产品报价管理不完善	业务员倾向于以低价获取客户订单	（1）公司利润不能保证 （2）不能对业务员进行有效的激励	（1）业务员的提成制度需要优化 （2）严格执行价格审批程序

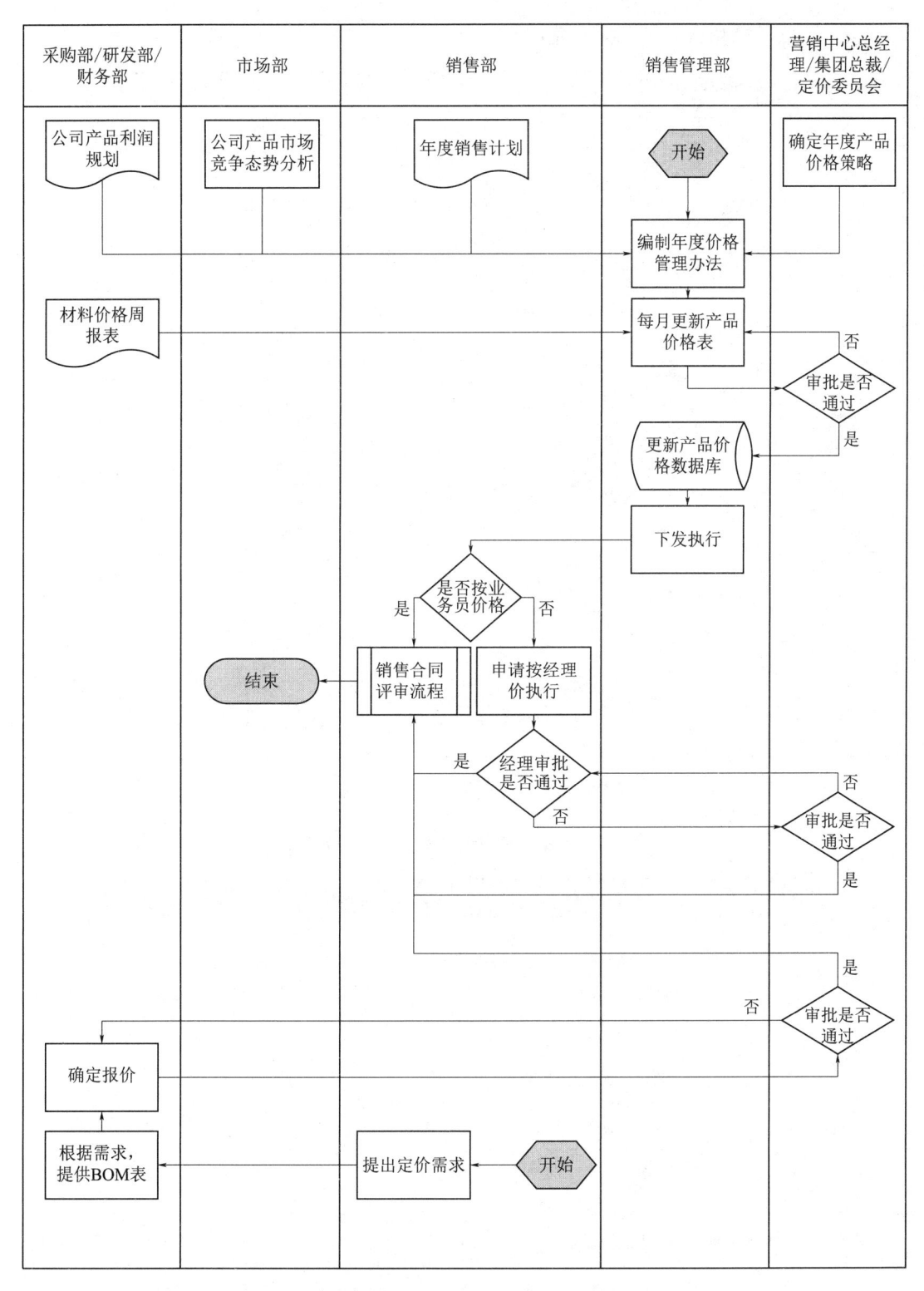

图 4-2 肯德科技销售产品定价管理流程（优化）

肯德科技市场调研流程现状分析及优化，具体内容如图4-3至图4-4、表4-9所示。

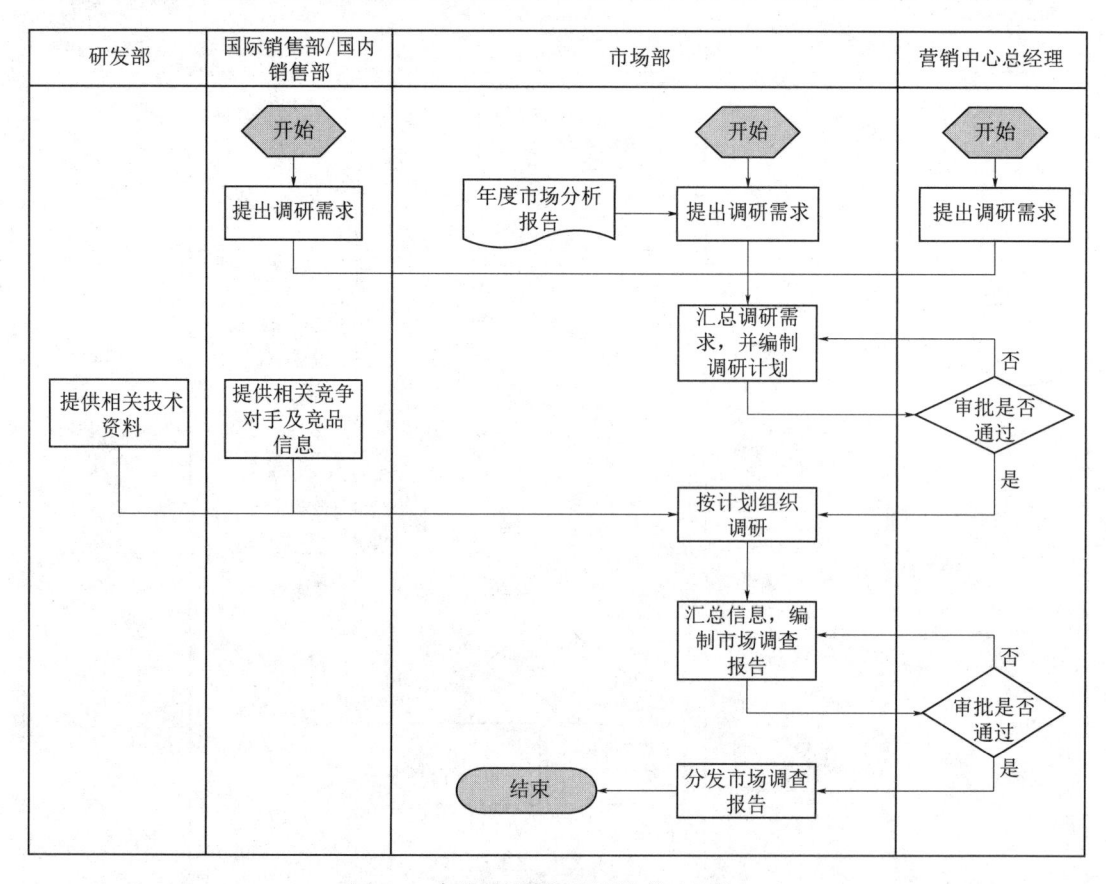

图 4-3　肯德科技市场调研流程（现状）

表 4-9　肯德科技市场调研流程问题分析表

序号	存在的问题	具体表现	可能导致的结果	优化思路
1	市场部无年度调研规划	目前的调研需求都是根据销售部、总经理或市场部根据本部门需求随时提出的，缺乏统一规划	调研工作的随机性很强，绝大多数调研属于"应急"	市场部应该在年度根据上年度市场调研分析报告及年度研发规划、销售计划来制定年度市场调研规划
2	调研需求输入不明确	调研需求随意性较大，无书面具体的调研需求，核心目的不明确	（1）调研方向不明确（2）调研结果缺乏针对性和效果	调研需求部门提供书面详细的调研需求和计划
3	调研方式单一	主要依靠网络搜索以及其他内部信息	调研的信息不充分、深入，可信度无法评估	规划调研渠道和方式
4	调研结果缺乏深入分析	调研的分析不够深入、系统和全面	调研结果对公司决策支持性不够	（1）规范调研报告框架（2）规范调研分析的工具及方法

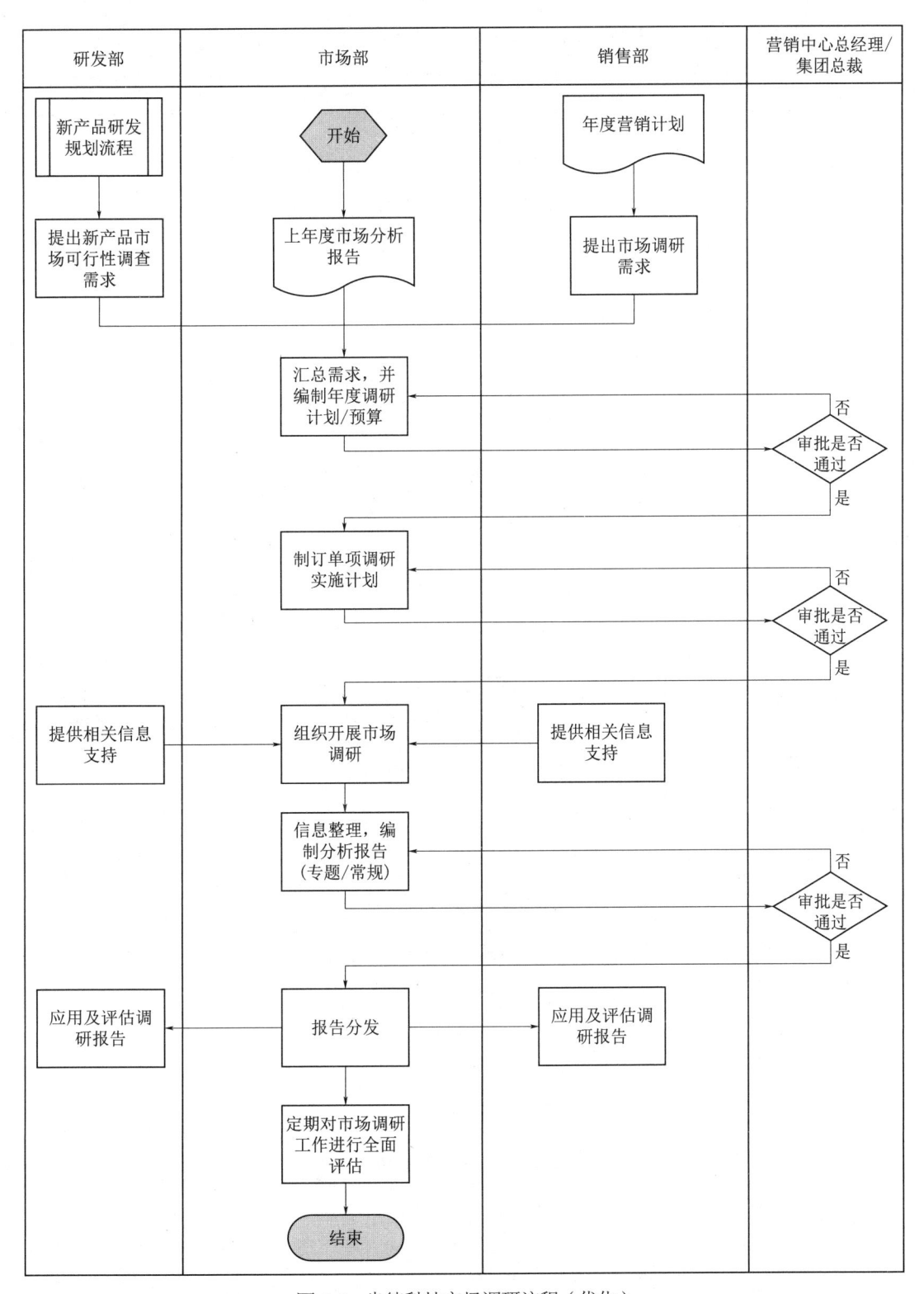

图 4-4　肯德科技市场调研流程（优化）

肯德科技销售货款管理现状分析及优化，具体内容如图 4-5 至图 4-6、表 4-10 所示。

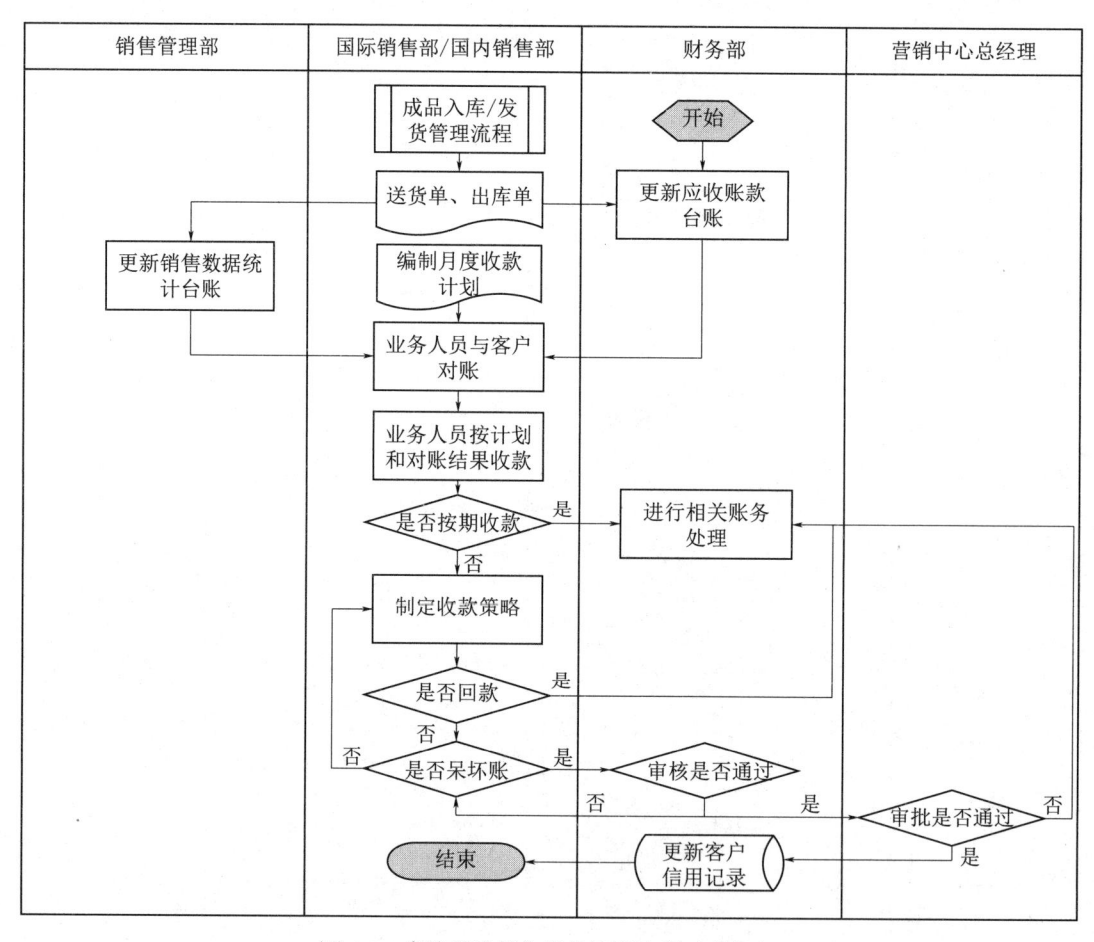

图 4-5　肯德科技销售货款管理流程（现状）

表 4-10　肯德科技销售货款管理问题分析表

序　号	存在的问题	具体表现	可能导致的结果	优化思路
1	货款按合同回收比例较低	回款不及时	（1）影响财务的资金计划 （2）导致公司流动资金周转次数降低	（1）回款纳入对业务员的考核 （2）严格回款计划的编制和审批
2	业务员对账的积极性不高	（1）业务员不负责客户对账 （2）客户不配合对账	（1）呆坏账产生时，缺少证据 （2）影响货款不能及时回收	每月与客户对账，并向客户索取对账单确认件
3	呆坏账申请（审批）程序不健全	（1）业务员不主动申报呆坏账 （2）缺乏呆坏账管理制度和流程	（1）会有少量的呆坏账产生 （2）呆坏账没有及时做财务处理	（1）建立呆坏账管理制度 （2）呆坏账考核与业务员的收入挂钩

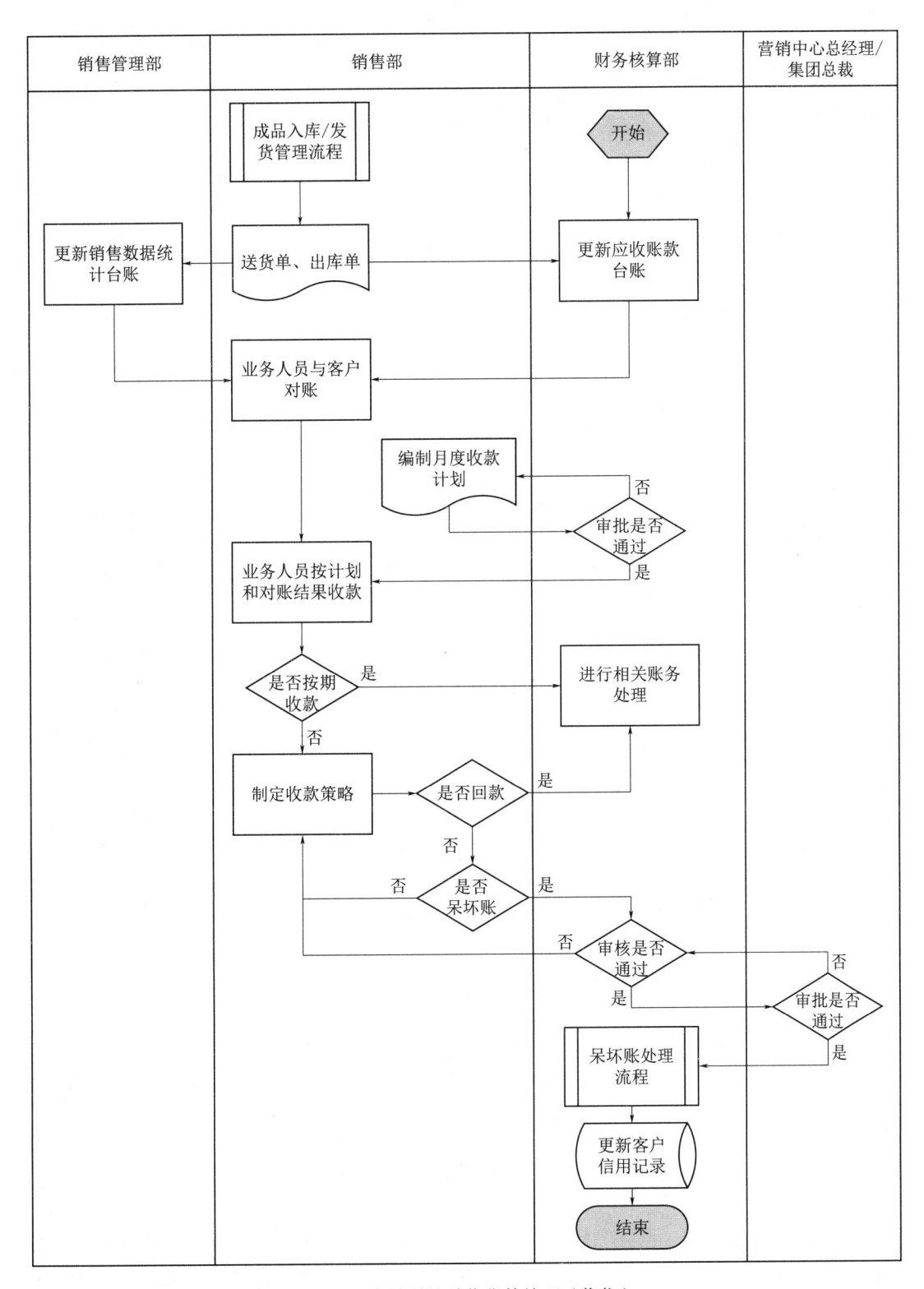

图 4-6　肯德科技销售货款管理（优化）

第五章
整合营销业务流程再造方法与衡量

发现问题，成功一半。如第四章所言，完成整合营销业务流程现状分析之后，企业不仅清楚了现状，还找到了整合营销流程存在的问题及需要改善的方向，这为下一步进行整合营销业务流程再造方法与衡量指明了方向。

一、整合营销业务流程再造常用方法

整合营销业务流程再造的常用方法有很多，模板化、标准化、信息化、剔除非增值环节、优化流程顺序、优化营销组织、业务流程外包等都是非常有效的方法，如图5-1所示。

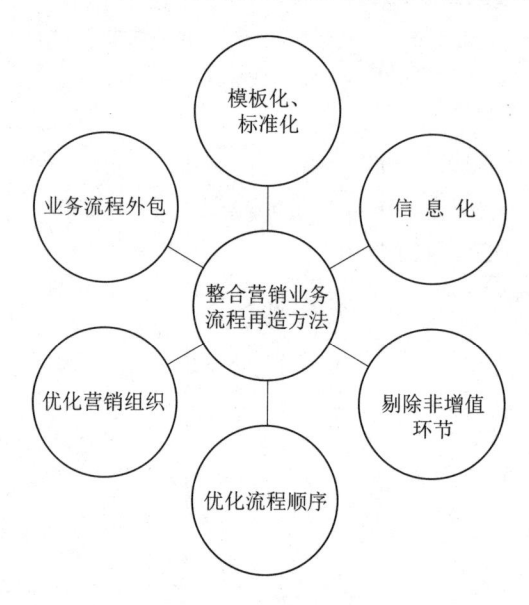

图 5-1 整合营销业务流程再造方法

1. 模板化、标准化

任正非曾经说过，规范化管理的要领是工作模板化。什么叫作规范化？就是我们把所有的标准工作做成标准的模板，就按模板来做。一个新员工只要能看懂模板，就会按模板执行。而这个模板是前人摸索几十年才总结和提炼出来的，新员工不必再去摸索。各流程管理部门、合理化管理部门，要善于引导各类已经优化的、已经证实行之有效的工作模板化。对于一些重复运行的流程，工作一定要模板化。一项工作达到同样绩效，少用工，又少用时间，这才说明管理进步了。

正如任正非所言，在整合营销领域，企业可以对产品介绍、产品手册、公司简介、客户开发、销售合同、销售订单评审、客诉处理等相关工作进行模板化、标准化，进而规范营销工作、提升营销工作效率。

2. 信息化

不仅仅在整合营销领域，在新产品开发、集成供应链、集成财经、人力资源等各个方面，信息化已经成为流程优化必不可少的方法。特别是在数据采集、传输、分析等方面，信息化不仅可以节省人力，降低差错，还可以大大提升效率。大家熟悉的CRM、DRP、ERP等系统都可以帮助企业快速提升整合营销流程运营效率。

整合营销业务流程信息化还有一种体现就是通过线上平台实现品牌宣传、市场推广、客户开发、渠道维护、产品销售、客户服务等工作，在这方面企业可以借助第三方平台在线上开店，也可以自建平台实现线上销售。

3. 剔除非增值环节

剔除非增值环节就是减少相关活动的数量，提高活动的质量。在我们将多余的活动进行清除后，对于剩下的活动应进行简化。

寻找过于复杂的活动可以从以下三个方面着手：

（1）简化表格。在企业中常常可以发现许多表格填写不正确，我们应对其背后的原因进行分析，而不是一味地责备填错表的人员。通过重新设计表格，将可以获得明显的改善，避免日常工作中频繁寻找相关填表人让其就某些模糊事项提供解释或说明。

（2）简化语言。对客户和组织内部成员的沟通都应清晰易懂。语言要简单明了，尤其要注意以下两项：一是少用术语、行话和缩写，除非对工作任务很关键，否则不要使用新的术语和行话，先确保清楚这些词语的定义；二是尽量少地使用首字母组合词，除非它是多次重复使用，并被广泛理解和认同的，否则不要使用文件中没有定义的缩写词。

（3）简化程序。许多程序往往过分复杂，难以理解。在某些情况下，可以很明显地判断员工无法做到总是能够按照正常的程序进行作业活动。

4. 优化流程顺序

优化流程顺序也是比较常见的流程再造方法之一，具体的操作有两种：其一，变串为并；其二，调整先后。

（1）变串为并。对于许多串行工作，我们可以考虑将其进行并行处理，以提高流程运行效率，减少流程节点活动的干扰。一般而言，在企业内部存在着两种形式的并行：一种是各独立单位从事相同的工作，这时我们要将它们视为一体，统筹处理，分散执行；还有一种是各独立单位从事不同的工作,而这些工作最终必须组合在一起。

(2)调整先后顺序。通过观察流程运行的各个环节,对不合时宜的作业活动进行顺序的调整,以求获得流程上的改善和突破。

5. 优化营销组织

传统企业的营销组织体系都是按照品牌部、媒介部、市场部、销售部、大客户部、客户成功部、行业销售部、销售商务部、客户服务部等类似这样职能式的方式运营,但自从华为成功实践"组织铁三角"组织模式以来,即负责客户界面的客户经理(AR)、负责产品和解决方案的产品/服务解决方案经理(SR)、负责交付的产品/服务交付管理和订单履行经理(FR),企业在营销端的组织模式创新进入了全新的阶段。

6. 业务流程外包

业务流程外包既是社会分工的结果,也是现代企业发展的必然结果,因为对于任何一家企业而言,很难将产、供、销、人、财、物等经营要素都做到最好,况且对于很多企业而言,某些经营要素可能天生就是短板,业务流程外包就是在这样的大背景下应运而生了。

当然,整合营销业务流程外包也是一种趋势,企业不仅仅可以将品牌宣传与推广、市场推广、客户开发流程进行外包,企业还可以将产品销售、客户服务流程进行外包。大家熟悉的地产开发中的房产销售外包就是一种典型的营销业务流程外包模式。

二、整合营销业务流程再造衡量

如前文所言,整合营销业务流程优化与再造有很多成熟的方法,但不同企业在进行业务流程优化与再造的时候如何才能做到最优呢?其实是没有标准答案的。那什么样的流程才是好流程呢?根据多年的实践,我们认为可以从以下几点衡量流程优化与再造效果,如图5-2所示。

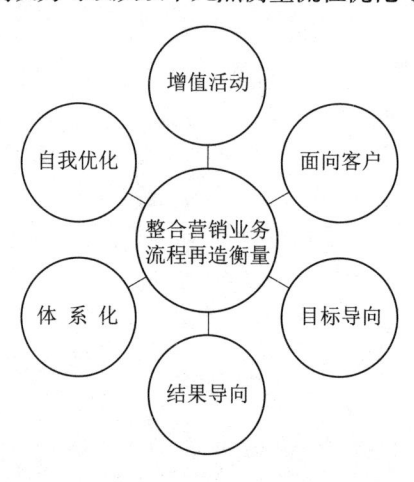

图 5-2 整合营销业务流程再造衡量

1. 增值活动

企业流程管理的核心目的是增值，当然每个流程、每项活动的增值方式可能有所不同，但在流程优化与再造的时候，始终要把握这样一个原则，那就是"该活动有增值价值吗？"如果没有，就一定要想办法将该活动剔除掉，最终保证流程中的每项活动都是增值的。

2. 面向客户

我们在谈到流程的六大构成要素的时候提到，客户就是流程输出结果的最终消费者，企业进行流程优化与再造的时候，要保证面向客户，并且做到让客户满意。

不同流程的客户是有差异的，可能是企业外部的客户（代理商、经销商、终端客户、供应商），也可能是企业内部的客户。总之，企业流程优化与再造必须紧紧围绕客户诉求，将那些与客户诉求无关或者弱相关的业务活动尽可能减掉。

3. 目标导向

我们在谈到战略、流程和组织的关系时，曾经讲过，战略决定企业做正确的事，组织决定企业正确地做事，而流程则可以帮助企业高效、低成本、低风险地做事。流程的存在是为了企业战略的实现，如果企业流程优化离开了战略的引导和战略目标的实现，那将是毫无意义的。

另外，回到流程管理的基本原则，我们强调流程管理必须坚持"目标导向、结果导向"的原则。任何一个流程，其增值方式不同，所衡量增值方式的指标及所要达到的目标也是不同的。

4. 结果导向

好的流程一定有明确的结果导向，同时也会体现在流程绩效上，因此衡量一个流程是否是好流程的关键环节就是看这个流程最终的结果是否满足了流程客户的核心诉求。通常所说的"结果不会说谎"这句话用在衡量流程结果上是再恰当不过了，只要结果不理想，表面上再好的流程也都是镜中花、水中月。

5. 体系化

企业的流程按类型分为业务流程、管理流程、辅助流程，按层级分为集团级流程、公司级流程、部门级流程、岗位级流程，另外每个流程又包括流程图、流程步骤说明、流程相关制度、流程相关文件、流程相关表单、流程相关绩效指标、流程相关权限划分、流程风控体系等。一套好的流程体系一定是全价值链打通、全层级优化、全员参与、全天候执行的，同时也能确保流程在执行过程中风险可控。因此，流程体系化的衡量就是要设计出来价值链及业务蓝图上下游相关的流程、制度、表单、权限及流程指标，并确保得到有效执行。

6. 自我优化

世界上唯一不变的就是变化。竞争环境的变化是永恒的，客户的需求也是随时变化的，流程管理就是要帮助企业在周边环境发生变化时使运营和管理能尽快适应这种变化。环境的变化带来运营和管理地不断调整和变化，而运营和管理的变化必然要反映到流程上。所以说，企业流程管理一定是动态的，而且流程管理成熟的企业也一定有健全的流程自我优化机能，企业的流程优化一定不是一时兴起，而是需要有一整套完整的配套体系保证流程持续改进，永不过时。

【案例 5-1】江苏贝加整合营销业务流程优化

江苏贝加是一家数字电视、智能电视、高清电视端到端全套解决方案供应商，表 5-1 至表 5-2、图 5-3 是我们帮助该企业进行整合营销业务流程规划及再造的成果。

表 5-1 江苏贝加整合营销核心业务活动规划表

业务阶段	业务活动项数	主要业务活动名称
1. 营销规划	7项	1.1 年度营销计划；1.2 年度销售目标（渠道、客户、产品、月份）；1.3 年度品牌建设计划；1.4 年度市场研究及推广计划；1.5 年度客户及渠道开发计划；1.6 年度营销政策；1.7 年度营销预算
2. 品牌宣传及市场推广	6项	2.1 品牌宣传及推广（品牌宣传、品牌监测与危机管理、品牌形象维护）；2.2 展会推广实施（展会选择、展会策划、参展管理）；2.3 渠道推广、选择与实施；2.4 媒介推广选择与实施；2.5 市场推广效果评估；2.6 市场信息收集与分析
3. 客户及订单开发	16项	3.1 客户搜寻；3.2 需求分析与商机开发；3.3 营销方案拟定；3.4 营销方案讲解；3.5 预研管理；3.6 销售订单评审；3.7 销售合同签订；3.8 订单执行监控；3.9 季度/月度销售目标分解与关键策略规划；3.10 月度销售预测及计划；3.11 销售货款管理；3.12 销售数据与报表管理；3.13 销售总结与分析；3.14 客户档案管理；3.15 销售费用控制；3.16 销售费用分析
4. 客户服务	7项	4.1 客户满意度检测；4.2 客户满意度弱项改进；4.3 客户投诉受理；4.4 客户维修处理；4.5 客户技术服务需求响应；4.6 客户技术服务需求处理；4.7 客户服务档案管理

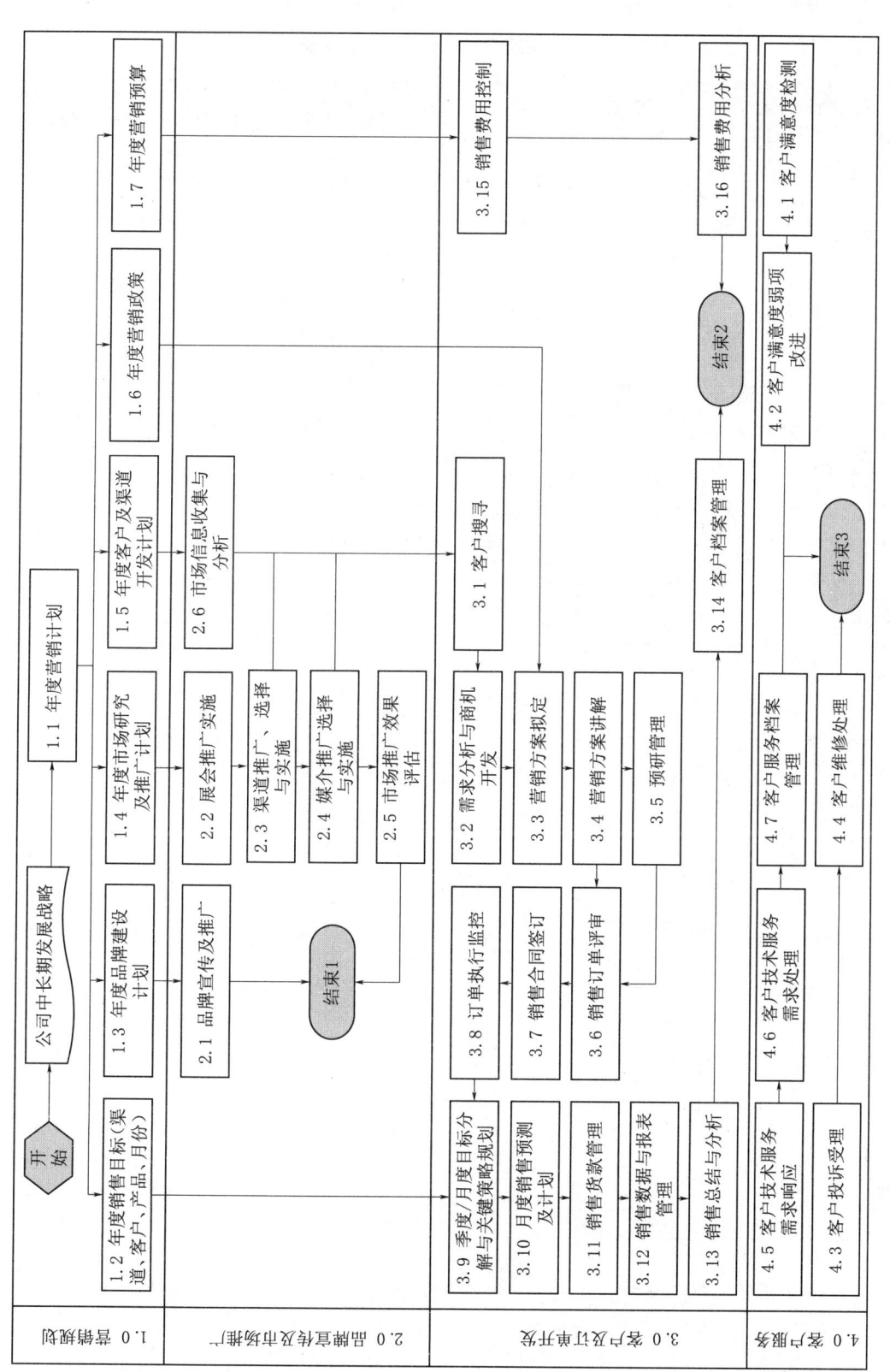

第五章 整合营销业务流程再造方法与衡量 | 71

图 5-3 江苏贝加整合营销核心业务逻辑关系图

表 5-2　江苏贝加整合营销核心业务流程规划

一级流程清单	二级流程清单	对应业务活动编号	流程主人	流程相关部门	流程输入	流程输出
营销预测与计划流程		1.2、3.9、3.10	销售部	计划部、销售部、生产部	销售预测提报	月度销售计划
市场研究和分析流程		1.4	市场部	销售部、产品研发部、总经理	市场布局规划	市场研究分析报告
市场推广流程		2.2、2.3、2.4、2.5	市场部	销售部、市场培训部	市场推广计划	市场活动效果评估
	参展管理流程	2.2	市场部	销售部门、研发中心	市场活动选题	活动效果评估
品牌策划与宣传流程		1.3、2.1	市场部	销售部门	品牌战略	品牌监测与分析
	品牌危机处理流程	2.1	市场部	销售部门	品牌活动选题	活动效果评估
客户开发与管理流程		1.5、3.1～3.6、3.14	销售部门	商务管理部	年度客户规划	客户档案
	新产品报价流程	3.3～3.6	商务管理部	销售部门、研发中心、产品中心、采购部	报价申请	价格审批
销售订单管理流程		3.6～3.13	销售部门	计划部、总经理室、产品中心、研发中心（前端）	客户询单、订单	客户订单转单
	订单变更流程	3.8	商务管理部	计划部、制造体系、销售部门、产品中心	订单变更需求/申请	订单变更审批
销售货款管理流程		3.11	销售部	销售管理部、财务部	出库单、送货单	客户回款记录
客户满意度管理流程		4.1、4.2	品管部	销售部、生产部、产品研发部、物流部、副总经理	客户满意度调查方案	客户满意度结果发布
客户投诉处理流程		4.3	品管部	品管部、销售部门	受理投诉	投诉得到妥善处理
客户技术服务流程		4.5、4.6、4.7	售后服务部	品管部、销售部门	客户服务年度计划	客户服务总结分析

根据以上规划，我们又对该企业整合营销核心业务流程进行了现状描述、问题分析、流程优化等工作，见图 5-4 至图 5-7。

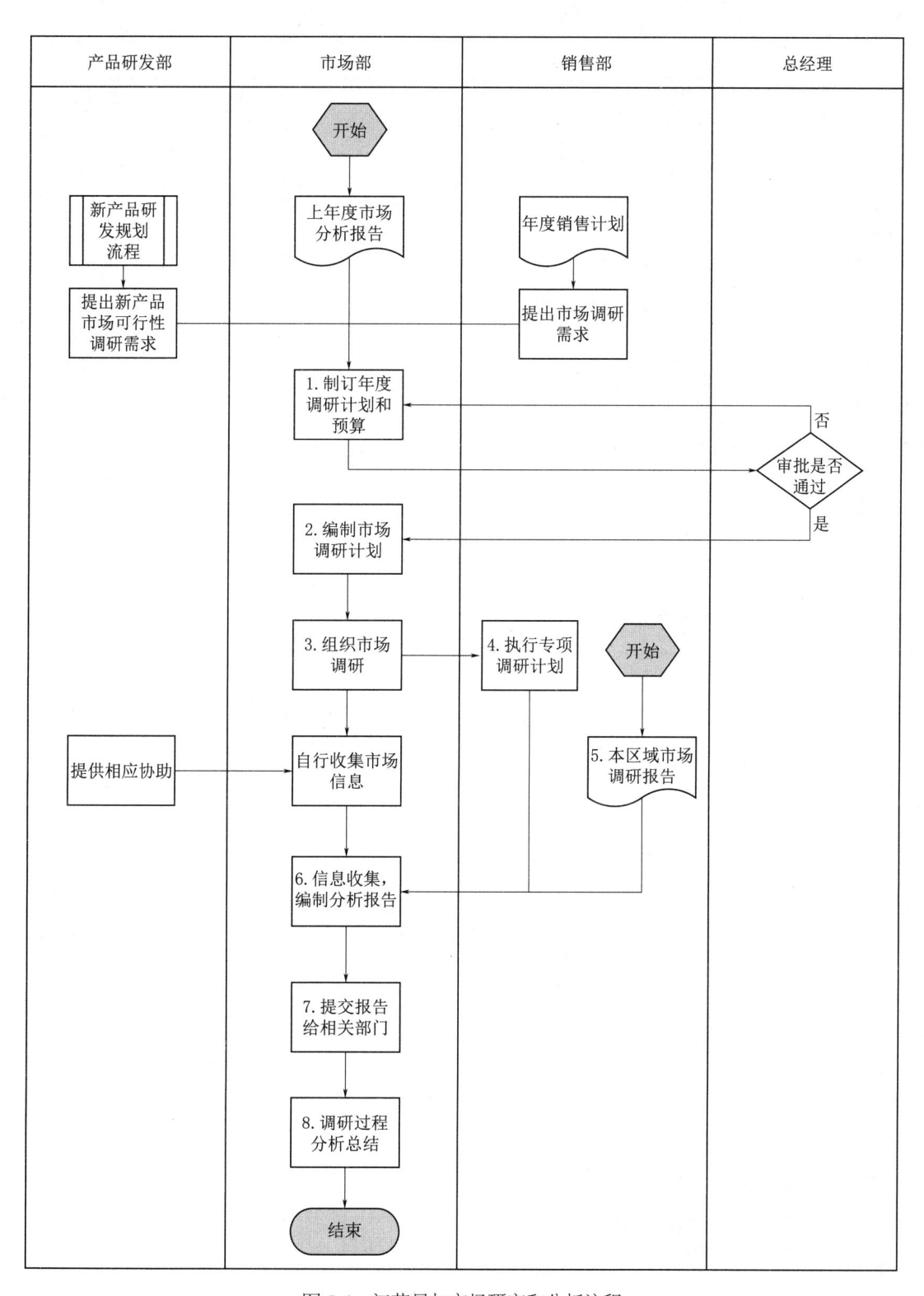

第五章 整合营销业务流程再造方法与衡量 | 73

图 5-4 江苏贝加市场研究和分析流程

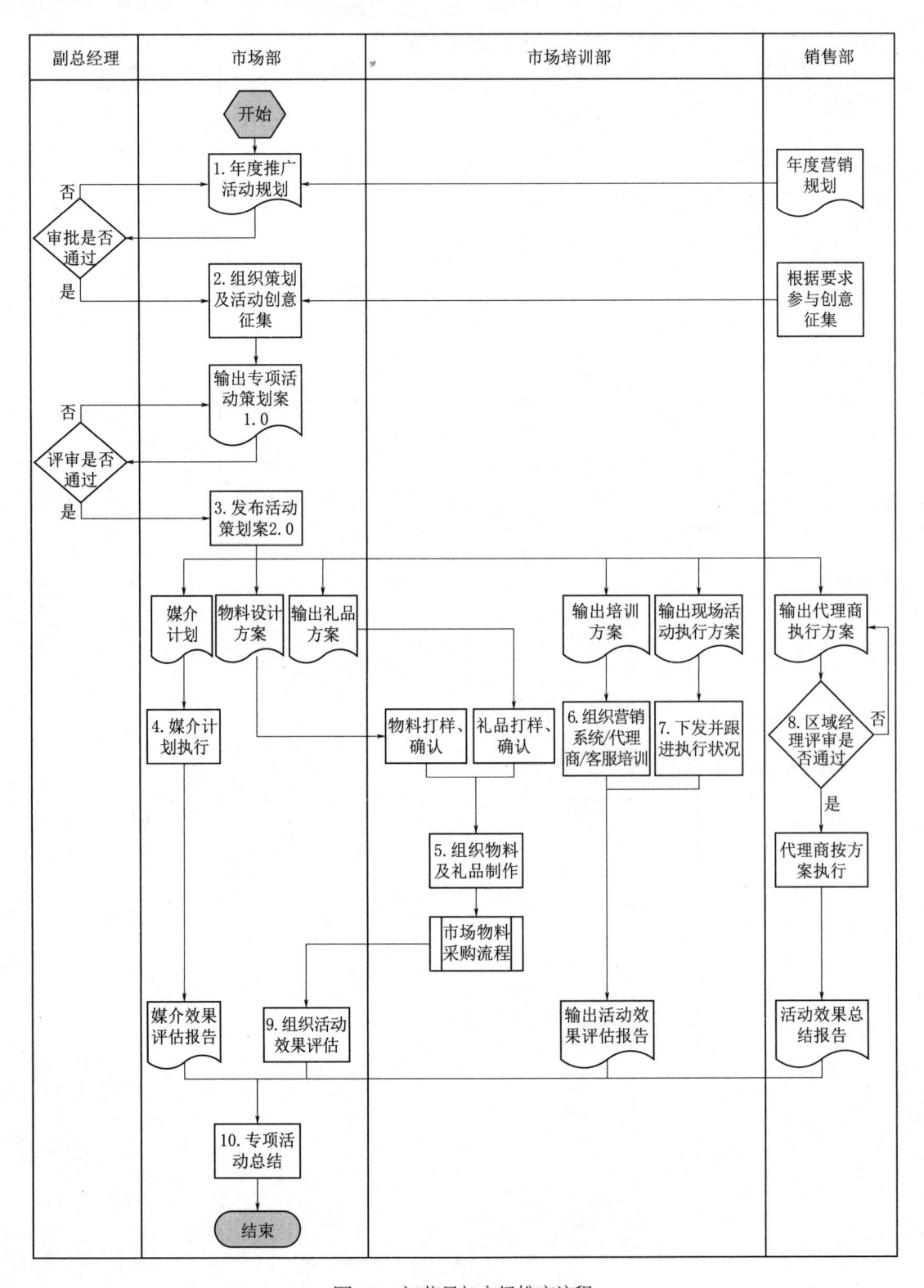

图 5-5　江苏贝加市场推广流程

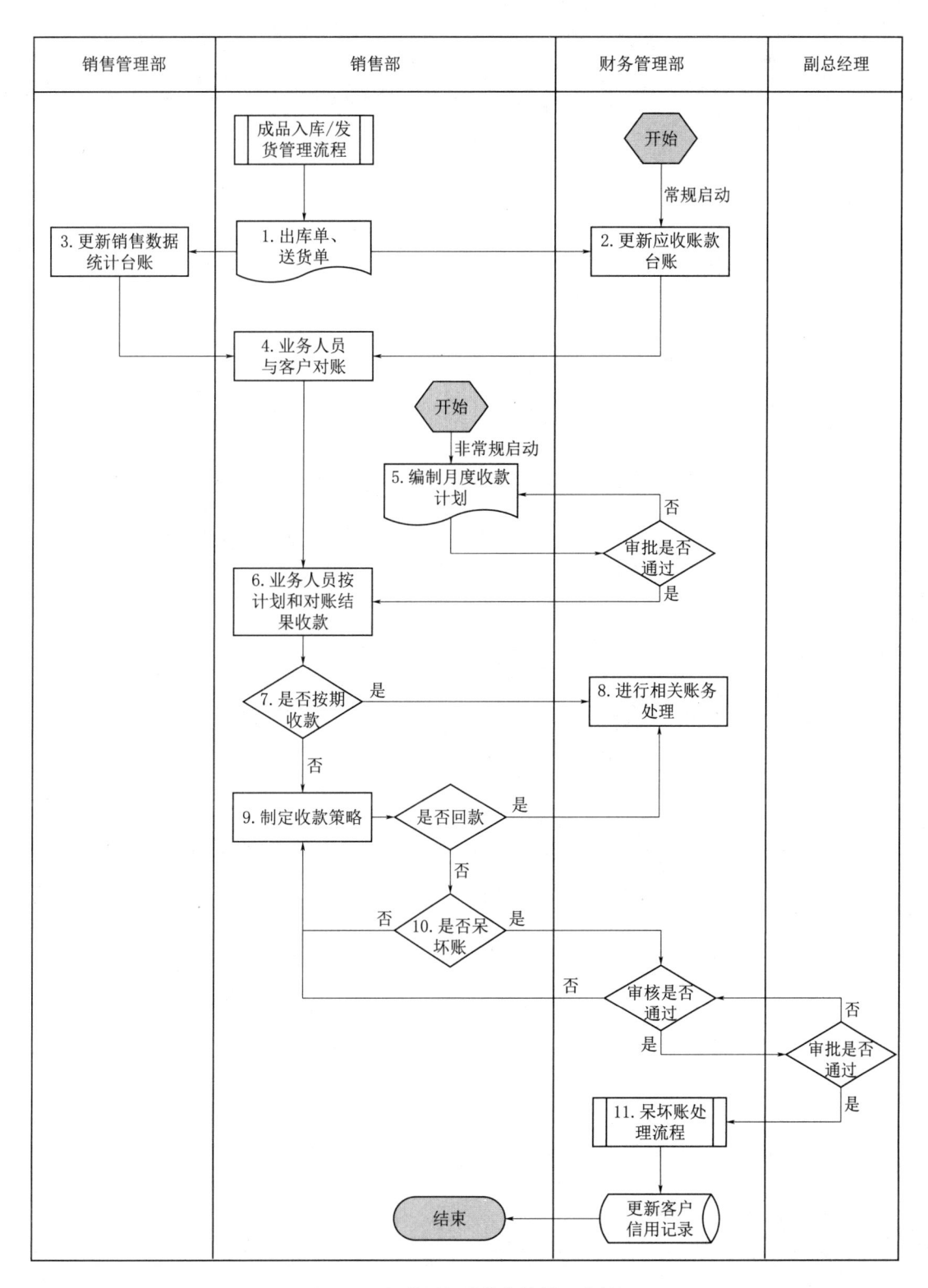

图 5-6　江苏贝加销售货款管理流程

整合营销业务流程再造

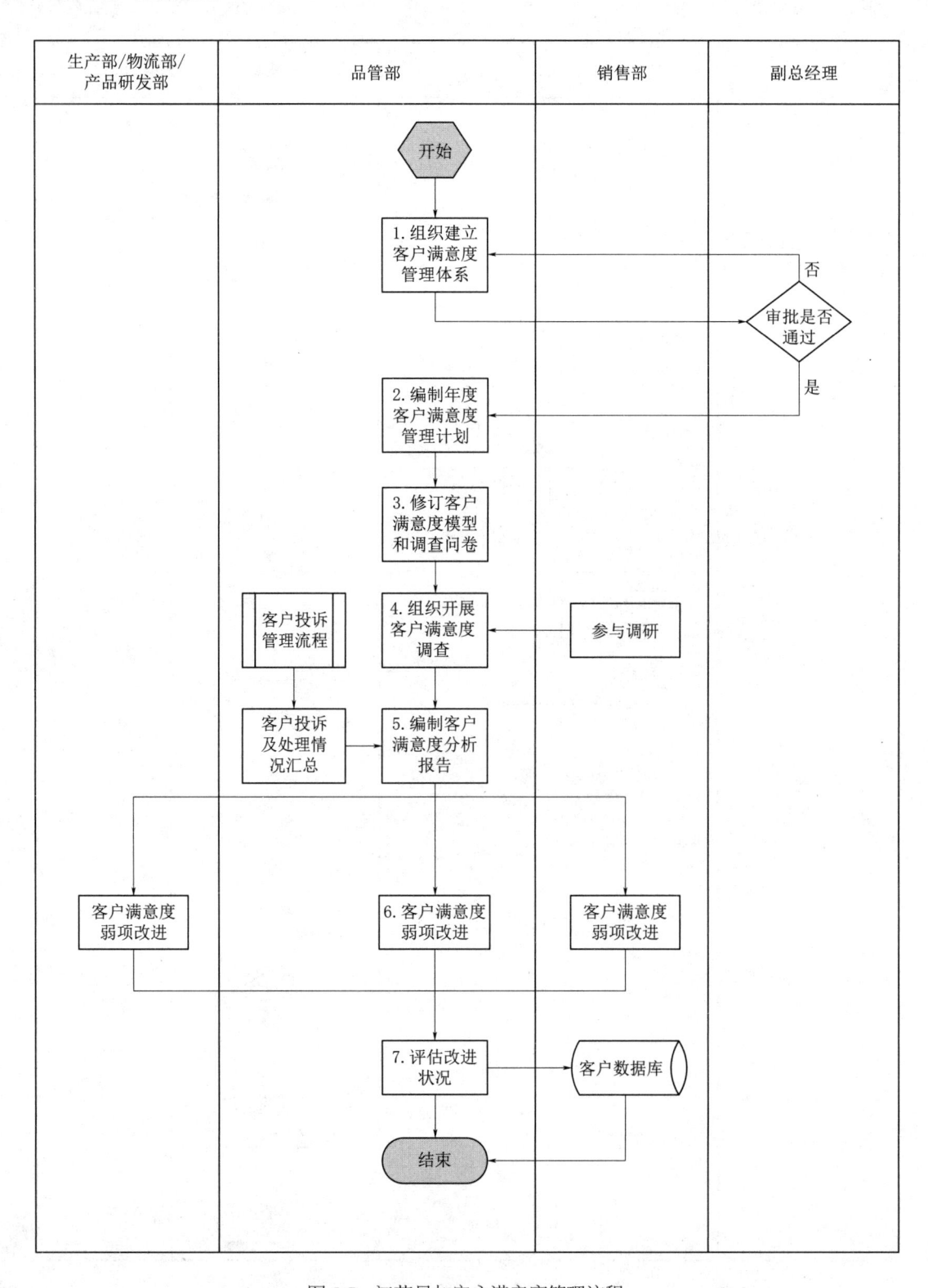

生产部/物流部/产品研发部	品管部	销售部	副总经理
	开始 → 1.组织建立客户满意度管理体系 → 审批是否通过（否返回，是继续）		
	2.编制年度客户满意度管理计划		
	3.修订客户满意度模型和调查问卷		
客户投诉管理流程 → 客户投诉及处理情况汇总	4.组织开展客户满意度调查	参与调研	
	5.编制客户满意度分析报告		
客户满意度弱项改进	6.客户满意度弱项改进	客户满意度弱项改进	
	7.评估改进状况 → 客户数据库 → 结束		

图 5-7　江苏贝加客户满意度管理流程

第六章
整合营销业务流程配套体系设计

整合营销业务流程图设计工作是流程管理中的一个环节,在将新的业务流程图设计出来后,我们还需要根据新流程运行的需要,进行相关配套体系的设计,搭建流程的基础运行平台。

根据我们多年的实践,基于整合营销业务流程的配套体系包括:整合营销组织变革、整合营销制度与表单体系设计、整合营销分权体系设计、整合营销内控体系设计等。

一、基于整合营销业务流程的组织变革

俗话说:战略决定流程,流程决定组织。是的,企业发展战略确定后,选择怎样的整合营销流程体系将直接决定企业产品制造到交付的效率和质量。

1. 用"铁三角"改造传统的营销组织模式

传统的做法认为,开发客户、获取销售订单应该是销售部门的事情,因此企业需要打造和培养一支既懂产品和技术,又要擅长商务和销售的复合型销售人才,但实践的结果是这种人才的培养是非常难的,怎么办?深圳仁禾泰智能机器人公司提供了很好的实践经验,那就是营销"铁三角"组织模式。

【案例6-1】深圳仁禾泰智能机器人公司"铁三角"营销组织模式

如图6-1所示,我们看到在深圳仁禾泰智能机器人公司"铁三角"营销组织模式中,不论是集成项目,还是标准产品都是按照"铁三角"的模式运行的,也就是说站在客户的角度,从产品研发、订单开发、订单交付三个维度为客户提供全面的解决方案。

2. 服务导向型营销组织模式

服务即营销。传统企业都是通过广告拉动、市场推广、业务人员拜访、渠道覆盖等模式进行市场营销,但在企业产品同质化越来越严重的时代,服务即可产生差异化竞争,服务即营销的理念也已经在很多企业落地实施,因此建立服务导向型的组织模式就显得至关重要。

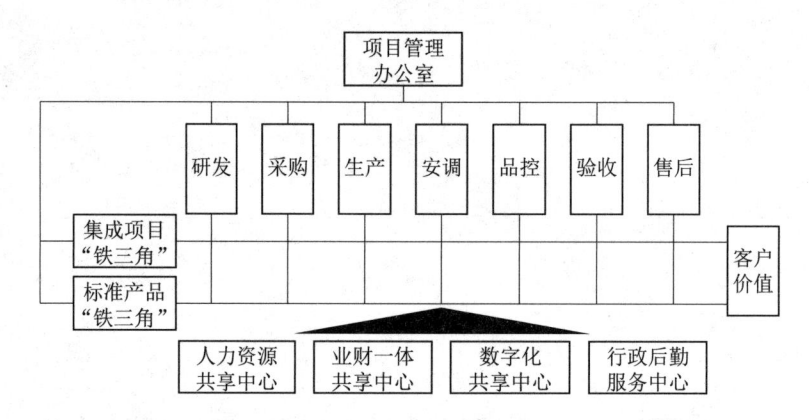

图 6-1 深圳仁禾泰智能机器人公司"铁三角"营销组织模式

【案例6-2】广州吉美服务导向型组织模式

广州吉美是一家专门为终端消费者提供抗衰老产品的高科技企业,该企业过去的销售模式就是通过代理商、门店进行销售,我们对该企业进行战略规划提出了从"产品导向"向"服务导向"的战略转型,为了确保战略落地,我们对该企业的组织模式进行了改造和升级,如图6-2至图6-4所示。

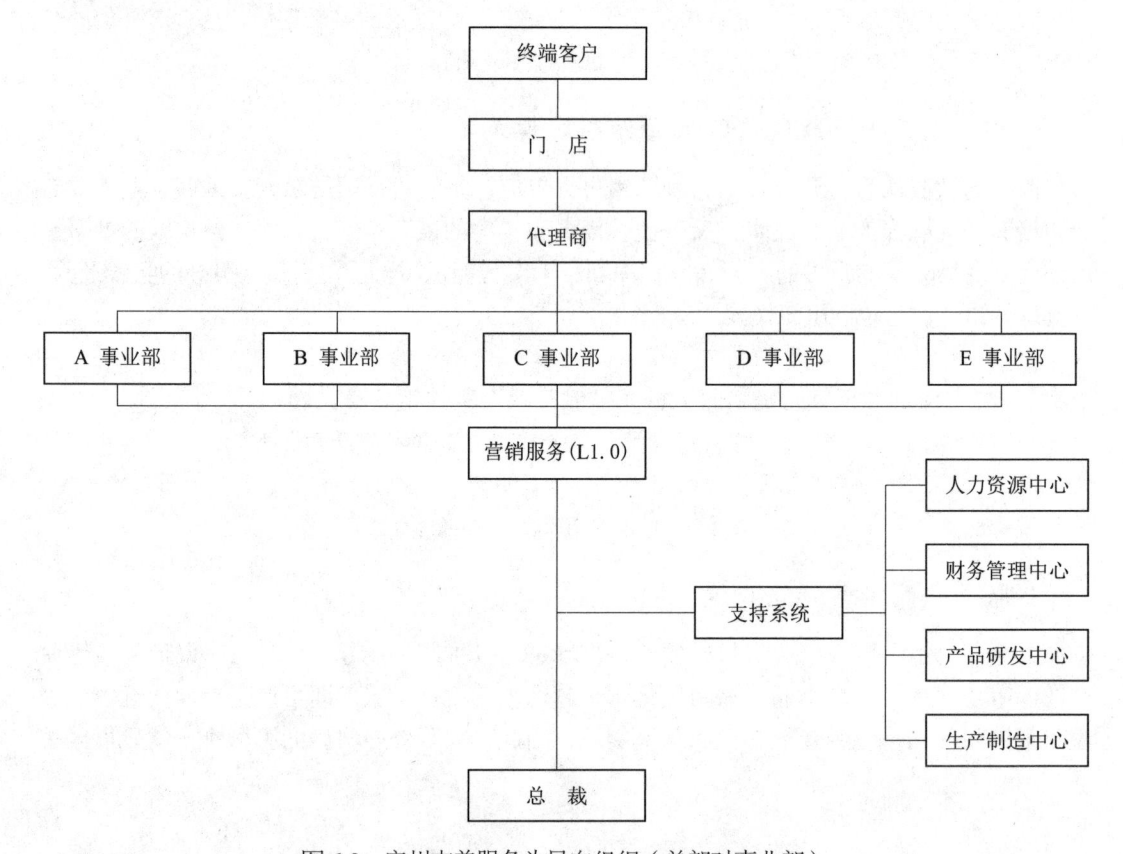

图 6-2 广州吉美服务为导向组织(总部对事业部)

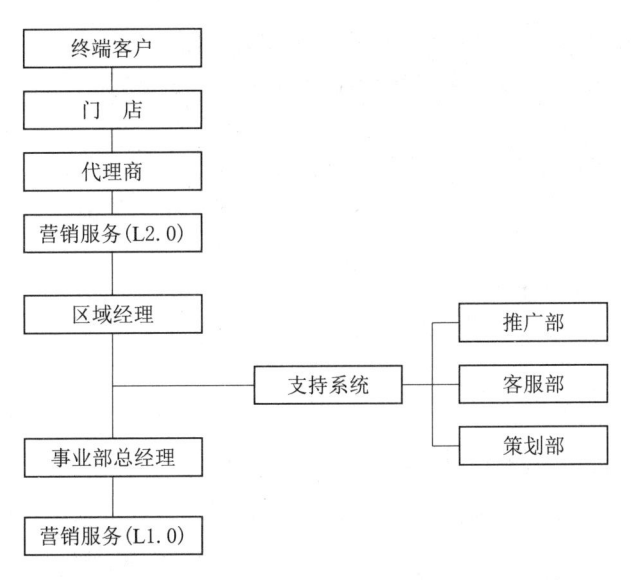

图 6-3 广州吉美服务为导向组织（事业部对代理商）

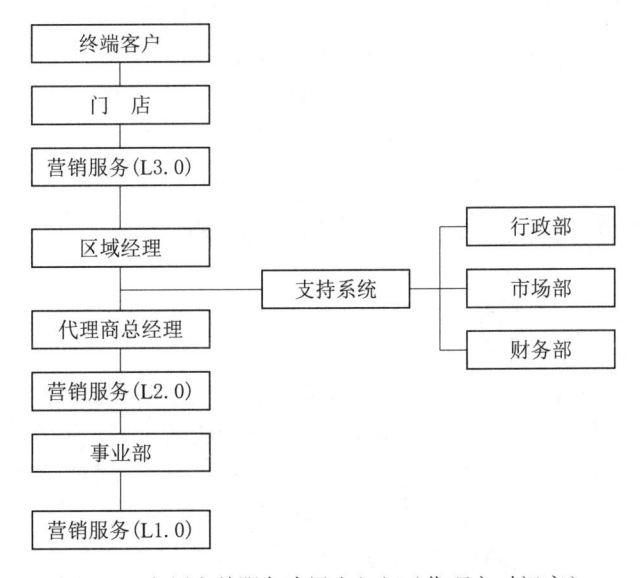

图 6-4 广州吉美服务为导向组织（代理商对门店）

二、基于整合营销业务流程的制度与表单体系

制度和表单作为流程有效实施的保障，是流程配套的重要组成部分，基于整合营销业务流程的制度和表单体系设计就是要对每一个流程涉及的制度、表单进行规范。

1. 业务流程配套制度设计

一般来讲，如果企业建立了完善的流程体系，制度则成了流程的配套，公司设计制度的目的是解释流程中非常重要的环节和说明原则性的东西。

既然这样，我们该如何设计满足流程需要的制度体系呢？企业编写制度的原则和基本内容又包含哪些呢？

（1）制度属性：包括版本号、制度编号、制度名称等。

（2）制度目的：用来说明制度描述的主要内容、制度适用于哪些管理环节。

（3）制度适用原则：用来说明制度制定及公司在制度规定领域的基本管理要求和原则。

（4）制度正文：用来描述制度相关规定和说明。

（5）制度附加说明：用来说明制度的归口部门、解释与修正部门、制度执行时间等。

2. 业务流程配套表单设计

表单也是为了帮助企业流程的顺利运作，因为流程告诉员工某件事情该如何做，制度是对流程重要环节的说明和解释，而表单则是员工在具体执行流程时的实际操作。一般来讲，一张完整的管理表单应该包括：

（1）表单属性：包括归口部门、编号、版本号、表单名称等。

（2）表单输入：用来说明表单填写人的基本信息和核心意图。

（3）表单输出：用来说明表单审核人的基本意见。

（4）填表说明：用来说明表单的填写要求和填写规范。对于有些比较简单的表格，填表说明可以忽略，或者放在表格当中，也可以单独说明。

三、基于整合营销业务流程的分权体系

华为的任正非说过，华为倡导授权中层，那么如何进行授权呢？哪些权力需要下放、哪些权力需要集中、每个职位有哪些权力，同一问题，权力究竟如何划分？是一级审批、二级审批，还是多级审批？关于这些问题，在企业进行流程配套设计的时候需要一并考虑。

为了提升流程效率，同时有效控制流程风险，我们将流程授权原则归结为：

（1）对流程环节授权而非对整个流程授权。这是业务流程授权的第一原则，流程是一系列、连续的、有规律的活动，这就意味着每个流程中都会有若干个环节和步骤，业务流程授权时需要针对流程涉及权限分配的具体环节和步骤进行授权。

（2）对流程角色授权而非对人授权。很多企业在进行流程授权的时候，往往误认为是对具体某个人的授权，殊不知正确的流程授权仅仅是对流程角色（流程责任人）进行授权，对人的授权是指具体的某个人，而流程角色（流程责任人）可能是很多人构成的。

（3）就近授权，让听得到炮声的人去决策。流程授权一定要让最贴近业务实际的流程角色（流程责任人）进行决策，因为越接近业务实际就越有发言权，也更能准确、有效地进行决策。

（4）采用两级授权，最多不要超过三级。最有效的流程授权是两级授权，即对某项流程决策事项通过审核、批准进行授权，授权如果超过三级，甚至达到四级、五级的话，一定会影响流程效率。

（5）责权对等。授权可以改变流程相关者有责无权的状态，有利于调动流程责任人的积极性。但在实践中要防止有权无责或者权责失当的现象。有权无责，用权时就容易出现随心所欲、缺乏责任心的情况；权大责小，用权时就会疏忽大意，责任心也不会很强；权小责大，流程责任人无法承担权力运用的责任。因此，授予多大的权利，就要有多大的责任，承担多大的责任就应该授予多大的权力，权力和责任要对等。

（6）授权不等于撒手不管，离开监督的授权必然滋生腐败。流程授权的同时要加强授权管控，企业可以通过流程审计、流程绩效分析等手段对于滥用权限、越权、不作为等行为检讨，发现问题，及时优化。

四、基于整合营销业务流程的内控体系

根据国家内控要求及企业稳健运营的需要，企业在业务流程再造的时候一个重要的目的在于风险控制，特别在品牌传播、市场推广、客户开发、销售回款管理等方面都会存在风险，因此在业务流程配套设计时，企业必须预先识别相关风险点，并建立风险识别与预防措施，只有这样才能保证业务流程有效运行。

【案例 6-3】绿源饮料整合营销业务流程的风险点

接【案例 3-5】【案例 3-11】【案例 3-14】，表 6-1 是我们在帮助绿源饮料进行整合营销业务流程再造时，识别的流程风险点。

表 6-1 绿源饮料整合营销业务流程风险点（部分）

序号	流程名称	风险描述	控制类型	控制方式	控制频率	控制文档	相关部门
1	终端形象管理流程	终端形象建设设计因商户、客户要求使用未经授权的非公司元素，存在侵权风险	发现型	人工	每次		推广部、销售部、品牌部
		终端形象建设制作、安装完成后，合作期内，商户、客户未经公司许可自行拆换	发现型	人工	每次		
2	品牌策划与实施流程	单项品牌传播方案，审核审批滞后，导致投放媒体资源被抢占	预防型	人工	随时	单项品牌传播方案	媒介部
		价格谈判未能达成一致，导致媒体资源规划与执行有偏差	预防型	人工	随时		
		广告素材受法律法规约束，存在违规风险，可能导致相关部门被投诉甚至受到行政处罚	预防型	人工	随时	广告审查表	品牌部

续上表

序号	流程名称	风险描述	控制类型	控制方式	控制频率	控制文档	相关部门
3	年度销售合同管理流程	合同相关信息维护错误，可能导致部分条款失效	发现型	人工	随时	经销协议签约及注意事项	事业部、大区、销售管理部
		经销商合同未及时签约，实质交易仍然存续，存在潜在违规风险	预防型	人工	随时	经销商签约明细及签约进度追踪表	销售管理部
		经销商合同未及时签约，经销商违规无法约束	预防型	人工	随时		
		合同丢失，发生合同纠纷时无法提供证据	预防型	人工	随时	客户档案管理流程	销售管理部、系统研发部
		合同丢失，存在潜在违规风险	预防型	人工	随时		
4	客户开户及资料变更流程	客户开户、资料变更资料原件未及时寄回或丢失，存在潜在违规风险	预防型	人工	随时	经销商设立终止变更管理办法	销售管理部
		经销商销户时，相关费用未结清或库存未清理，可能引发市场问题、客诉	发现型	人工	随时	经销商设立终止变更管理办法	事业部
5	返利结算流程	ERP系统返利规则维护错误，导致经济损失	预防型	人工	随时	各营销本部年度返利核算规则、年度东鹏系列产品经销商返利考核方案	系统应用实施部

第七章
整合营销业务流程信息化

业务流程信息化是业务流程再造五步法的最后一个步骤,随着信息化在企业管理过程中扮演的角色越来越重要,业务流程再造完成后,为了确保业务流程固化与落实,企业有必要科学规划业务流程信息化需求。

整合营销业务流程信息化的手段有很多,最常见的有 CRM、DRP、ERP、办公自动化(OA)等。

一、业务流程信息化规划

可以这么说,ERP 是企业信息化建设的最高境界,而从物料需求计划(MRP)开始,再到制造资源计划(MRP Ⅱ)、DRP、CRM、供应链管理(SCM)、产品生命周期管理(PLM)、OA,最后才是 ERP。企业信息系统生态示意如图 7-1 所示。

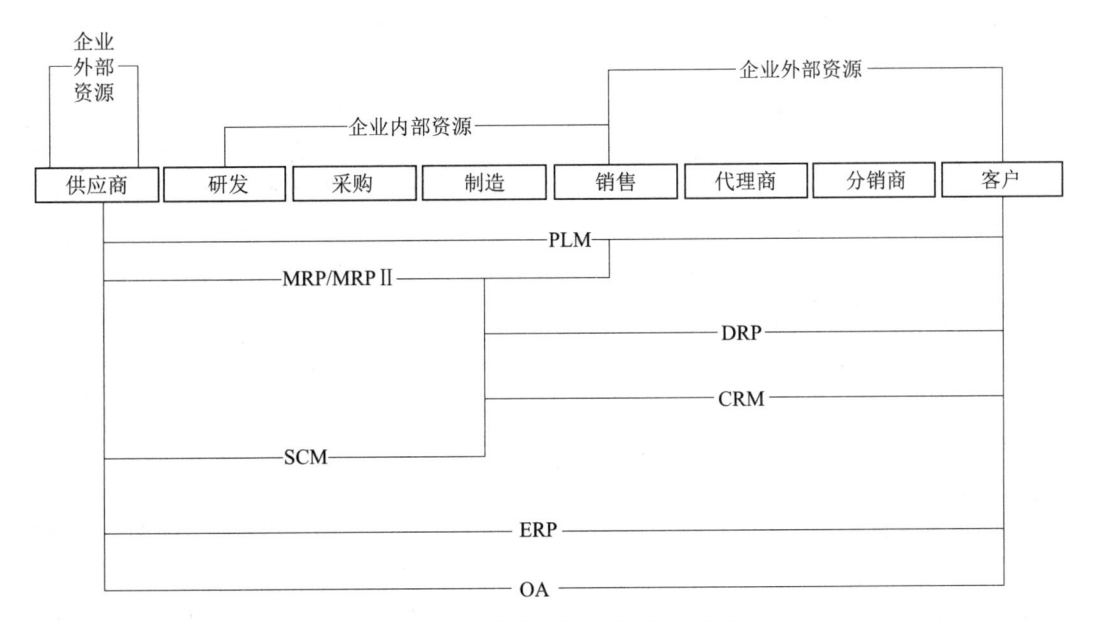

图 7-1 企业信息系统生态图(示意)

业务流程信息化规划是指根据企业发展战略及业务需要，在对企业业务流程全面优化与再造的基础上，结合行业信息化实践经验及企业实际、信息技术发展趋势等，提出符合企业实际需求的信息化建设目标及实施计划。

业务流程信息化规划核心工作包括企业业务蓝图绘制、企业业务逻辑关系分析、流程信息化需求识别、信息系统架构设计、信息系统选型、信息系统实施策略规划、信息系统实施预算、信息系统实施人员准备等。总之，企业业务流程信息化规划必须立足企业实际，支撑企业业务高效运营与发展战略实现。

业务信息化规划一般分为现状调研与需求分析、愿景制定与架构设计、项目规划与实施计划三大步骤：

1. 现状调研与需求分析阶段

现状调研与需求分析阶段旨在调查、分析企业业务战略、目标、需求和信息技术应用情况，通过对企业业务及信息化现状进行分析，并根据行业最佳实践和技术发展趋势，总结行业业务与信息化发展规律，为愿景制定与架构设计阶段提供基础和依据。

2. 愿景制定和架构设计阶段

愿景制定和架构设计阶段旨在根据企业业务及信息化现状，结合行业最佳实践和技术发展趋势，对企业信息系统建设进行规划，指明企业在应用和管理信息技术方面的发展方向，指导信息技术结构和功能的设计，确定应该实施的技术解决方案和相关建议，回答企业未来应该如何应用信息技术的问题，使企业对信息化建设未来蓝图有一个较确切的认识和理解。

3. 项目规划和实施计划阶段

项目规划和实施计划阶段旨在通过比较信息化现状与信息化愿景，分析主要差距、找出改进机会、设定总体目标、明确实施计划、提出变革策略、进行风险分析、确定面临的挑战，项目组以此为基础确定整体的项目体系，提出建议实施的信息技术项目，设计信息系统项目工作包，制订项目的实施计划，设计主要的系统功能架构，进行投资估算，分析项目实施的效果、存在的风险以及建议采取的保障措施，明确主要数据及其信息流动关系，并提出项目进度安排及优先次序，为企业实现信息化建设蓝图提出明确的任务和完成方法。

【案例 7-1】浙江高科塑料信息化建设总体规划

从图 7-2 中可以看到，该企业信息系统分为四个层面，分别为分析系统、业务系统、自动化系统及支持平台，其中分析系统中的商业智能（BI）是完全基于业务系统（SCM、OMS、APS、MES、WMS、HRM、PLM、QMS、OA 及 ERP），商业智能（BI）可以实时反映经营数据，同时也为企业决策层决策提供支持。另外，该企业的信息系统几乎涵盖了企业核心业务的各个方面，而自动化系统中的数据采集系统、自控系统、设备控制系统又为业务系统的正常运营提供了基础数据抓取和传递的功能。

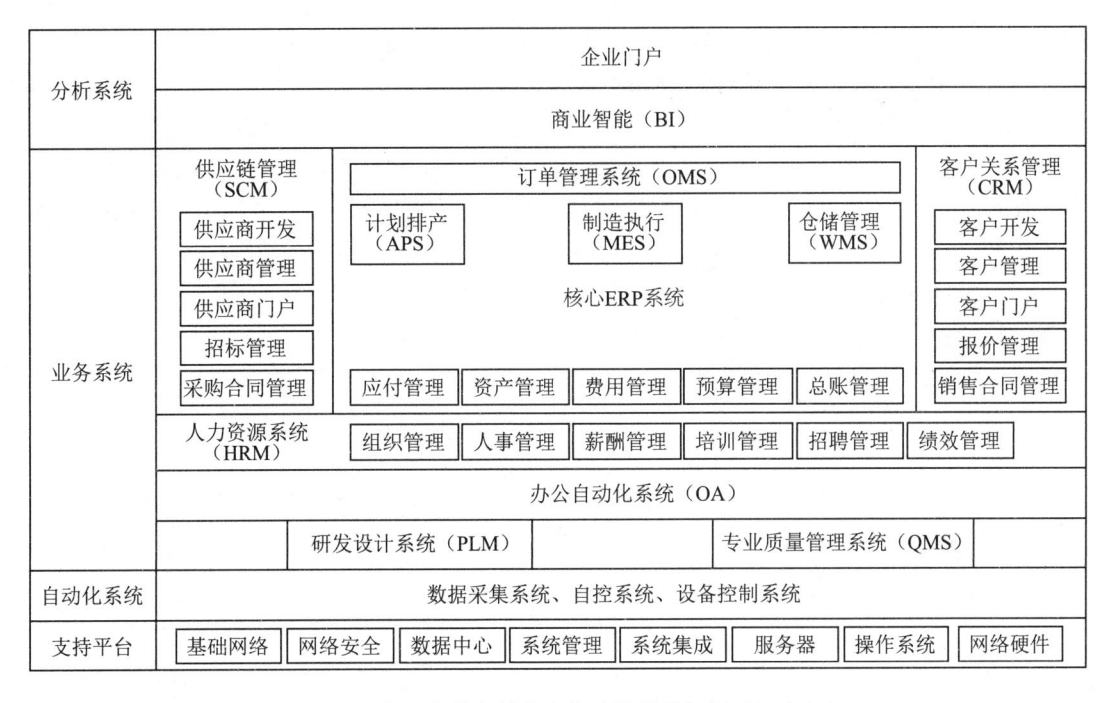

分析系统	企业门户						
	商业智能（BI）						
业务系统	供应链管理（SCM）	订单管理系统（OMS）			客户关系管理（CRM）		
	供应商开发	计划排产（APS）	制造执行（MES）	仓储管理（WMS）	客户开发		
	供应商管理				客户管理		
	供应商门户	核心ERP系统			客户门户		
	招标管理				报价管理		
	采购合同管理	应付管理	资产管理	费用管理	预算管理	总账管理	销售合同管理
	人力资源系统（HRM）	组织管理	人事管理	薪酬管理	培训管理	招聘管理	绩效管理
	办公自动化系统（OA）						
	研发设计系统（PLM）			专业质量管理系统（QMS）			
自动化系统	数据采集系统、自控系统、设备控制系统						
支持平台	基础网络	网络安全	数据中心	系统管理	系统集成	服务器	操作系统	网络硬件

图 7-2　浙江高科塑料信息化建设总体规划（示意）

二、CRM 与整合营销流程信息化

CRM 即客户关系管理，CRM 既是一个管理术语，也是一种客户经营策略，同时也是一个管理信息系统，主要是利用计算机自动化分析销售、市场营销、客户服务及应用支持等流程的软件系统。

在本书中我们主要来谈企业如何利用 CRM 系统进行相关流程固化。一般而言，企业实施 CRM 系统会有以下几个目的：

（1）沉淀客户资源。在很多企业，客户资源都是掌握在业务员手中的，业务人员一旦发生变化，客户资源也就随之而流失，这一现象在很多制药企业、咨询机构或其他以项目制、大客户运营的企业尤为普遍，企业可以通过 CRM 系统将客户资源沉淀下来。

（2）管控销售过程。企业实施 CRM 系统，还有一个重要目的就是要对销售过程进行管理，从销售商机挖掘、销售阶段管理（意向阶段、合作内容确认阶段、合同谈判阶段、合同签订阶段、合同履行阶段）、客户生命周期进行全过程管理。

（3）传递优秀经验，规范企业流程。通过 CRM 系统，可以把企业优秀销售人员管理客户的流程整理出来，通过系统来固化，从而可以使得每个人员能够掌握最好的销售流程。

（4）提升销售项目管理能力和结案率。通过 CRM 系统，可以给企业销售管理流程设定关键管理点，促使销售管理者能够及时提供相关支持，帮助销售人员更好地管理销售流程，提高客户满意度和销售结案率。

（5）固化销售流程，压缩新人上岗培训周期。CRM 系统规范了企业销售管理相关的所有流程，新的员工或者岗位调动的员工只要按照系统的流程来做就可以很快熟悉新的岗位，从而降低了企业培训的工作，提高了员工上岗的速度。

（6）提升销售管理效率。由于 CRM 系统详细地规定了符合企业特色的流程，并对关键点进行控制，可以有效防止企业人员犯错。比如：很多销售人员常犯的错误就是内部成本还没有核算就给客户报价，易暴露公司项目的情况，通过 CRM 系统可以设定内部成本没有核算，无法进行报价的流程，从而防止出错。

（7）总结优秀经验，做好知识传承。通过 CRM 系统的使用，可以记录公司所有人员与客户接触以及与客户所有的交易往来记录，从而可以系统地把客户相关知识记录到系统中来，企业可以通过对相关数据的分析，总结出优秀的经验，做好知识传承。

（8）提升二次销售比率。这样只要公司授权的人员进入系统，就可以全面了解客户的喜好和客户的过去成交记录，筛选并挖掘重点及潜力客户，实现二次或多次销售。

常见的 CRM 系统主要可以实现以下功能：客户档案管理、客户联系信息管理、市场活动信息管理、销售机会管理、销售漏斗管理、销售过程管理、销售人员日常管理、销售数据分析等。

另外，CRM 相关的流程主要有销售商机管理流程、客户拜访流程、销售过程管理流程、客户满意度管理流程、客户投诉处理流程、客户档案管理流程、客户信用管理流程等，企业可以通过 CRM 系统的实施对以上流程进行有效固化。

三、DRP 与整合营销流程信息化

DRP 即分销资源计划，是基于 IT 技术和预测技术对不确定的顾客需求进行预测分析以规划确定配送中心的存货、生产、派送等能力的计划系统。通过 DRP 系统可以实现成本、库存、产能、作业等方面的良好控制，从而尽可能使顾客满意。

在现实商业体系中，企业可选择的分销体系有很多，常见的有"营销中心 + 办事处"模式、"营销中心 + 分公司"模式、"营销中心 + 分公司 + 办事处"模式、"多事业部 + 多营销中心 + 分公司 + 办事处"模式、"营销中心 + 分公司 + 办事处 + 专卖店"模式、"营销中心 + 分公司 + 办事处 + 加盟店"模式等，不同模式背后代表企业对 DRP 系统的需求是不同的，物流、信息流、资金流传递路径和控制措施也是不同的，但不管哪种模式，企业 DRP 系统期望实现的功能都是大同小异的，见表 7-1。

表 7-1　企业 DRP 系统基本功能[①] 及对应流程表

DRP 功能（1 级）	DRP 功能（2 级）	DRP 功能（3 级）	对应流程
销售过程管理	订单管理	订单录入、订单审核、订单中止、订单发货、多批次发货、面向多连锁店发货、面向多仓库发货、期货订单处理、订单转采购等	订单评审流程、订单录入及变更流程、订单发货流程等

---

① 吴文钊. 决战营销：企业分销资源计划（DRP）原理与实现 [M]. 北京：电子工业出版社，2004：502.

续上表

DRP功能(1级)	DRP功能（2级）	DRP功能（3级）	对应流程
销售过程管理	代销商品管理	代销订单、代销订单审核、代销出库发货、代销销售订单、代销商品入库、代销商品退货、代销销售结算等	代销订单评审流程、代销商品出库流程、代销商品退货流程、代销结算流程
	日配销售管理	日配销售订单录入、日配销售订单审核、日配销售订单汇总、日配销售配送单生成、日配销售生产计划单、日配销售入库、日配销售结算	日配销售订单审核流程、日配销售配送流程、日配销售入库流程、日配销售结算流程等
	退货管理	退货单处理（质量召回退货、代销退货、残次品退货、折价退货等）、退货验收与审核、退货单结算、退货入库	退货单处理流程、退货验收流程、退货结算流程、退货入库流程等
	专卖店管理	销售过程管理（销售小票录入、销售小票日终汇总、价格变动与优惠）、销售采购管理（采购单录入、采购单上传、入库单生成、入库验收、采购入库处理）、商品核算（盘点单处理、调拨单处理、报残单处理、商品核算、日进销存报表）、独立核算点核算处理、专卖店报表（销售日报、进销存日报）	专卖店销售过程管理流程、专卖店采购流程、专卖店商品核算流程等
	销售计划管理	客户计划、业务员计划、部门计划、公司计划	销售计划管理流程
	采购过程管理	采购单处理、采购到货处理、采购退货、采购计划	采购计划管理流程、采购执行流程等
	库存管理	日常出入库管理、调拨管理、借出管理、库存盘点、库存损益处理、库存核算	商品入库管理流程、商品调拨流程、商品出库流程、库存盘点流程等
	价格管理	变价处理、地区价差、批量优惠、现付优惠、促销优惠、期货优惠、促销优惠	价格管理流程、价格调整流程等
	运输管理	运输线路、物流商信息录入、运费管理、运输状态跟踪、运费结算	物流管理流程
	应收处理	收款管理（零售收款确认、录入收款单、按订单收款、收款单确认、收款核销、自动核销处理、作废收款单、退货转退款）、冲应收处理	收款管理流程
	应付处理	采购付款处理、采购退款处理、冲应付处理	付款管理流程
	费用管理	营销中心费用预算、分支机构费用预算、日常费用预算	销售费用预算流程、预算使用申请流程
	结算规则管理	返点结算、返款结算	返点结算流程
	期末结算	商品核算、商品账结转、保管账结转、在途商品结转	

续上表

DRP 功能（1级）	DRP 功能（2级）	DRP 功能（3级）	对应流程
业务查询	订单处理过程查询	代发货商品一览表、计划发货商品一览表、客户发货统计表、销售出库明细、商品销售汇总、客户商品销售汇总、客户商品类别销售汇总、商品品牌销售明细表、商品品牌销售汇总表、日销售进度报表、销售税金汇总表等	
	退换货过程查询		
	各种销售排名		
	销售趋势查询		
	代销商品查询		
	采购过程查询		
	应收应付查询		
	资金在途查询		
	费用查询		
	返点返利查询		
	价格管理查询		
	库存信息查询		
	……		

四、OA 与整合营销流程信息化

前面讲到，企业可以通过 CRM、DRP、ERP 等系统对整合营销相关流程进行固化，但这些系统绝大多数都是以业务流程的固化为主，而且这些系统基本上也都是围绕物流、信息流和资金流展开的。那么有什么办法可以使企业的管理流程进行全面固化，同时有没有系统是建立在以岗位和人为基础上的呢？

这就是我们要提到的协同管理平台，协同管理平台就是基于企业管理流程的固化，同时以岗位和人为核心的企业管理系统，通常称之为 OA 系统。

为了确保流程实现有效固化，企业流程 OA 化时需要把握以下四个原则：

（1）风险控制。在企业内部，可能会存在很多的风险控制点，诸如授权不当、滥用职权、评审点设置不合理、人员变动等，那么在这种状况下，企业就需要思考将这些关键控制点在协同平台上进行固化，避免人为地造成失控。

（2）知识传承。在企业内部还会经常面临这样的一些问题，诸如因为员工的离职或职位变动造成该岗位之前沉淀的一些知识和经验的丢失；深藏在员工大脑当中的成功经验无法复制；分散于员工办公电脑当中的数据、文档无法进行汇总分析和传递等。企业要想解决类似这样的问题，可以思考将与这些知识相关的流程在协同平台上进行固化，然后通过协同平台协助企业实现知识传承的目的。

（3）效率提升。企业进行流程再造最终的一个目的就是提升流程效率，企业可以利用OA强大的审批功能压缩审批环节，确保新供应链效率提升。

（4）系统集成。在很多企业，最难协同和解决的就是不同系统之间的集成问题，系统之间数据不兼容、不能共享，造成大量的人力浪费，同时也增加了数据分析的差错风险。在这种情况下，企业可以思考通过协同平台将这些数据进行统一整合，由协同平台统一到不同的系统中抓取数据，然后在协同平台中统一生成报表系统和管理驾驶舱，方便企业查询和决策。

第三篇
整合营销业务流程再造实践篇

> 增加企业客户价值是任何客户管理流程的最终目标。
> ——罗伯特·卡普拉、大卫·诺顿

> 企业的成功取决于两个因素,就是市场营销和创新,这两个都是关键。
> ——彼得·德鲁克

> 整合营销业务流程再造的核心就是切中客户核心诉求,并通过业务流程规范化、系统化,让全体员工以最优的方式为客户核心诉求的最大化满足服务。
> ——水藏玺

第八章
工业品整合营销业务流程再造

工业品是购买后用于加工生产或企业经营用的产品，工业品的消费者基本上都是企业客户，企业购买工业品的目的是投入到再生产过程中。因此，工业品的消费具有以下特性：企业客户消费、供方与购方双方合作关系紧密、目标客户群体相对比较明确、购买者数量少但购买量比较大。

工业品可以分为工业材料或部件、资本性项目、供应品和服务等，其中：

（1）工业材料或部件是指直接用于生产过程，其价值全部转移到最终产品的物品，包括原材料及半成品、部件等。

（2）资本性项目是指用于辅助生产，其实体不形成最终产品，而是为生产提供间接帮助，其价值通过折旧、摊销的方式部分转移到最终产品，包括直接设备、附属设备等。

（3）供应品和服务是指不形成最终产品，价值较低、消耗较快的物品。

本章以【案例3-3】、【案例3-4】的工业材料为例，重点介绍工业品整合营销核心业务流程全过程。

一、市场调研流程

市场调研流程的输入包括年度市场调研计划、临时调研需求，输出为年度市场调研有效性评估，增值当时为提升市场调研质量及效率，有效指导企业营销决策。图8-1、表8-1至表8-4为市场调研流程全过程。

1. 流程图

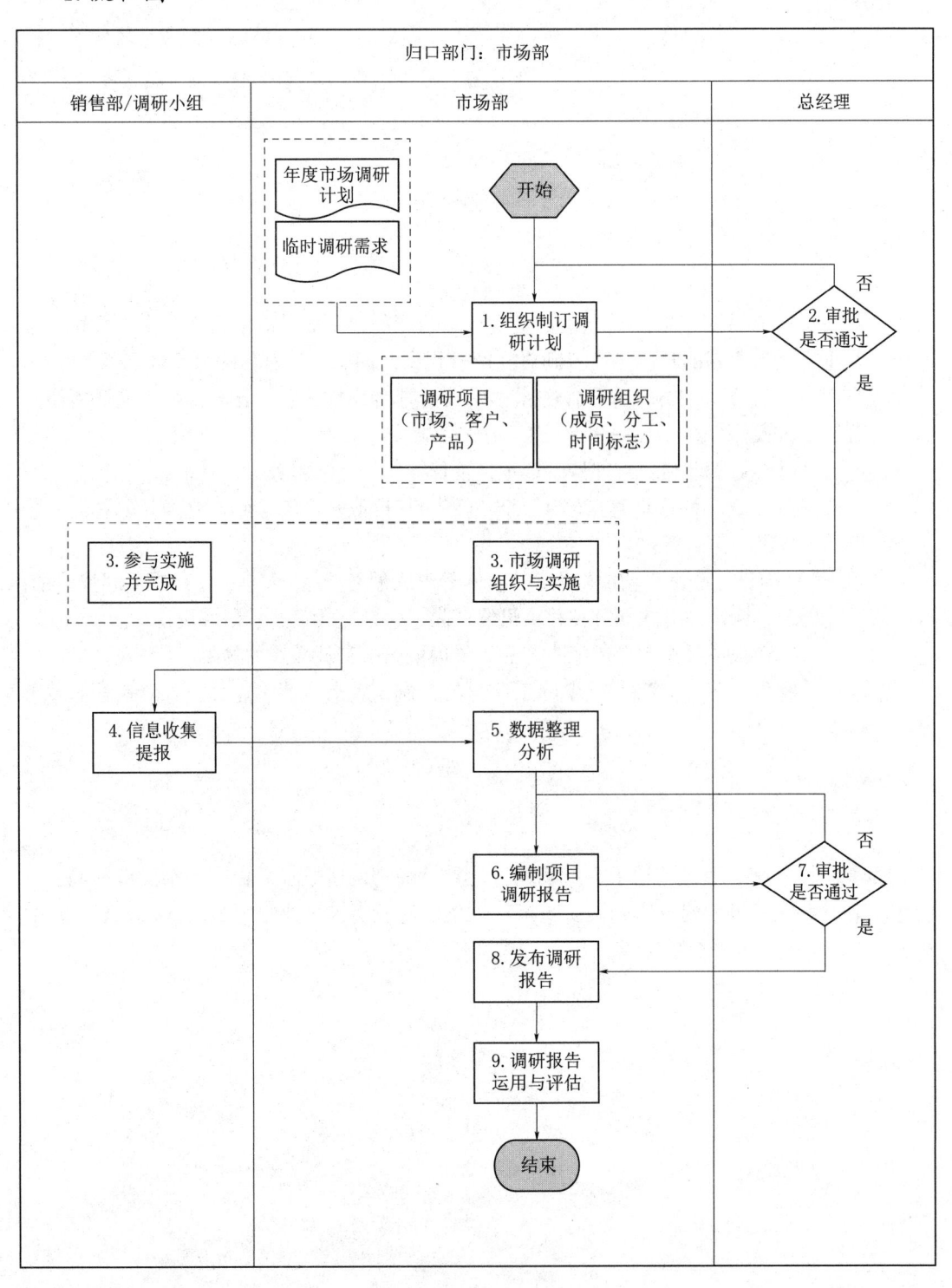

图 8-1　市场调研流程图

2. 流程步骤说明

表 8-1 市场调研流程步骤说明

序 号	步骤名称	流程步骤说明	相关制度/文件	相关表单
步骤 1	组织制订调研方案	责任人：市场部经理 时间：每年 12 月份 依据：年度市场调研计划 输出：市场调研计划	市场调研计划	
步骤 2	审批是否通过	责任人：总经理 时间：2 天		
步骤 3	市场调研组织与实施	责任人：市场主管 时间：按调研计划执行		
步骤 3	参与实施并完成	责任人：客户经理或调研小组 时间：按调研方案执行		
步骤 4	信息收集提报	责任人：客户经理或调研小组 时间：按调研方案执行 输出：调研信息		
步骤 5	数据整理分析	责任人：市场主管 时间：2 天		
步骤 6	编制项目调研报告	责任人：市场主管 时间：2 天 输出：市场调研报告	市场调研报告	
步骤 7	审批是否通过	责任人：总经理 时间：2 天		
步骤 8	发布调研报告	责任人：市场主管 时间：2 小时		
步骤 9	调研报告运用与评估	责任人：市场部 时间：每年 输出：年度市场调研有效性评估		

3. 相关制度与文件

（1）市场调研计划。
（2）市场调研报告。

4. 相关表单

无。

5. 流程授权表

表 8-2　市场调研流程授权表

序　号	流程业务授权内容	提　报	审核 初审	审核 复核	审核 会审	审　批
步骤 2	市场调研计划	市场主管	市场部经理	营销中心总监		总经理
步骤 7	市场调研报告	市场主管	市场部经理	营销中心总监		总经理

6. 流程风险点

表 8-3　市场调研流程风险点

流程步骤	风险描述	控制措施	控制类型	控制频率	控制文档	相关部门
步骤 8	（1）调研项目方案不完整 （2）调研结果数据整理分析不充分	通过制定调研方案，提升调研项目和组织的完整性	事前	随时	市场调研表	市场部经理
		通过调研数据分析，提升调研报告的科学性	事中	随时	市场调研表	市场主管
		通过将调研报告提报领导审批，提升调研报告的准确性	事中	随时	市场调研表	总经理
		通过调研报告运用的效果分析，确定调研报告的科学性	事后	年	年度市场调研有效性评估	市场部经理

7. 流程绩效指标

表 8-4　市场调研流程绩效指标

序　号	流程绩效指标	指标定义	数据提供部门	考核周期
1	调研及时率	实际完成时间 - 计划完成时间	企管部	月
2	市场调研有效性	评分标准为： （1）调研方案，权重为 20% （2）调研报告，权重为 30% （3）调研报告运用评估，权重为 50%	直接上级	年

二、销售预测管理流程

销售预测管理流程的输入为年度销售计划、同期数据及上期数据，输出为月度销售报表，其增值当时为提升销售预测准确率。图 8-2、表 8-5 至表 8-8 为销售管理流程全过程。

1. 流程图

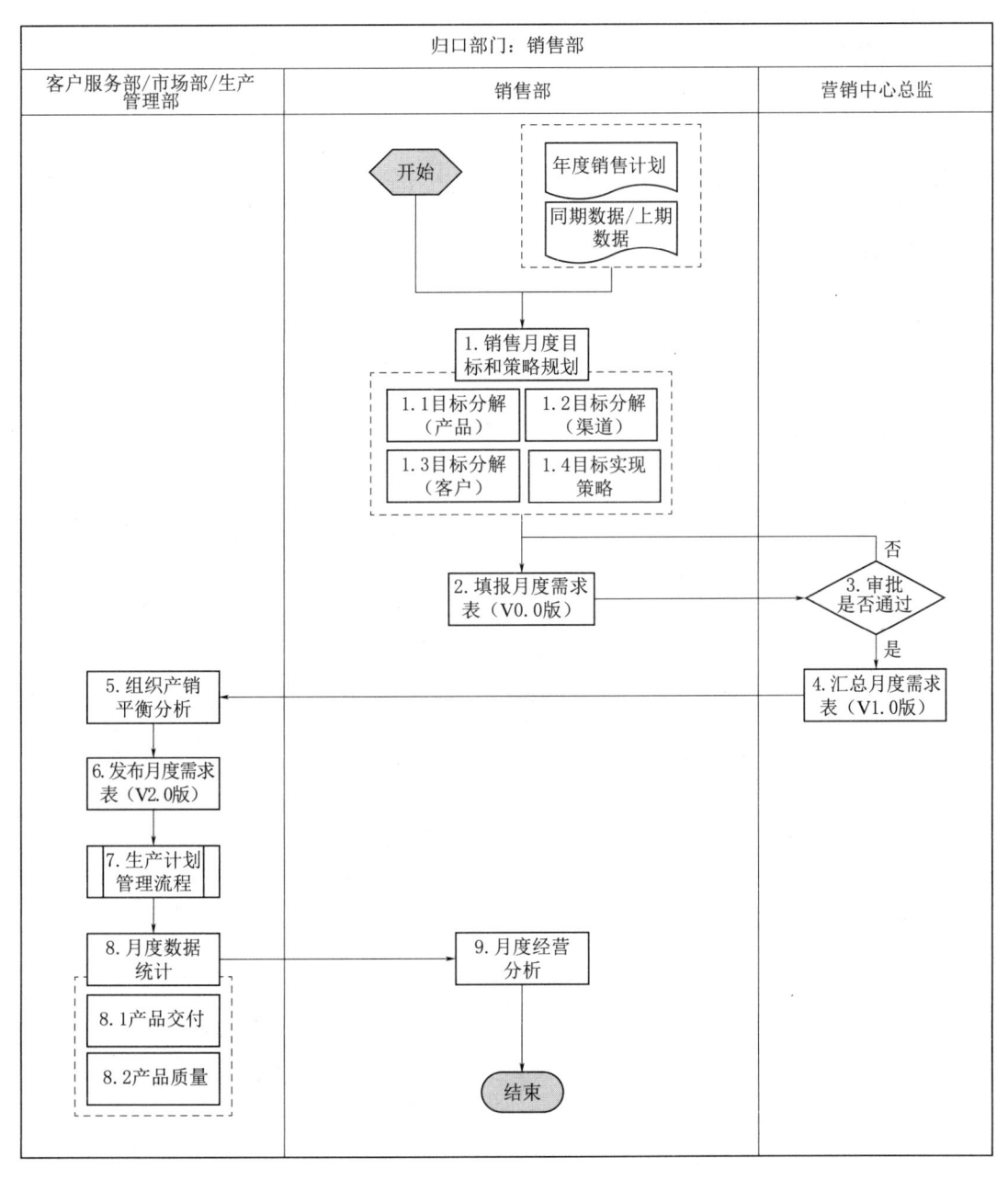

图 8-2 销售预测管理流程图

2. 流程步骤说明

表 8-5 销售预测管理流程步骤说明

序 号	步骤名称	流程步骤说明	相关制度/文件	相关表单
步骤 1	销售月度目标和策略规划	责任人：销售部经理 时间：每月 25 日前 依据：年度销售计划、同期数据/上期数据 输出：工作计划表（月度需求）（V 0.0 版）	年度销售计划	工作计划表
步骤 2	填报月度需求表	责任人：销售部经理 时间：0.5 天		
步骤 3	审批是否通过	责任人：营销中心总监 时间：0.5 天		
步骤 4	汇总月度需求表	责任人：营销中心总监 时间：每月 27 日前 输出：工作计划表（月度需求）（V 1.0 版）		
步骤 5	组织产销平衡分析	责任人：市场部销售管理主管 参与部门：销售中心、运营中心、生产中心、技术中心 时间：每月 28 日前		
步骤 6	发布月度需求表	责任人：市场部销售管理主管 时间：每月 28 日前 输出：工作计划表（月度需求）（V 2.0 版）		
步骤 7	生产计划管理流程	责任人：生产管理经理 输出：月度生产计划		月度生产计划
步骤 8	月度数据统计	责任人：客户服务部客服主管 时间：每月 30 日 输出：月度销售报表（V 0.0 版）		月度销售报表
步骤 9	月度经营分析	责任人：销售部经理、营销中心总监 时间：每月 30 日 输出： （1）月度销售报表（V 1.0 版） （2）月度工作总结表		月度工作总结表

3. 相关制度与文件

年度销售计划。

4. 相关表单

（1）工作计划表。
（2）月度生产计划。
（3）月度销售报表。
（4）月度工作总结表。

5. 流程授权表

表8-6 销售预测管理流程授权表

序号	流程业务授权内容	提报	审核 初审	审核 复核	审核 会审	审批
步骤2	工作计划表	客户经理	销售部经理			营销中心总监
步骤5	组织产销平衡分析	市场部销售管理主管	市场部经理		销售中心、运营中心、生产中心、技术中心	总经理

6. 流程风险点

表8-7 销售预测管理流程风险点

流程步骤	风险描述	控制措施	控制类型	控制频率	控制文档	相关部门
步骤1	月度销售数量不准	通过区域、大区、销售中心的分级预测和审批来提高准确率	事中	月	月度需求表	业务部经理、营销中心总监
		通过客户服务部的数据统计为下月度销售预测提供依据	事后	月	月度统计数据	客户服务部
		通过区域、客户、产品经营数据分析为下月度销售预测提供依据	事后	月	月度经营分析	业务部经理、营销中心总监

7. 流程绩效指标

表8-8 销售预测管理流程绩效指标

序号	流程绩效指标	指标定义	数据提供部门	考核周期
1	月度需求表及时性	实际完成延误时间	市场部	月
2	销售预测准确性	（预测－实际）÷实际值×100%	客户服务部	月

三、新客户开发流程

新客户开发流程的输入包括年度客户开发计划、月度销售计划（含销售策略）、输出为新开发客户建档，增值方式为提升客户开发成功率。图8-3、表8-9至表8-12为新客户开发流程全过程。

1. 流程图

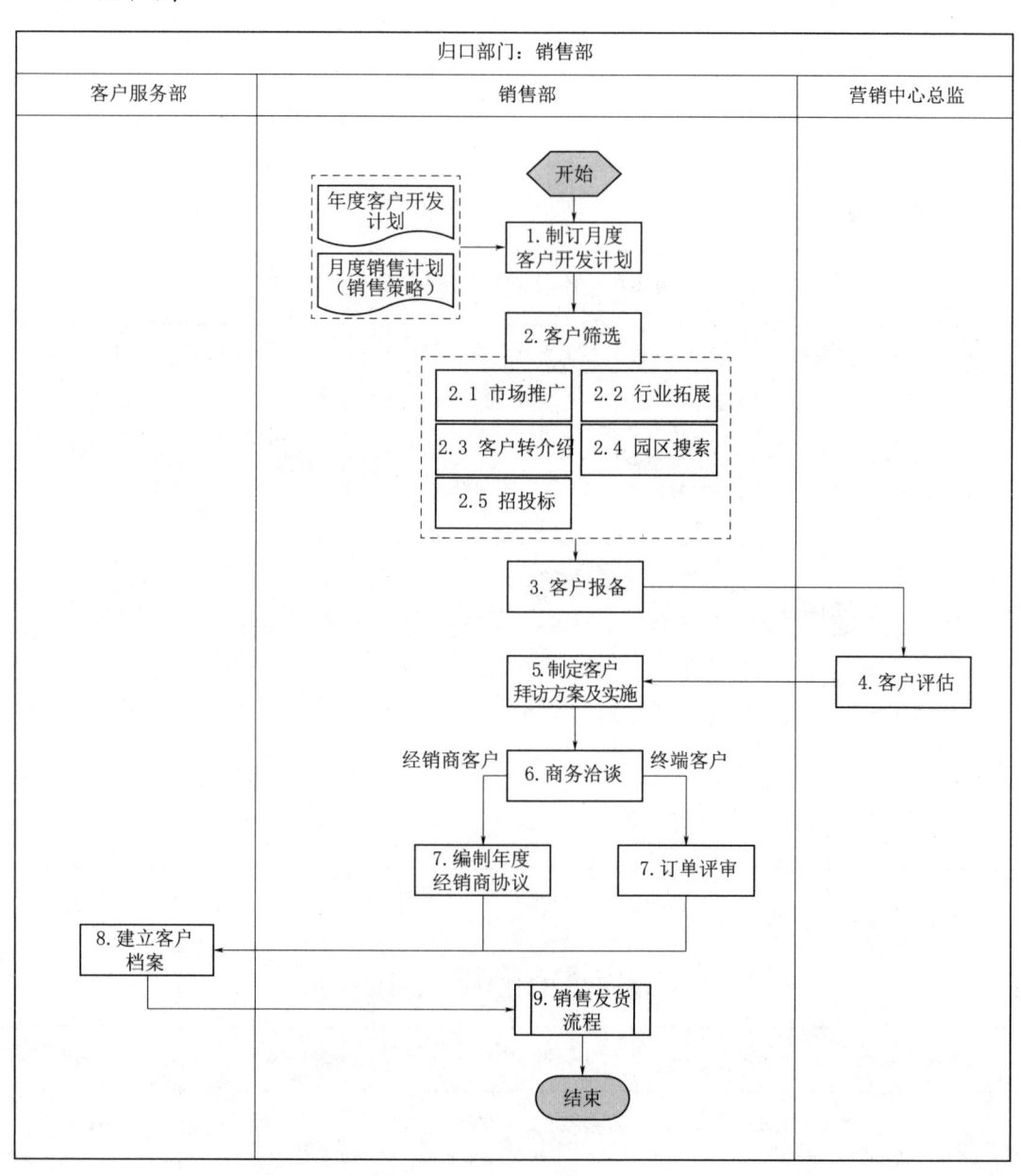

客户服务部	销售部	营销中心总监
	归口部门：销售部	

```
                    开始
                     ↓
  [年度客户开发计划]
  [月度销售计划(销售策略)] → 1.制订月度客户开发计划
                     ↓
                  2.客户筛选
         ┌──────────────────────┐
         │ 2.1 市场推广   2.2 行业拓展 │
         │ 2.3 客户转介绍  2.4 园区搜索 │
         │ 2.5 招投标              │
         └──────────────────────┘
                     ↓
                  3.客户报备 ────→ 4.客户评估
                     ↓                ↓
                  5.制定客户拜访方案及实施 ←┘
         经销商客户 ↙   ↓   ↘ 终端客户
              6.商务洽谈
         ↙                ↘
  7.编制年度经销商协议    7.订单评审
         ↓                ↓
  8.建立客户档案 ←─────────┤
                     ↓
                9.销售发货流程
                     ↓
                   结束
```

图8-3 新客户开发流程图

2. 流程步骤说明

表 8-9　新客户开发流程步骤说明

序　号	步骤名称	流程步骤说明	相关制度/文件	相关表单
步骤 1	制订月度客户开发计划	责任人：销售部经理 依据：年度客户开发计划、月度工作计划表 时间：每月 1 日 输出：客户开发及拜访工作表（V 0.0 版）	年度客户开发计划	客户开发及拜访工作表
步骤 2	客户筛选	责任人：客户经理 依据：客户开发及拜访工作表（V 0.0 版）、市场推广计划、行业拓展计划、客户转介绍、园区搜索、招投标 时间：0.5 天 输出：客户开发及拜访工作表（V 1.0 版）		
步骤 3	客户报备	责任人：客户经理 依据：客户开发及拜访工作表（V 1.0 版） 时间：0.5 天 输出：客户档案确认表（V 0.0 版）		客户档案确认表
步骤 4	客户评估（信用/潜力/契合点/配套性）	责任人：营销中心总监 时间：0.5 天 输出：客户档案确认表（V 1.0 版）		
步骤 5	制定客户拜访方案及实施	责任人：客户经理/销售部经理 依据：客户档案确认表 输出：客户开发及拜访工作表（V 2.0 版）		
步骤 6	商务洽谈	责任人：客户经理 输出：客户开发及拜访工作表（V 3.0 版）		
步骤 7	订单评审	责任人：客户经理 依据：客户档案确认表、客户开发及拜访工作表（V 3.0 版）		
步骤 7	编制年度经销商协议	责任人：客户经理 依据：客户档案确认表、合同管理流程、客户开发方案与进度表 输出：年度经销商协议	合同管理流程、年度经销商协议	
步骤 8	建立客户档案	责任人：客户服务部责任人		
步骤 9	销售发货流程	责任人：客户服务部责任人 依据：销售发货流程 输出：发货单	销售发货流程	发货单

3. 相关制度与文件

（1）年度客户开发计划。

（2）合同管理流程。
（3）年度经销商协议。
（4）销售发货流程。

4. 相关表单

（1）客户开发及拜访工作表。
（2）客户档案确认表。
（3）发货单。

5. 流程授权表

表 8-10　新客户开发流程授权表

序　号	流程业务授权内容	提　报	审核 初　审	审核 复　核	审核 会　审	审　批
步骤 2	月度开发计划	客户经理				销售部经理
步骤 3、步骤 4	客户报备/客户评估	客户经理	销售部经理			营销中心总监

6. 流程风险点

表 8-11　新客户开发流程风险点

流程步骤	风险描述	控制措施	控制类型	控制频率	控制文档	相关部门

7. 流程绩效指标

表 8-12　新客户开发流程绩效指标

序　号	流程绩效指标	指标定义	数据提供部门	考核周期
1	新客户开发成功率	实际新开发客户数÷客户开发计划数×100%	客户服务部	
2	新客户销量占比	新客户发货量÷同期总发货量×100%	客户服务部	

四、终端客户订单获取流程

终端客户订单获取流程的输入为客户月度及年度销售数据，输出为销售订单下单，增值方式为提升客户订单获取率。图 8-4、表 8-13 至表 8-16 为终端客户订单获取流程全过程。

1. 流程图

归口部门：销售部	
客户服务部	销售部
11. 销售订单获取处理	客户月度及年度销售数据 → 开始 → 1. 客户需求潜力分析 → 2. 制订月度客户拜访计划 → 3. 客户拜访 → (4. 直接产品推介 / 5. 应用解决方案 / 7. 标前准备) → (6. 项目评审 / 8. 投标管理) → 9. 签订合同 → 10. 订单下达 → 12. 数据汇总分析 → 结束

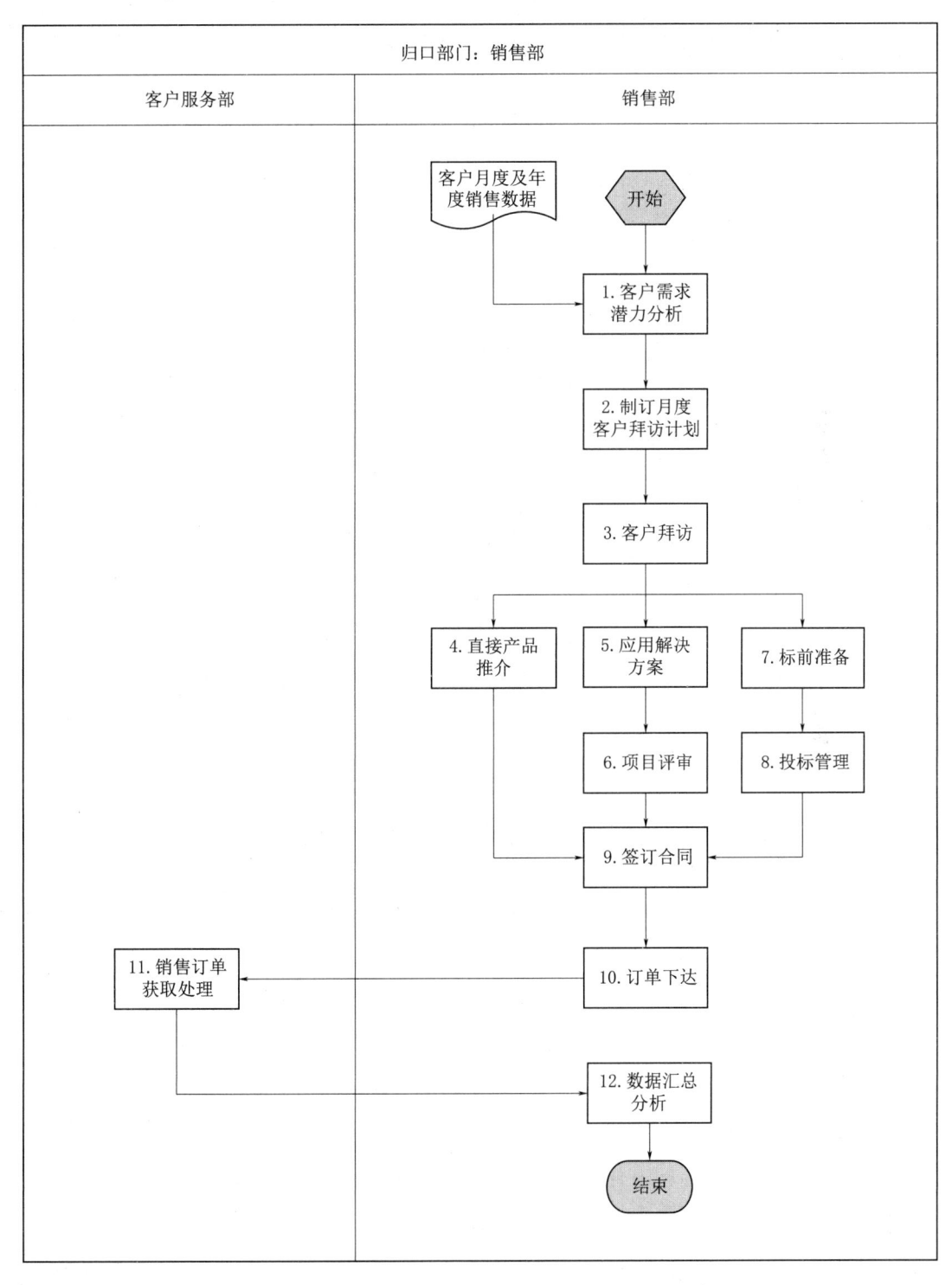

图 8-4　终端客户订单获取流程图

2. 流程步骤说明

表 8-13　终端客户订单获取流程步骤说明

序　号	步骤名称	流程步骤说明	相关制度/文件	相关表单
步骤 1	客户需求潜力分析	责任人：客户经理 时间：每月 28 日前 依据：客户月度/年度销售数据、客户开发及拜访工作表		
步骤 2	制订月度客户拜访计划	责任人：客户经理 时间：每月 28 日前 输出： （1）客户开发及拜访工作表 （2）月度工作总结表		
步骤 3	客户拜访	责任人：客户经理 时间：按客户开发及拜访工作表执行		
步骤 4	直接产品推介	责任人：客户经理 时间：按客户开发及拜访工作表执行		
步骤 5	应用解决方案	责任人：客户经理 时间：按客户开发及拜访工作表执行		
步骤 6	项目评审	责任人：客户经理 依据：项目合同获取流程 时间：3 天	项目合同获取流程	
步骤 7	标前准备	责任人：客户经理 输出：投标备案表		投标备案表
步骤 8	投标管理	责任人：客户经理 时间：3 天 输出：投标文件		
步骤 9	签订合同	责任人：客户经理 时间：4 小时 依据：合同管理流程 输出：销售合同	合同管理流程	
步骤 10	订单下单	责任人：客户经理 时间：0.5 小时		
步骤 11	销售订单获取处理	责任人：客户服务部责任人 输出：订货单		订货单
步骤 12	数据汇总分析	责任人：客户经理 时间：每月 1 日前 输出： （1）客户开发及拜访工作表 （2）月度工作总结表		客户开发及拜访工作表、月度工作总结表

3. 相关制度与文件

（1）项目合同获取流程。
（2）合同管理流程。

4. 相关表单

（1）投标备案表。
（2）订货单。
（3）客户开发及拜访工作表。
（4）月度工作总结表。

5. 流程授权表

表 8-14　终端客户订单获取流程授权表

序号	流程业务授权内容	提报	审核 初审	审核 复核	审核 会审	审批
步骤 2	客户经理月度工作计划	客户经理				销售部经理
步骤 10	月度工作总结	客户经理	销售部经理			营销中心总监

6. 流程风险点

表 8-15　终端客户订单获取流程风险点

流程步骤	风险描述	控制措施	控制类型	控制频率	控制文档	相关部门

7. 流程绩效指标

表 8-16　终端客户订单获取流程绩效指标

序号	流程绩效指标	指标定义	数据提供部门	考核周期
	终端客户销售计划完成率	目标达成数 ÷ 目标数 ×100%	客户服务部	月

五、销售价格管理流程

销售价格管理流程的输入为产品价格市场调研及产品成本，输出为价格执行数据分析，增值方式为提升企业产品盈利能力。图 8-5、表 8-17 至表 8-20 为销售价格管理流程全过程。

1. 流程图

财务管理部	销售部	总经理	客户服务部
归口部门：销售部			

开始2 → 2.产品成本核算（物耗、人耗、能耗、利税）→ 3.产品基本定价

开始1 → 1.产品价格市场调研（客户采购价格公式、结算方式、期限；招投标信息；区域内竞争对手价格策略信息）→ 4.产品价格表（V 0.0版）→ 5.审批是否通过（否→返回；是→继续）→ 6.发布产品价格表（V 1.0版）→ 7.每月/季度组织价格评估 → 8.审批是否通过（否→返回；是→继续）→ 9.发布产品价格表（V 2.0版）

客户价格一致 → 11.价格执行 → 12.价格数据汇总

客户价格异议 → 10.提出价格申请 → 11.价格执行

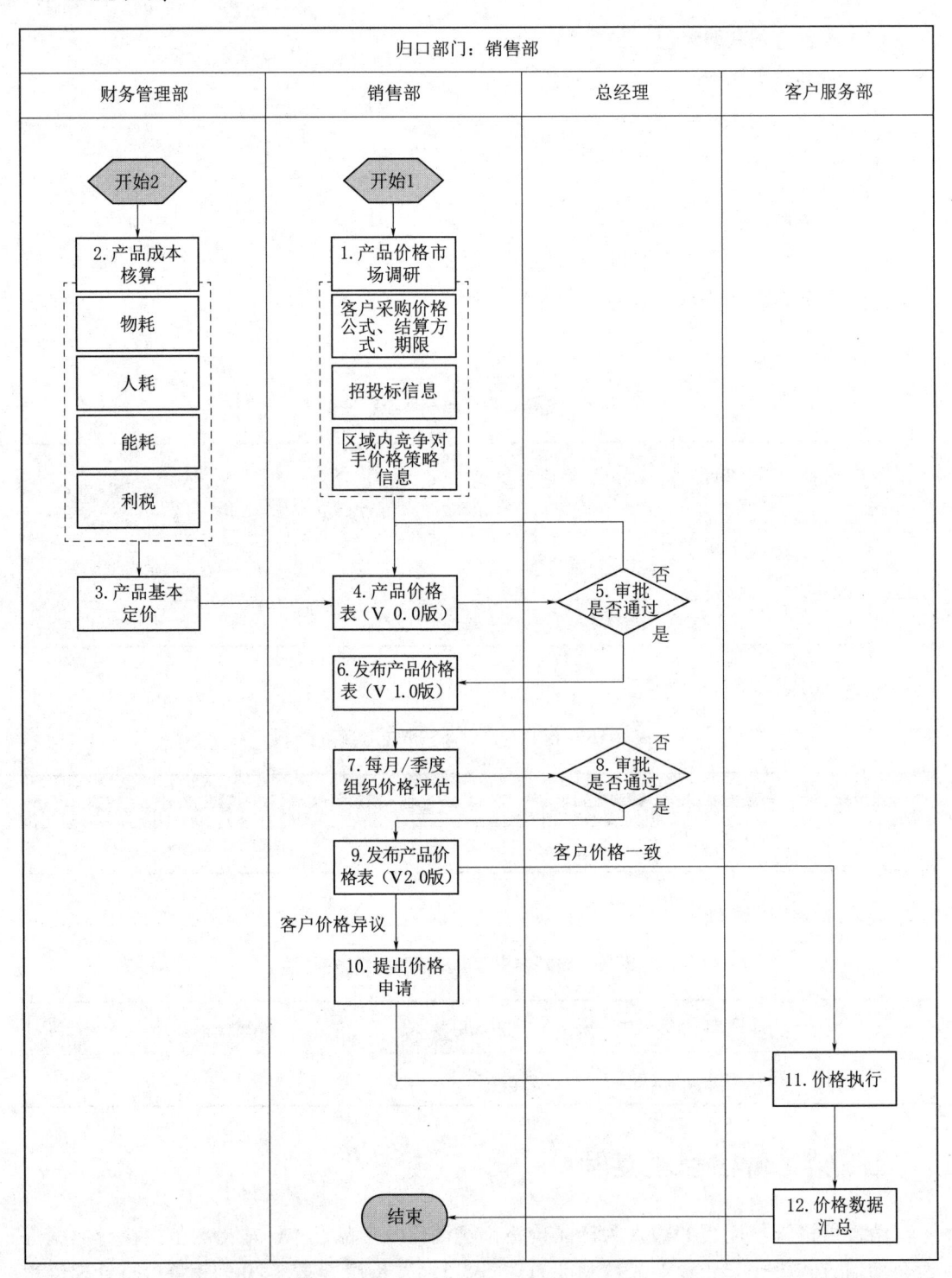

结束

图 8-5 销售价格管理流程图

2. 流程步骤说明

表 8-17　销售价格管理流程步骤说明

序　号	步骤名称	流程步骤说明	相关制度/文件	相关表单
步骤 1	产品市场价格调研	责任人：销售部经理 时间：每月 28 日 依据：客户采购价格、招投标价格信息、竞争对手价格策略 输出：月度工作总结表		月度工作总结表
步骤 2	产品成本核算	责任人：财务管理部责任人 时间：每月 28 日 依据：产品物耗、能耗、人工、管理及利税成本 输出：产品成本核算表（V 0.0 版）		产品成本核算表
步骤 3	产品基本定价	责任人：财务中心经理 时间：每月 29 日 依据：产品成本核算表（V 0.0 版） 输出：产品成本核算表（V 1.0 版）		
步骤 4	产品价格表	责任人：销售部经理 时间：每月 29 日 依据：月度工作总结（区域价格、区域销量）、产品成本核算表（V 1.0 版） 输出： （1）产品价格表（V 0.0 版） （2）产品促销政策（V 0.0 版）		产品价格表、产品促销政策
步骤 5	审批是否通过	责任人：总经理 时间：每月 30 日 输出：产品价格表（V 1.0 版）、产品促销政策（V 1.0 版）		
步骤 6	发布产品价格表	责任人：营销中心总监 时间：每月 30 日		
步骤 7	每月/季度组织价格评估	责任人：营销中心总监、财务管理中心总监 时间：每月 29 日 依据：月度工作总结（区域价格、区域销量、产品成本核算表（V 1.0 版）、产品价格表（V 1.0 版）、产品促销政策（V 1.0 版） 输出： （1）产品价格表（V 2.0 版） （2）产品促销政策（V 2.0 版）		
步骤 8	审批是否通过	责任人：总经理 时间：每月 30 日 输出： （1）产品价格表（V 3.0 版） （2）产品促销政策（V 3.0 版）		

续上表

序 号	步骤名称	流程步骤说明	相关制度/文件	相关表单
步骤9	发布产品价格表	责任人：营销中心总监 时间：每月30日		
步骤10	提出价格申请	10.1 运用"产品价格表"时，如与客户价格一致执行步骤12 10.2 运用"产品价格表"时，如与客户价格异议时： 责任人：客户经理 依据：销售订单管理流程	销售订单管理流程	
步骤11	价格执行	责任人：客户服务部责任人 依据：产品价格表（V 3.0版）、产品促销政策（V 3.0版）、新客户开发流程、销售订单管理流程		
步骤12	价格数据汇总	责任人：客户服务部经理 时间：6月30日、12月30日 输出：价格分析		

3. 相关制度与文件

销售订单管理流程。

4. 相关表单

（1）月度工作总结表。
（2）产品成本核算表。
（3）产品价格表。
（4）产品促销政策。

5. 流程授权表

表 8-18 销售价格管理流程授权表

序 号	流程业务授权内容	提 报	审 核 初 审	审 核 复 核	审 核 会 审	审 批
步骤1	产品价格表（市场价格分析）	销售部经理	营销中心总监			总经理
步骤2	产品价格表（产品成本核算表）	技术质量部经理	技术中心经理			总经理
步骤4	产品促销政策	销售部经理	营销中心总监			总经理

6. 流程风险点

表 8-19　销售价格管理流程风险点

流程步骤	风险描述	控制措施	控制类型	控制频率	控制文档	相关部门
步骤6	（1）产品成本核算不准确 （2）产品市场调研价格不准确	通过市场调研对产品市场价进行评估	事前	月	产品价格表	业务部经理
		通过公司成本核算对产品成本价进行评估	事前	月	产品价格表	技术中心经理
		通过营销中心总监的市场预测和总经理审批来提高准确率	事前	月	产品价格表	营销中心总监/总经理
		通过每月/季度产品价格评估，为产品销售价格的制定提供依据	事后	月	产品价格表	营销中心总监/总经理

7. 流程绩效指标

表 8-20　销售价格管理流程绩效指标

序号	流程绩效指标	指标定义	数据提供部门	考核周期
	产品价格利润率	（产品净价－产品基准价）÷产品基准价×100%	客户服务部	月/年

六、大项目开发流程

大项目开发流程的输入为项目信息，输出为大项目结案报告，增值方式为提升大项目开发成功率。图 8-6、表 8-21 至表 8-24 为大项目开发流程全过程。

1. 流程图

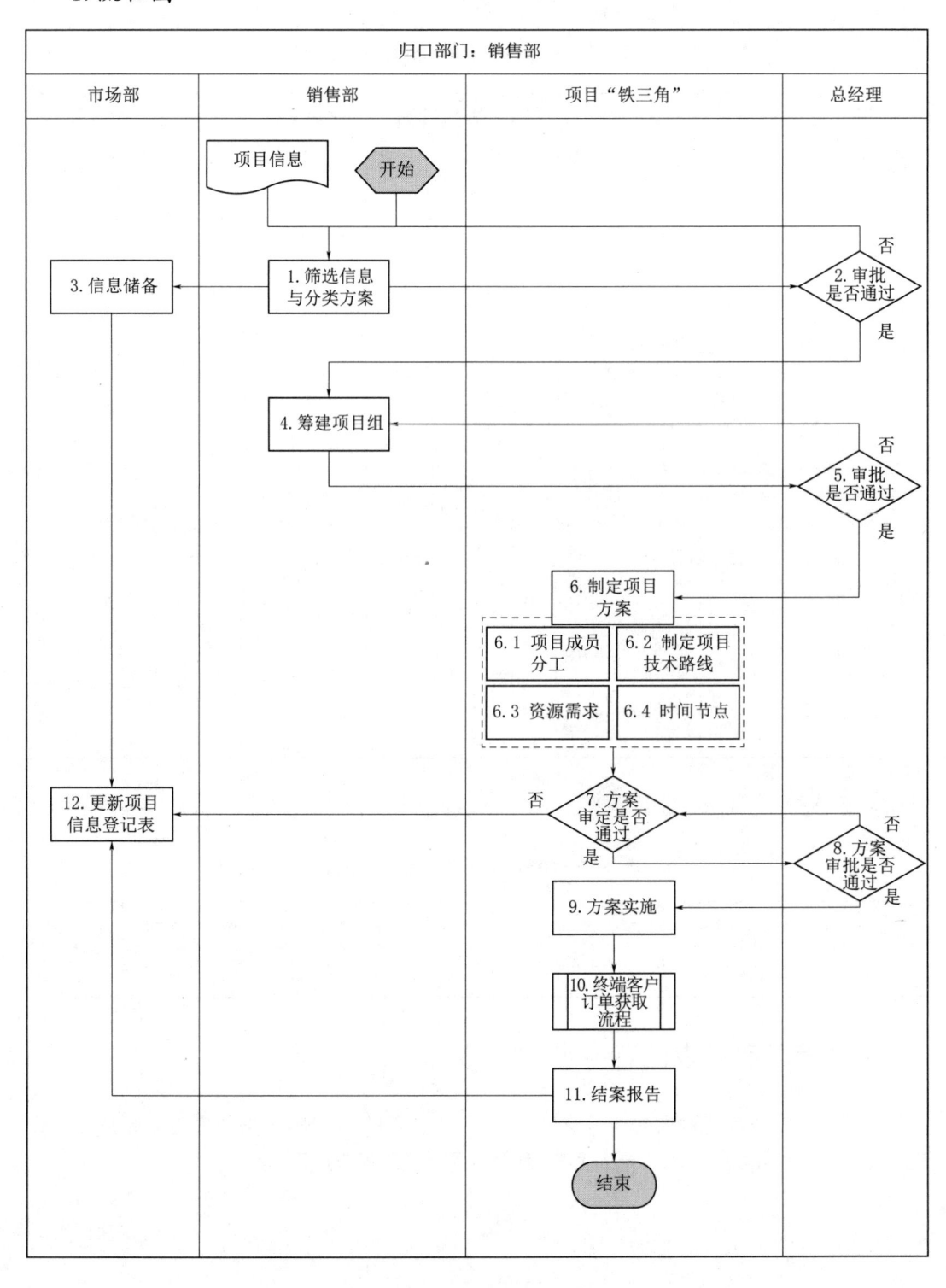

图 8-6　大项目开发流程图

2. 流程步骤说明

表 8-21　大项目开发流程步骤说明

序　号	步骤名称	流程步骤说明	相关制度/文件	相关表单
步骤 1	筛选信息与分类方案	责任人：销售部经理 依据：项目信息 输出：项目信息登记表（模板）		项目信息登记表
步骤 2	审批是否通过	责任人：总经理 时间：1 日		
步骤 3	信息储备	责任人：市场部责任人		
步骤 4	筹建项目组	责任人：销售部经理 时间：1 日 输出：项目"铁三角"成员名单，可能包括技术质量部/采购部/生产部/生产管理部/客服服务部/企管部/财务中心等		
步骤 5	审批是否通过	责任人：总经理 时间：1 日		
步骤 6	制定项目方案	责任人：项目"铁三角"责任人 时间：1 日 输出：项目开发方案（V 0.0 版）		项目开发方案
步骤 7	方案审定是否通过	责任人：项目"铁三角"责任人 输出：项目开发方案（V 1.0 版）		
步骤 8	方案审批是否通过	责任人：总经理 时间：1 日 输出：项目开发方案（V 2.0 版）		
步骤 9	方案实施	责任人：项目"铁三角"责任人		
步骤 10	终端客户订单获取流程	责任人：项目"铁三角"责任人 时间：1 日 依据：终端客户订单获取流程	终端客户订单获取流程	
步骤 11	结案报告	责任人：项目"铁三角"责任人 时间：项目结束 7 日内 输出：项目结案报告		项目结案报告
步骤 12	更新项目信息登记表	责任人：市场部责任人 时间：1 日内		

3. 相关制度与文件

终端客户订单获取流程。

4. 相关表单

（1）项目信息登记表。

（2）项目开发方案。
（3）项目结案报告。

5. 流程授权表

表8-22　大项目开发流程授权表

序号	流程业务授权内容	提报	审核 初审	审核 复核	审核 会审	审批
步骤1	项目信息登记表	销售部经理	营销中心总监			总经理
步骤4	筹建项目"铁三角"	销售部经理	营销中心总监			总经理
步骤6	项目方案	项目"铁三角"责任人			项目"铁三角"成员	总经理

6. 流程风险点

表8-23　大项目开发流程风险点

流程步骤	风险描述	控制措施	控制类型	控制频率	控制文档	相关部门
步骤6	（1）制定项目方案不及时 （2）缺少有效评估	通过筹建项目"铁三角"，实现项目全过程控制	事前	随时	项目"铁三角"成员名单	业务部经理
		项目"铁三角"对项目方案进行初步审定，提高项目方案的全面性和针对性	事中	随时	项目开发方案	项目"铁三角"负责人
		公司对项目方案进行审批，提高项目方案的准确性	事中	随时	项目开发方案	项目"铁三角"负责人
		每次对项目进行汇总分析，提升项目方案的有效性	事后	随时	项目结案报告	项目"铁三角"负责人

7. 流程绩效指标

表8-24　大项目开发流程绩效指标

序号	流程绩效指标	指标定义	数据提供部门	数据生成步骤	考核周期
	项目实施有效性	评分标准为： （1）项目完成时间，权重为20% （2）效益评估，权重为60% （3）客户满意度，权重为20%	客户服务部、财务中心、市场部	11	每次

七、经销商订货流程

经销商订货流程的输入为经销商月度需求，输出为经销商月度订单汇总表，增值方式为提升经销商订货量。图 8-7、表 8-25 至表 8-28 为经销商订货流程全过程。

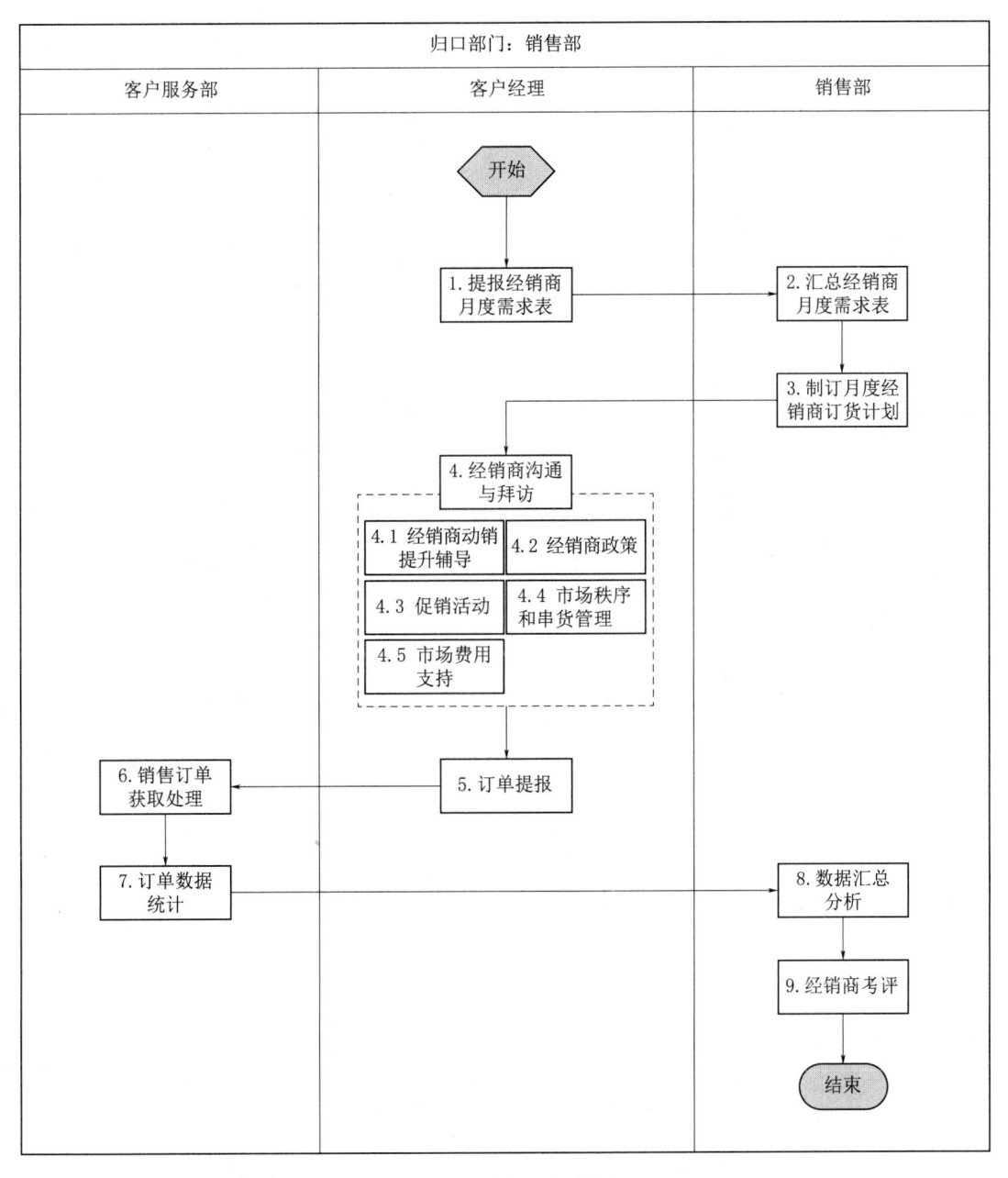

1. 流程图

归口部门：销售部		
客户服务部	客户经理	销售部
	开始 → 1.提报经销商月度需求表	2.汇总经销商月度需求表
		3.制订月度经销商订货计划
	4.经销商沟通与拜访 　4.1 经销商动销提升辅导　4.2 经销商政策 　4.3 促销活动　4.4 市场秩序和串货管理 　4.5 市场费用支持	
6.销售订单获取处理	5.订单提报	
7.订单数据统计		8.数据汇总分析
		9.经销商考评
		结束

图 8-7 经销商订货流程图

2. 流程步骤说明

表 8-25　经销商订货流程步骤说明

序　号	步骤名称	流程步骤说明	相关制度/文件	相关表单
步骤 1	提报经销商月度需求表	责任人：客户经理 时间：每月 25 日 依据：年度经销商协议、同期或上期销售数据、月度工作计划表 输出：客户开发及拜访工作表（V 0.0 版）	年度经销商协议	客户开发及拜访工作表
步骤 2	汇总经销商月度需求表	责任人：销售部经理 时间：每月 27 日		
步骤 3	制订经销商月度订货计划	责任人：销售部经理 时间：每月 27 日 输出：客户开发及拜访工作表（V 1.0 版）		
步骤 4	经销商沟通与拜访	责任人：客户经理 依据：客户开发及拜访工作表（V 1.0 版）、经销商政策、促销活动、市场秩序和串货管理、市场费用支持 输出：客户开发及拜访工作表（V 2.0 版）		
步骤 5	订单提报	责任人：客户经理 输出：产品采购计划表		产品采购计划表
步骤 6	销售订单获取处理	责任人：客户服务部责任人 依据：订单信息、销售订单管理流程、销售发货流程 输出：发货单	销售订单管理流程、销售发货流程	发货单
步骤 7	订单数据统计	责任人：客户服务部责任人 时间：每月 25 日 依据：报表管理流程 输出：月度销售报表	报表管理流程	月度销售报表
步骤 8	数据汇总分析	责任人：销售部经理		
步骤 9	经销商考评	责任人：销售部经理 时间：每月 28 日 依据：月度销售报表、订单变更统计表、顾客抱怨统计表、退换货统计表、客户评价与管理流程、年度经销商协议 输出：经销商月度考评表	客户评价与管理流程	经销商月度考评表

3. 相关制度与文件

（1）年度经销商协议。
（2）销售订单管理流程。
（3）销售发货流程。
（4）报表管理流程。

（5）客户评价与管理流程。

4. 相关表单

（1）客户开发及拜访工作表。
（2）产品采购计划表。
（3）发货单。
（4）月度销售报表。
（5）经销商月度考评表。

5. 流程授权表

表 8-26　经销商订货流程授权表

序号	流程业务授权内容	提报	审核 初审	审核 复核	审核 会审	审批
步骤 1	经销商月度需求	客户经理				销售部经理

6. 流程风险点

表 8-27　经销商订货流程风险点

流程步骤	风险描述	控制措施	控制类型	控制频率	控制文档	相关部门

7. 流程绩效指标

表 8-28　经销商订货流程绩效指标

序号	流程绩效指标	指标定义	数据提供部门	考核周期
	经销商销售计划完成率	目标达成数 ÷ 目标数 ×100%	销售部	月度

八、销售订单管理流程

销售订单管理流程输入为客户订单需求，输出为订单发货记录，增值方式为提升订单交付效率。图 8-8、表 8-29 至表 8-32 为销售订单管理流程全过程。

1. 流程图

技术质量部/生产中心/仓管部/采购部/相关部门	客户服务部	销售部
生产计划 / 经济开机量 / 产品库存 → 6.交期评审	最新公司产品清单 → 4.确定评审内容（4.1 实现方式、4.2 可行性/供货期、4.3 成本构成、4.4 包装/储运方式）→ 5.组织评审 → 7.是否通过评审	开始 → 1.接收客户订单（询价单）→ 2.是否为常规产品订单（是→反馈；否→3.编制销售订单评审表）→ 8.合同管理流程
5.参与评审	9.编制销售中心订货单	
10.生产计划实施流程 / 10.采购管理流程 → 11.分类存放	12.销售发货流程 → 13.资料归档 → 结束	

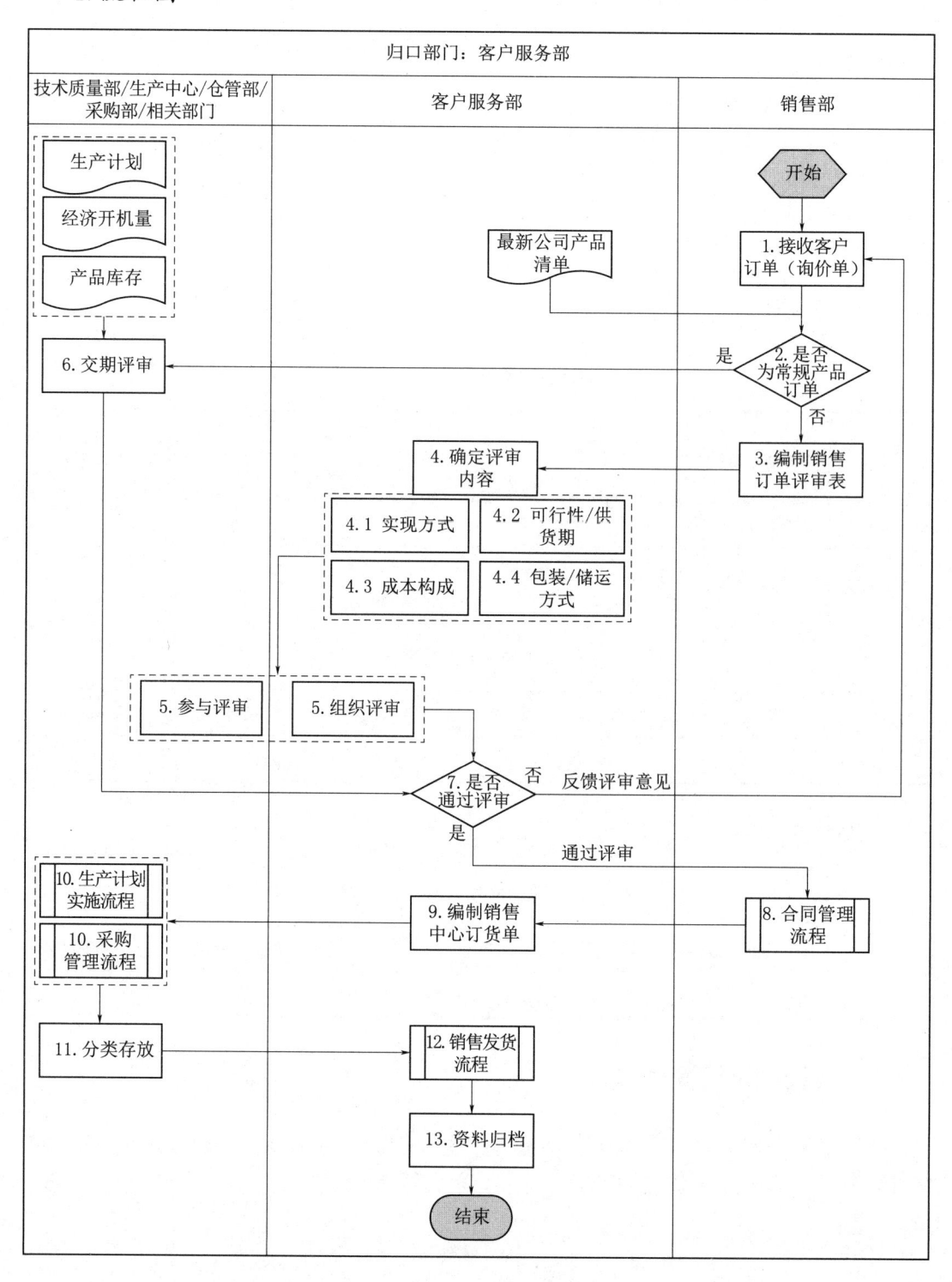

归口部门：客户服务部

图 8-8　销售订单管理流程图

2. 流程步骤说明

表 8-29　销售订单管理流程步骤说明

序　号	步骤名称	流程步骤说明	相关制度/文件	相关表单
步骤 1	接收客户订单（询价单）	责任人：客户经理 输出：采购计划		采购计划
步骤 2	是否为常规产品订单	责任人：客户经理 依据：公司产品清单、采购计划 输出：判定结果	公司产品清单	
步骤 3	编制销售订单评审表	判定不是常规产品订单时： 责任人：客户经理 依据：采购计划（订单部分） 输出：采购计划（评审部分）		
步骤 4	确定评审内容	责任人：客户服务部经理 依据：采购计划（评审部分）、公司产品清单 输出：评审内容		
步骤 5	组织评审/参与评审	责任人：客户服务部经理 参与部门：技术质量部/生产中心/仓管部/采购部/财务中心/企管部 时间：3 小时 依据：产品实现方式、可行性/供货期、成本构成、包装/储运方式 输出：采购计划（评审意见）		
步骤 6	交期评审	判定是常规产品订单时： 责任人：客户服务部客服专员/生产中心责任人 时间：0.5 小时 依据：产品经济开机量、产品库存、生产计划实施流程 输出：采购计划（评审意见）	生产计划实施流程	产品经济开机量
步骤 7	是否通过评审	责任人：客户服务部经理 依据：产品实现方式、可行性/供货期、成本构成、包装/储运方式 输出：评审结果 未通过评审时，执行步骤 1		
步骤 8	合同管理流程	通过评审时： 责任人：客户经理 依据：合同管理流程 输出：销售合同	合同管理流程	

续上表

序　号	步骤名称	流程步骤说明	相关制度/文件	相关表单
步骤9	编制销售中心订货单	责任人：客户服务部客服专员 依据：产品经济开机量、产品库存、生产实施流程 输出：订货单		订货单
步骤10	生产计划实施流程/采购管理流程	责任人：生产管理部/采购部责任人 依据：产品经济开机量、产品库存、生产计划实施流程、采购管理流程	采购管理流程	
步骤11	分类存放	责任人：仓管部责任人 依据：物资管理标准 输出：产品入库	物资管理标准	
步骤12	销售发货流程	责任人：客户服务部客服专员 依据：销售发货流程 时间：订单交期 输出：产品出库	销售发货流程	
步骤13	资料归档	责任人：客户服务部客服专员 依据：档案管理标准	档案管理标准	

3. 相关制度与文件

（1）公司产品清单。

（2）生产计划实施流程。

（3）合同管理流程。

（4）采购管理流程。

（5）物资管理标准。

（6）销售发货流程。

（7）档案管理标准。

4. 相关表单

（1）采购计划。

（2）产品经济开机量。

（3）订货单。

5. 流程授权表

表 8-30　销售订单管理流程授权表

序　号	流程业务授权内容	提　报	审核 初审	审核 复核	审核 会审	审　批
步骤 2	最新公司产品清单	技术质量部责任人		技术质量部经理		技术中心经理
步骤 5	采购计划（评审部分）	客户经理	销售部门经理	客户服务部经理	技术质量部、生产中心、仓管部、采购部、销售中心、财务中心	总经理

6. 流程风险点

表 8-31　销售订单管理流程风险点

流程步骤	风险描述	控制措施	控制类型	控制频率	控制文档	相关部门
步骤 2	（1）识别不全面、不准确可能导致订单不能满足 （2）可导致供货及时率降低 （3）可导致生产成本增加，不利于年度经营计划的实现 （4）可能产生呆滞产品，增加运营风险	（1）识别客户订单需求准确性及合理性 （2）审核订单实现可行性及必要性	事前	随时	采购计划	销售中心/相关部门

7. 流程绩效指标

表 8-32　销售订单管理流程绩效指标

序　号	流程绩效指标	指标定义	数据提供部门	考核周期
	订单评审及时率	评审及时订单数量 ÷ 总订单数量 ×100%	销售中心	月/年

九、销售订单变更管理流程

销售订单变更管理流程的输入为客户变更需求，输出为订单变更记录，增值方式为积极响应订单变更，并提升订单交付效率。图 8-9、表 8-33 至表 8-36 为销售订单变更管理流程全过程。

1. 流程图

归口部门：销售部		
销售部	客户服务部	营销中心总监

开始 → 1.填报订单变更评审表（客户变更需求）→ 2.组织订单变更评审 → 3.组织制定解决方案
- 3.1 核定损益
- 3.2 客户解决方案
- 3.3 生产解决方案

4.审批是否通过（否→返回；是→5.发布解决方案）

5.发布解决方案 → 6.客户沟通
- 沟通不一致 → 返回1.填报订单变更评审表
- 沟通一致 → 7.组织解决方案实施 → 8.数据整理与运用 → 9.文件归档 → 结束

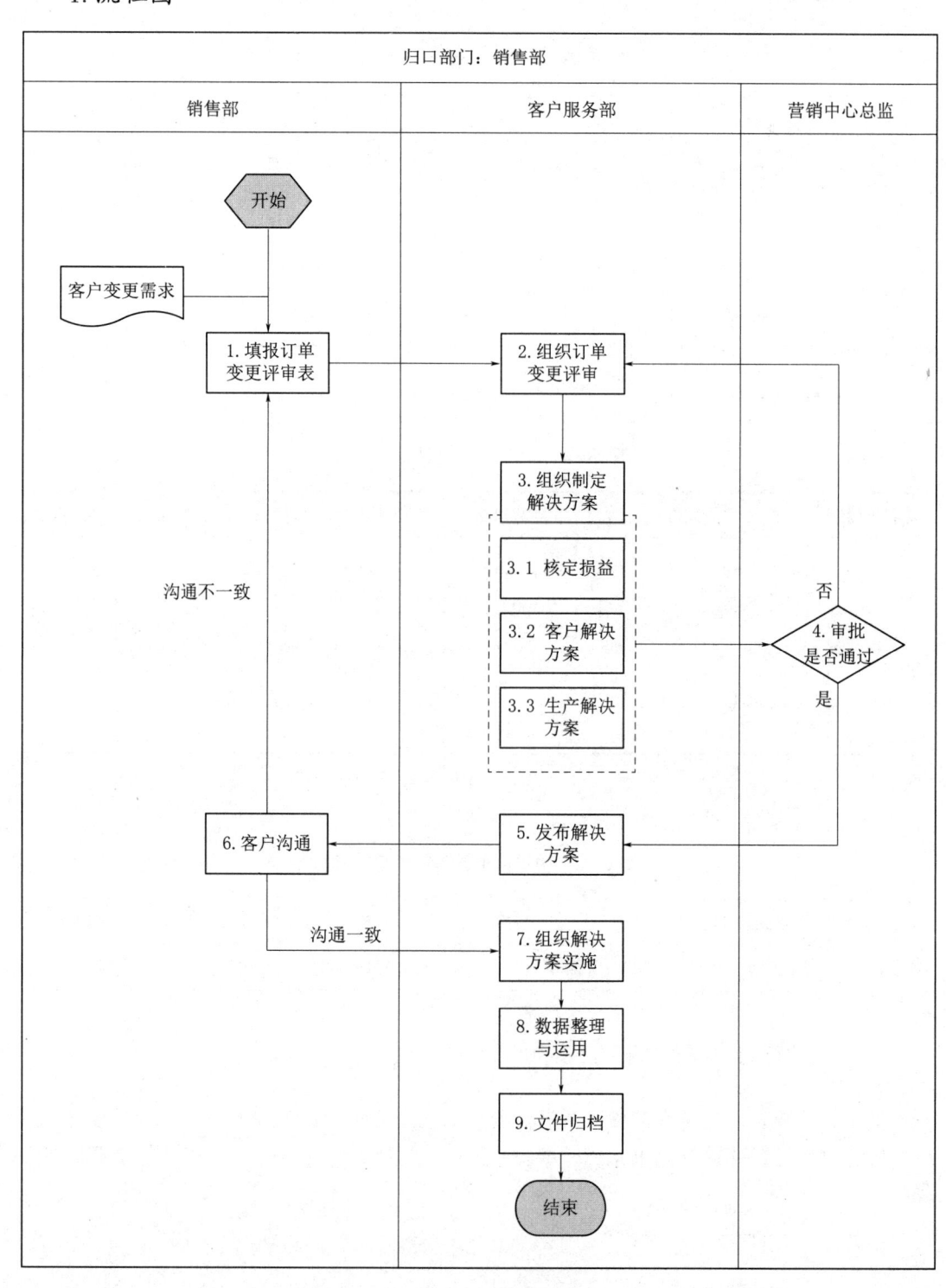

图 8-9 销售订单变更管理流程图

2. 流程步骤说明

表 8-33　销售订单变更管理流程步骤说明

序　号	步骤名称	流程步骤说明	相关制度/文件	相关表单
步骤 1	填报订单变更评审表	责任人：客户经理 时间：0.5 小时 依据：客户变更需求 输出：订单变更评审表（V 0.0 版）		订单变更评审表
步骤 2	组织订单变更评审	责任人：客户服务部责任人 时间：0.5 小时		
步骤 3	组织制定解决方案	责任人：客户服务部责任人 中心/财务中心/销售中心/生产基地 时间：1 小时 依据：客户要求解决方案、公司各部门解决方案 输出：订单变更评审表（V 1.0 版）		
步骤 4	审批是否通过	责任人：营销中心总监 时间：1 小时 输出：订单变更评审表（V 2.0 版）		
步骤 5	发布解决方案	责任人：客户服务部责任人 时间：1 小时		
步骤 6	客户沟通	责任人：客户经理 时间：1 小时 输出： （1）沟通一致时，执行步骤 7 （2）沟通不一致时，执行步骤 1		
步骤 7	组织解决方案实施	责任人：客户服务部责任人 依据：订单变更评审表（V 2.0 版）		
步骤 8	数据整理与运用	责任人：客户服务部责任人 输出：订单变更统计表		订单变更统计表
步骤 9	文件归档	责任人：客户服务部责任人 输出：订单变更档案		

3. 相关制度与文件

无。

4. 相关表单

（1）订单变更评审表。
（2）订单变更统计表。

5. 流程授权表

表 8-34 销售订单变更管理流程授权表

序 号	流程业务授权内容	提 报	审核 初 审	审核 复 核	审核 会 审	审 批
步骤 3	订单变更解决方案	客户服务部责任人			生产中心、技术中心、运营中心、财务中心、销售中心、生产基地	营销中心总监

6. 流程风险点

表 8-35 销售订单变更管理流程风险点

流程步骤	风险描述	控制措施	控制类型	控制频率	控制文档	相关部门
步骤 3	（1）识别客户解决方案 （2）识别公司解决方案 （3）识别两者之间的不匹配性	审批客户解决方案和公司解决方案的可行性，输出解决方案	事中	随时	订单变更评审表	客户服务部经理
		业务部客户经理与客户沟通解决方案	事中	随时	订单变更评审表	业务部客户经理
		客户服务部整理数据并完成数据运用	事后	月	订单变更统计表	客户服务部责任人

7. 流程绩效指标

表 8-36 销售订单变更管理流程绩效指标

序 号	流程绩效指标	指标定义	数据提供部门	考核周期
1	订单变更率	订单变更次数 ÷ 有效订单数 ×100%	客户服务部	年度
2	订单变更处理及时性	订单变更处理及时性分值 ≥ 95 分，评分标准为： （1）订单变更处理完成时间，权重：60 分 （2）客户满意度，权重：40 分	客户服务部 / 市场部	季

十、销售回款管理流程

销售回款管理流程的输入为发货单、赊销额度管理办法，输出为回款记录，增值方式为提升按合同货款比率，减少回款带坏。图 8-10、表 8-37 至表 8-40 为销售回款管理流程全过程。

1. 流程图

归口部门：销售部			
客户服务部	财务中心	销售部	总经理

开始

发货单（黄联）　赊销额度管理办法

1. 与客户核对发货明细

赊销额度管理办法

2. 通知财务中心开具发票

3. 开具发票

4. 编制欠款统计表

5. 回款跟催
　5.1 30天提醒
　5.2 15天提醒
　5.3 7天提醒

6. 发出逾期通知

7. 制定逾期处理方案

8. 审批是否通过　否／是

9. 逾期处理方案执行

10. 是否有坏账　否

13. 月/年销售回款数据分析

11. 坏账处理

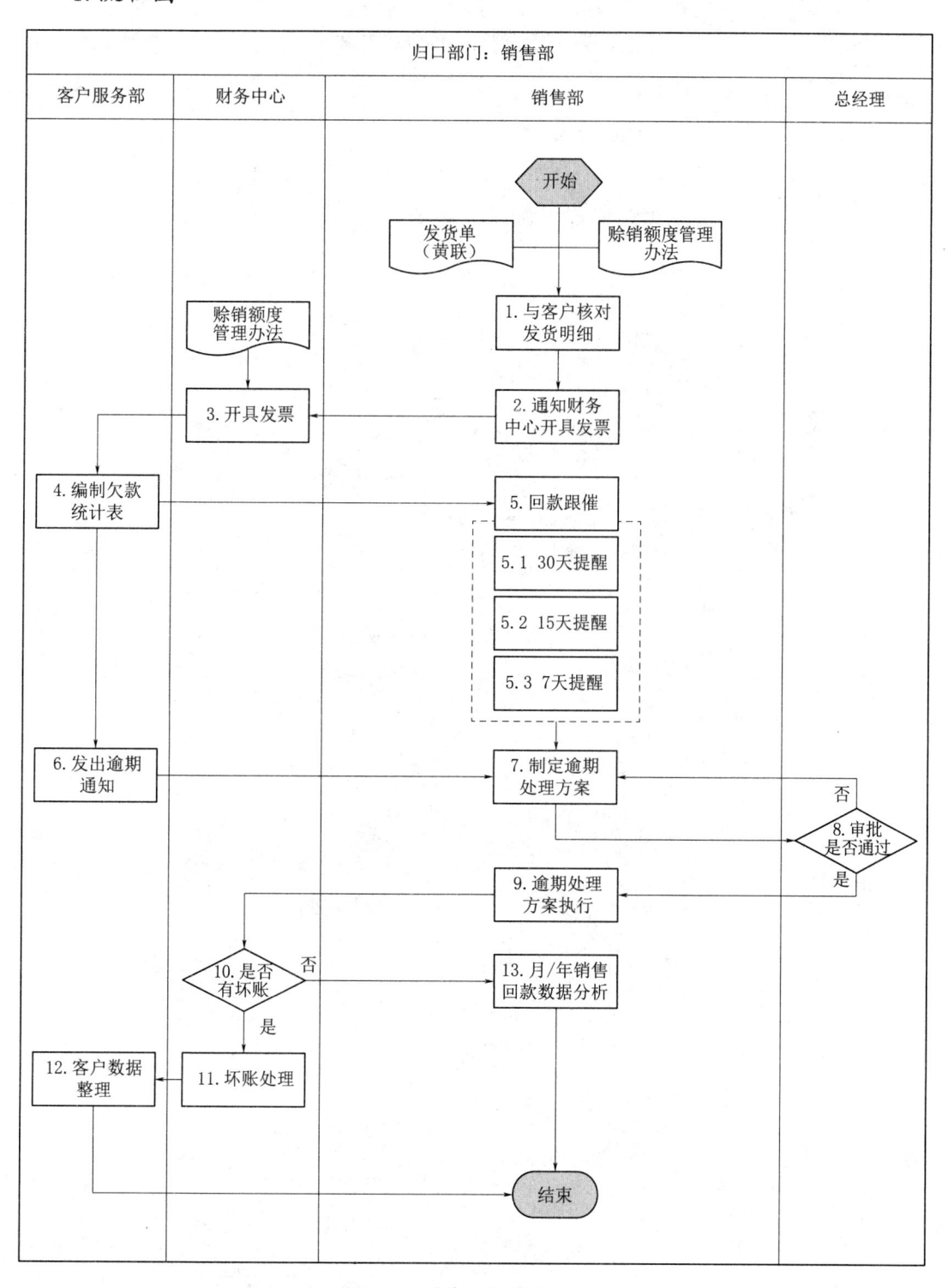

12. 客户数据整理

结束

图 8-10　销售回款管理流程图

2. 流程步骤说明

表 8-37　销售回款管理流程步骤说明

序　号	步骤名称	流程步骤说明	相关制度/文件	相关表单
步骤 1	与客户核对发货明细	责任人：客户经理 时间：每月 25 日前或按照客户特殊要求 依据：赊销额度管理办法、发货单回执、发货明细账、客户对账表、发货明细表 输出：销售回款跟踪表（V 0.0 版）	赊销额度管理办法	销售回款跟踪表
步骤 2	通知财务中心开具发票	责任人：客户经理/客户服务部责任人 时间：2 日		
步骤 3	开具发票	责任人：财务中心责任人 时间：2 日		
步骤 4	编制欠款统计表	责任人：客户服务部责任人 时间：每月 10 日、20 日、30 日 输出：销售回款跟踪表（V 1.0 版）		
步骤 5	回款跟催	责任人：客户经理/销售部经理 时间：1 天 依据：欠款统计表、销售合同 输出：销售回款跟踪表（V 2.0 版）		
步骤 6	发出逾期通知	责任人：客户服务部责任人 内容：客户按照约定付款按时计入回款；客户未按照约定付款的提出逾期欠款通知 时间：逾期当天发出 输出：销售回款跟踪表（V 3.0 版）		
步骤 7	制定逾期处理方案	责任人：客户经理 时间：收到客户服务部逾期通知 7 日内 依据： （1）逾期直接原因 （2）客户近一季度的回款履约情况 （3）客户当下的经营情况，包含但不限于生产运行状况、销售情况、主要产品销售价格利润、客户所处行业的政策导向、客户所在行业的行业地位、客户的上下游经营情况等 （4）落实有无经济合同纠纷及其他可能影响公司经营的起诉等 （5）综合分析以上因素，做出及时止损或延期付款申请，提出解决方案 输出：销售回款跟踪表（V 4.0 版）		

续上表

序　号	步骤名称	流程步骤说明	相关制度/文件	相关表单
步骤8	审批是否通过	责任人：营销中心总监/总经理 时间：1天		
步骤9	逾期处理方案执行	责任人：客户经理/销售部经理 依据：逾期欠款处理方案 输出：销售回款跟踪表（V 5.0版）		
步骤10	是否有坏账	责任人：财务中心责任人		
步骤11	坏账处理	当客户有坏账时： 责任人：财务中心责任人		
步骤12	客户数据整理	责任人：客户服务部责任人 发布时间：每月25日 输出：客户月度/年度回款数据汇总表（V 0.0版）		客户月度/年度回款数据汇总表
步骤13	月/年销售回款数据分析	责任人：客户经理/销售部经理/营销中心总监 时间：每月5日前 输出：客户月度/年度回款数据汇总表（V 1.0版） 内容：本期应收、本期回款、当前总欠款、货款回收率、逾期次数（考虑到客户发票的记账时间，发票开出后5个工作日起记为合同履行的起点）、客户下一个周期合作方案的调整建议		

3. 相关制度与文件

赊销额度管理办法。

4. 相关表单

（1）销售回款跟踪表。
（2）客户月度/年度回款数据汇总表。

5. 流程授权表

表 8-38 销售回款管理流程授权表

序 号	流程业务授权内容	提 报	审 核 初 审	审 核 复 核	审 核 会 审	审 批
步骤 7	逾期欠款处理方案	客户经理	销售部经理	营销中心总监		总经理
步骤 10	坏账处理	财务中心				总经理

6. 流程风险点

表 8-39 销售回款管理流程风险点

流程步骤	风险描述	控制措施	控制类型	控制频率	控制文档	相关部门
步骤 7	（1）欠款逾期方案制定不及时 （2）欠款逾期方案针对性不强	业务部客户经理每月7日/15日/30日进行回款跟催	事中	随时	销售回款跟踪表	客户经理
		客户服务部每月发送逾期通知	事中	月	逾期通知	客户服务部责任人
		业务部制定逾期处理方案，提交领导审批，提高欠款逾期处理方案的针对性	事中	月	销售回款跟踪表	客户经理
		每月/每年对销售回款数据分析，有效降低销售回款逾期次数及逾期金额	事后	月	销售月度报表	客户经理、销售部经理、营销中心总监

7. 流程绩效指标

表 8-40 销售回款管理流程绩效指标

序 号	流程绩效指标	指标定义	数据提供部门	考核周期
	客户回款及时率	按期回款次数÷业务发生次数×100%	客户服务部	月、季、年

十一、客户投诉处理流程

客户投诉处理流程的输入为客户投诉记录，输出为客户投诉处理记录，增值方式为及时处理客诉，提升客户满意度。图 8-11、表 8-41 至表 8-44 为客户投诉处理流程全过程。

1. 流程图

归口部门：客户服务部				
销售部	客户服务部	技术中心/相关部门	总经理

客户投诉 → 开始

销售部：
- 1. 接收客户投诉
- 7. 制定处理方案
  - 7.1 生产返工
  - 7.2 客户退换货处理流程
  - 7.3 赔偿/补偿
  - 7.4 其他要求
- 9. 参与实施

客户服务部：
- 2. 投诉分类和编号备案
- 其他类（客户异议）
- 11. 制定处理方案并实施
- 9. 组织实施
- 12. 月/年度投诉处理总结与运用
- 13. 资料归档 → 结束

技术中心/相关部门：
- 产品质量类
- 3. 是否为公司原因
- 4. 组织相关部门出具原因并落实改进措施
- 6. 反馈销售
- 9. 参与实施
- 10. 月/年度质量投诉处理总结

总经理：
- 5. 审批是否通过
- 8. 审批是否通过

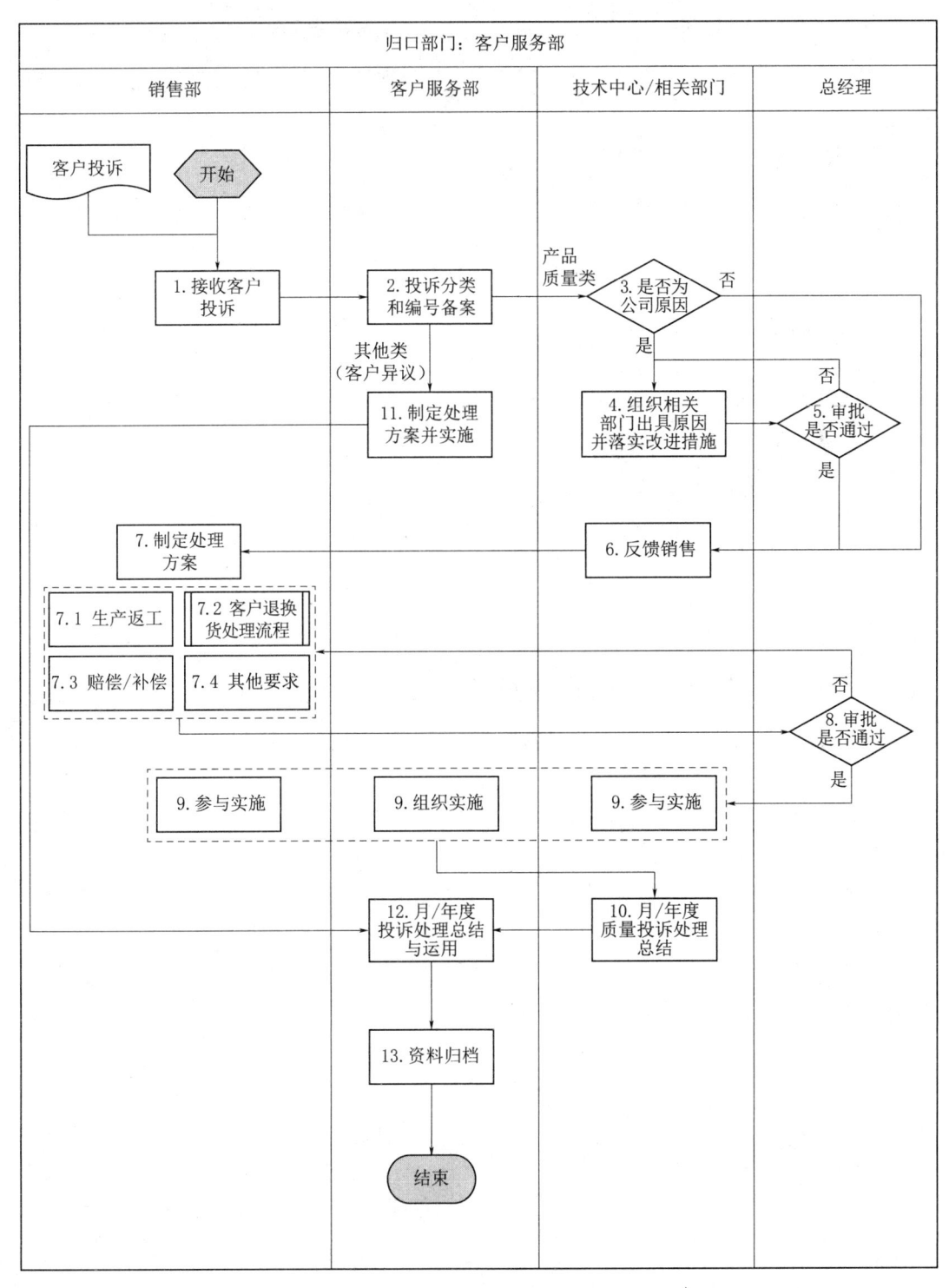

图 8-11　客户投诉处理流程图

2. 流程步骤说明

表 8-41　客户投诉处理流程步骤说明

序号	步骤名称	流程步骤说明	相关制度/文件	相关表单
步骤 1	接收客户投诉	责任人：客户经理 依据：客户信息反馈 输出：客户异议通知、顾客质量抱怨处理单		顾客质量抱怨处理单
步骤 2	投诉分类和编号备案	责任人：客户服务部客服专员 依据：客户异议通知、顾客质量抱怨处理单 输出：顾客投诉分类统计表		顾客投诉分类统计表
步骤 3	是否为公司原因	判定为公司原因时： 责任人：技术质量部经理 参与部门：客户服务部、生产中心、运营中心负责人 判定非公司原因时：执行步骤 6		
步骤 4	组织相关部门出具原因并落实改进措施	责任人：技术质量部经理 输出：原因及改进措施落实		
步骤 5	审批是否通过	初审：技术中心经理 会审：客户服务部、生产中心、运营中心负责人 审批：副总经理		
步骤 6	反馈销售	审批通过时： 责任人：技术质量部经理 审批不通过时：执行步骤 4		
步骤 7	制定处理方案	责任人：客户经理 依据：检验结果、审批意见、顾客投诉分类统计表、客户退货及赔偿要求 输出：顾客投诉分类统计表		
步骤 8	审批是否通过	初审：销售部经理 审批：营销中心总监		
步骤 9	组织实施/参与实施	责任人：客户服务部客服专员、客户经理/相关部门负责人 依据：顾客投诉分类统计表		
步骤 10	月/年度质量投诉处理总结	责任人：技术质量部经理 依据：顾客投诉分类统计表 时间：每月 5 日前/每年 1 月 5 日前		
步骤 11	制定处理方案并实施	责任人：客户服务部经理 依据：客户异议通知 输出：顾客投诉分类统计表		
步骤 12	月/年度投诉处理总结与运用	责任人：客户服务部客服专员 依据：月度/年度质量投诉处理总结 输出：顾客投诉分类统计表		
步骤 13	资料归档	责任人：客户服务部客服专员 依据：档案管理标准	档案管理标准	

3. 相关制度与文件

档案管理标准。

4. 相关表单

（1）顾客质量抱怨处理单。
（2）顾客投诉分类统计表。

5. 流程授权表

表 8-42　客户投诉处理流程授权表

序号	流程业务授权内容	提报	审核 初审	审核 复核	审核 会审	审批
步骤 4	顾客质量抱怨处理	技术质量部经理	技术中心经理		客户服务部、生产中心/销售中心负责人	副总经理
步骤 7	客户投诉处理方案	客户经理	销售部经理			营销中心总监

6. 流程风险点

表 8-43　客户投诉处理流程风险点

流程步骤	风险描述	控制措施	控制类型	控制频率	控制文档	相关部门
步骤 4	（1）投诉原因分析不到位，可能影响客户满意度，造成客户流失 （2）改进措施不完善/落实不到位可能导致相似问题重复出现	（1）审核投诉原因准确性及完整性 （2）审核改进措施合理性	事前/事中	随时	顾客质量抱怨处理单	技术中心/相关部门
		（1）跟踪改进措施落实情况，提升产品质量 （2）根据投诉处理情况，分析客户需求，提升客户满意度	事后	月/年	顾客投诉分类统计表	客户服务部

7. 流程绩效指标

表 8-44　客户投诉处理流程绩效指标

序号	流程绩效指标	指标定义	数据提供部门	考核周期
	客户投诉处理及时率	客户投诉处理及时次数 ÷ 客户投诉总次数 ×100%	销售中心	年

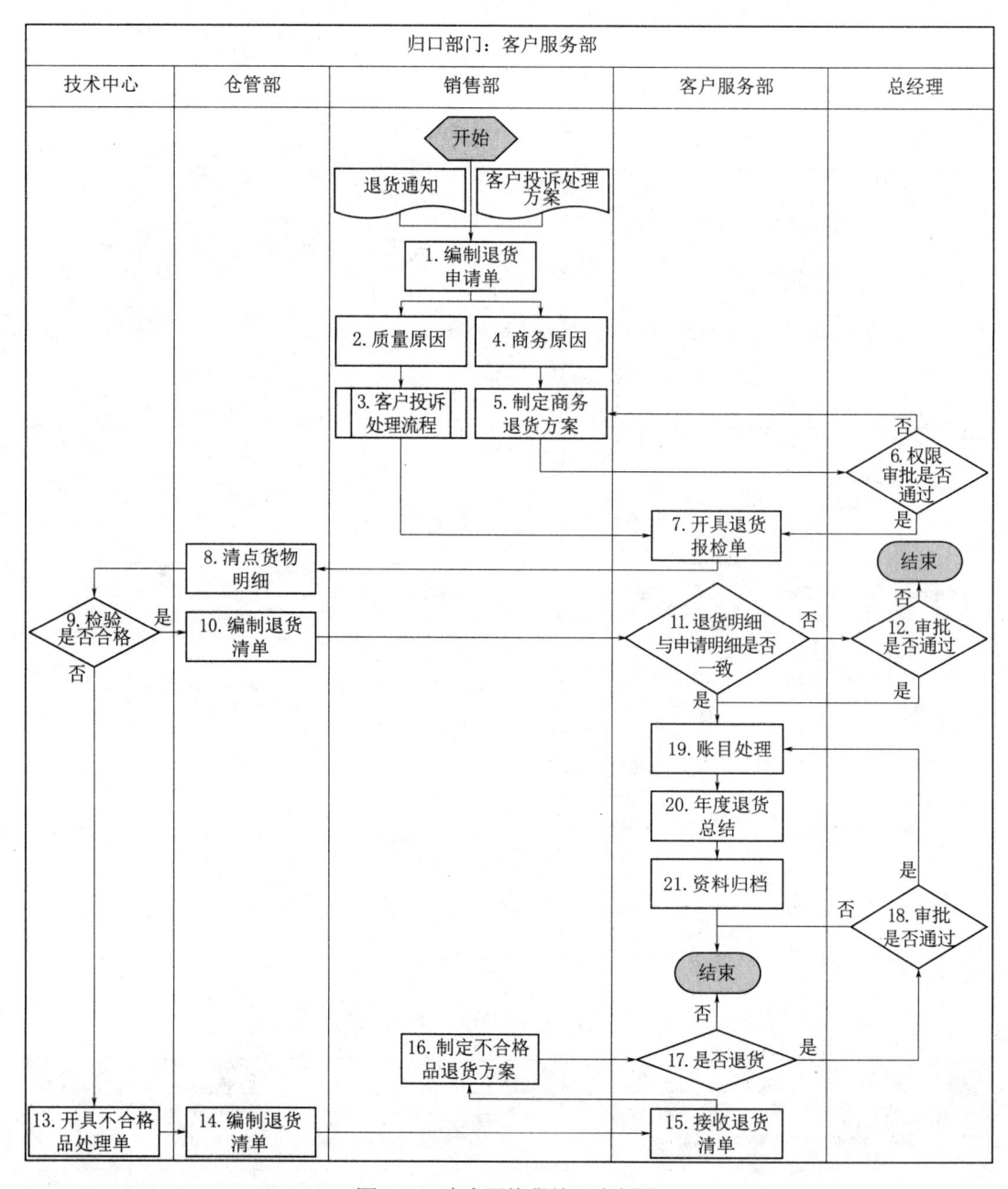

十二、客户退换货处理流程

客户退换货处理流程的输入为退货通知、客户投诉处理方案，输出为退换货激励，增值方式为及时处理客户退换货诉求。图 8-12、表 8-45 至表 8-48 为客户退换货处理流程全过程。

1. 流程图

图 8-12　客户退换货处理流程图

2. 流程步骤说明

表 8-45　客户退换货处理流程步骤说明

序　号	步骤名称	流程步骤说明	相关制度/文件	相关表单
步骤 1	编制退货申请单	责任人：客户经理 依据：退货通知、客户投诉处理方案 输出：退货申请单		退货申请单
步骤 2	质量原因	判定为质量原因时： 责任人：客户经理 输出：更新退货申请单 判定为商务原因时：执行步骤 4		
步骤 3	客户投诉处理流程	责任人：客户经理 依据：退货申请单 输出：顾客投诉分类统计表	客户投诉处理流程	顾客投诉分类统计表
步骤 4	商务原因	责任人：客户经理 依据：更新退货申请单		
步骤 5	制定商务退货方案	责任人：客户经理 依据：退货申请单、顾客投诉分类统计表		
步骤 6	权限审批是否通过	审批：营销中心总监/总经理		
步骤 7	开具退货报检单	审批通过时： 责任人：客户服务部客服专员 依据：退货申请单 输出：退货报检单 审批不通过时：执行步骤 5		退货报检单
步骤 8	清点货物明细	责任人：仓管部保管员 依据：退货实物 输出：退回货物明细		
步骤 9	检验是否合格	责任人：技术质量部责任人 依据：来料检验控制流程 输出：检验报告	来料检验控制流程	
步骤 10	编制退货清单	检验合格时： 责任人：仓管部保管员 依据：退回货物明细、检验报告 输出：退货清单 检验不合格时：执行步骤 13		退货清单
步骤 11	退货明细与申请明细是否一致	责任人：客户服务部客服专员 依据：退货申请单、退货报检单、退货清单		
步骤 12	审批是否通过	退货明细与申请明细不一致时： 初审：销售部经理 批准：营销中心总监/总经理 退货明细与申请明细一致时： 执行步骤 19		

续上表

序号	步骤名称	流程步骤说明	相关制度/文件	相关表单
步骤13	开具不合格品处理单	责任人：技术质量部责任人 依据：来料检验控制流程 输出：不合格品处理单		不合格品处理单
步骤14	编制退货清单	责任人：仓管部保管员 依据：退回货物明细、检验报告 输出：退货清单		
步骤15	接收退货清单	责任人：客户服务部客服专员		
步骤16	制定不合格品退货方案	责任人：客户经理 依据：退货申请单、退货清单、不合格品处理单 输出：不合格品处理方案		
步骤17	是否退货	责任人：客户经理		
步骤18	审批是否通过	初审：责任部门负责人 审核：责任部门中心经理		
步骤19	账目处理	责任人：客户服务部客服专员 依据：退货申请单、退货报检单、退货清单、不合格品处理单 输出：ERP账目处理		
步骤20	年度退货总结	责任人：客户服务部客服专员 依据：本年度退货原因及处理方案 输出：年度退货总结		
步骤21	资料归档	责任人：客户服务部客服专员 依据：档案管理标准	档案管理标准	

3. 相关制度与文件

（1）客户投诉处理流程。

（2）来料检验控制流程。

（3）档案管理标准。

4. 相关表单

（1）退货申请单。

（2）顾客投诉分类统计表。

（3）退货报检单。

（4）退货清单。

（5）不合格品处理单。

5. 流程授权表

表 8-46　客户退换货处理流程授权表

序号	流程业务授权内容	提报	审核 初审	审核 复核	审核 会审	审批
步骤 5	商务退货方案（金额2万元及以下）	客户经理	销售部经理		财务中心责任人	营销中心总监
步骤 5	商务退货方案（金额2万元以上）	客户经理	销售部经理	营销中心总监	财务中心责任人	总经理
步骤 12	退货清单与申请内容不符	客户经理	销售部经理			营销中心总监
步骤 18	退回货物不合格仍需办理退货	客户经理	责任部门负责人			责任部门分管中心经理

6. 流程风险点

表 8-47　客户退换货处理流程风险点

流程步骤	风险描述	控制措施	控制类型	控制频率	控制文档	相关部门
步骤 1	（1）不能合理分析退货必要性，可能增加运营风险 （2）退回实物与退货申请产品类型不一致或不合格	审核退货必要性及合理性	事前	随时	退货申请单	销售中心/相关部门
		检验退回货物是否合格，能否满足二次销售	事中	随时	检验报告	技术中心
		退回货物与申请不一致时，重新审核退货必要性及合理性	事中	随时	退货清单	销售中心/相关部门

7. 流程绩效指标

表 8-48　客户退换货处理流程绩效指标

序号	流程绩效指标	指标定义	数据提供部门	考核周期
1	质量退货率	质量原因退货次数 ÷ 退货总次数 ×100%	销售部	月/年
2	退货处理及时率	退货及时处理次数 ÷ 退货总次数 ×100%	销售部	月/年

十三、客户评价与管理流程

客户评价与管理流程的输入为客户价值评估管理办法，输出为更新后的客户档案，增值方式为提升客户质量。图 8-13、表 8-49 至表 8-52 为客户评价与管理流程全过程。

1. 流程图

销售部	客户服务部	总经理
归口部门：客户服务部		

开始

1. 编制客户价值评估管理办法
   - 1.1 准入标准
   - 1.2 评价标准/方法
   - 1.3 数据分析
   - 1.4 促销政策/赊销额度

2. 参与评审 / 2. 组织评审

3. 审批是否通过（否/是）

4. 发布客户价值评估管理办法
   - 4.1 现款客户管理办法
   - 4.2 赊销客户管理办法

5. 编制客户档案确认表

6. 审批是否通过（否/是）

7. 建立/更新客户档案

8. 月度销售数据整理与分析

9. 月度/年度客户服务总结
   - 9.1 客户投诉改进和总结
   - 9.2 技术服务资料档案
   - 9.3 退换货实施和总结
   - 9.4 客户满意度改进和分析

10. 客户信用管理流程

11. 更新客户档案

12. 更新现款/赊销客户明细表

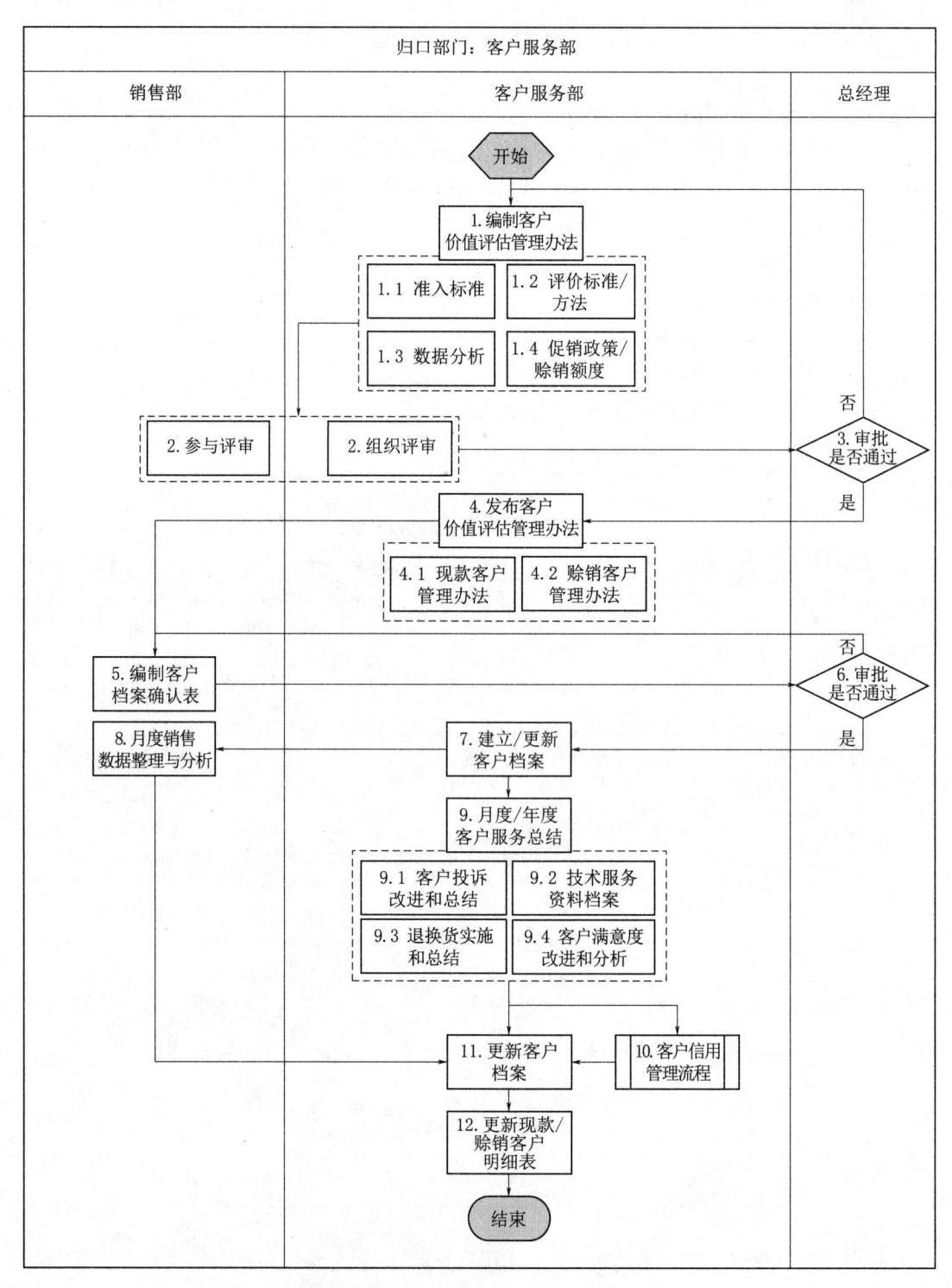

结束

图 8-13　客户评价与管理流程图

2. 流程步骤说明

表 8-49　客户评价与管理流程步骤说明

序　号	步骤名称	流程步骤说明	相关制度/文件	相关表单
步骤 1	编制客户价值评估管理办法	责任人：客户服务部客服主管 依据：准入标准、评价标准/方法、数据分析、促销政策/赊销额度 输出：客户价值评估管理办法	客户价值评估管理办法	客户价值评估管理标准
步骤 2	组织评审/参与评审	初审：客户服务部经理 会审：销售中心、市场部、财务中心、企管部负责人		
步骤 3	审批是否通过	审批：营销副总		
步骤 4	发布客户价值评估管理办法	责任人：客户服务部经理 时间：1 天 输出：客户价值评估管理办法		
步骤 5	编制客户档案确认表	责任人：客户经理 依据：客户价值评估管理办法、客户信息 输出：客户档案信息表		客户档案信息表
步骤 6	审批是否通过	初审：销售部经理 复审：客户服务部经理 审批：营销中心总监		
步骤 7	建立/更新客户档案	责任人：客户服务部客服专员 依据：客户档案信息表 输出：客户档案确认表		客户档案确认表
步骤 8	月度销售数据整理与分析	责任人：客户经理 依据：客户价值评估管理办法 输出：更新客户档案信息表		
步骤 9	月度/年度客户服务总结	责任人：客户服务部客服专员 依据：客户投诉处理流、客户退换货处理流程、技术服务资料档案、客户满意度改进和分析 输出：月度/年度客户服务总结	客户投诉处理流程、客户退换货处理流程	
步骤 10	客户信用管理流程	责任人：客户服务部客服专员 依据：客户信用管理流程	客户信用管理流程	
步骤 11	更新客户档案	责任人：客户服务部客服专员		
步骤 12	更新现款/赊销客户明细表	责任人：客户服务部客服专员 依据：月度销售数据整理与分析、月度/年度客户服务总结 输出：更新客户档案信息表		

3. 相关制度与文件

（1）客户价值评估管理办法。

（2）客户投诉处理流程。

（3）客户退换货处理流程。

（4）客户信用管理流程。

4. 相关表单

（1）客户价值评估管理标准。

（2）客户档案信息表。

（3）客户档案确认表。

5. 流程授权表

表 8-50　客户评价与管理流程授权表

序　号	流程业务授权内容	提　报	审核 初审	审核 复核	审核 会审	审批
步骤3	客户价值评估管理办法	客户服务部客服主管	客户服务部经理		销售中心、市场部、财务中心、企管部负责人	总经理
步骤5、步骤11	包装类客户档案确认表	客户经理	客户服务部经理	销售部经理		营销中心总监
步骤5、步骤11	管道类客户档案确认表（零售客户）	客户经理	客户服务部经理			销售部经理
步骤5、步骤11	管道类客户档案确认表（经销商/终端客户）	客户经理	客户服务部经理			销售部经理

6. 流程风险点

表 8-51　客户评价与管理流程风险点

流程步骤	风险描述	控制措施	控制类型	控制频率	控制文档	相关部门
步骤5	（1）不能完备地了解客户价值，可能导致支持力度不匹配，客户满意度降低 （2）客户分级不准确，可能造成客户流失 （3）客户风险识别不到位，可能增加公司运营风险	制定客户价值评估管理办法，规范客户评价管理	事前	年	客户价值评估管理办法	客户服务部
		合作前审核客户价值评估及风险识别的全面性、准确性	事前	随时	客户档案信息表	销售中心
		月度/年度总结客户合作状况，及时评估客户资质及风险，及时更新客户档案	事中	月/年	客户档案信息表	销售中心

7. 流程绩效指标

表 8-52　客户评价与管理流程绩效指标

序　号	流程绩效指标	指标定义	数据提供部门	考核周期
1	客户档案更新准确率	客户信息更新准确数量 ÷ 总客户信息数量 ×100%	企管部	月
2	客户档案更新及时率	客户信息更新及时数量 ÷ 总客户信息数量 ×100%	企管部	月

十四、客户信用管理流程

客户信用管理流程的输入为赊销额度申请表、赊销客户管理办法，输出为客户信用分析，增值方式为降低信用风险。图 8-14、表 8-53 至表 8-56 为客户信用管理流程全过程。

1. 流程图

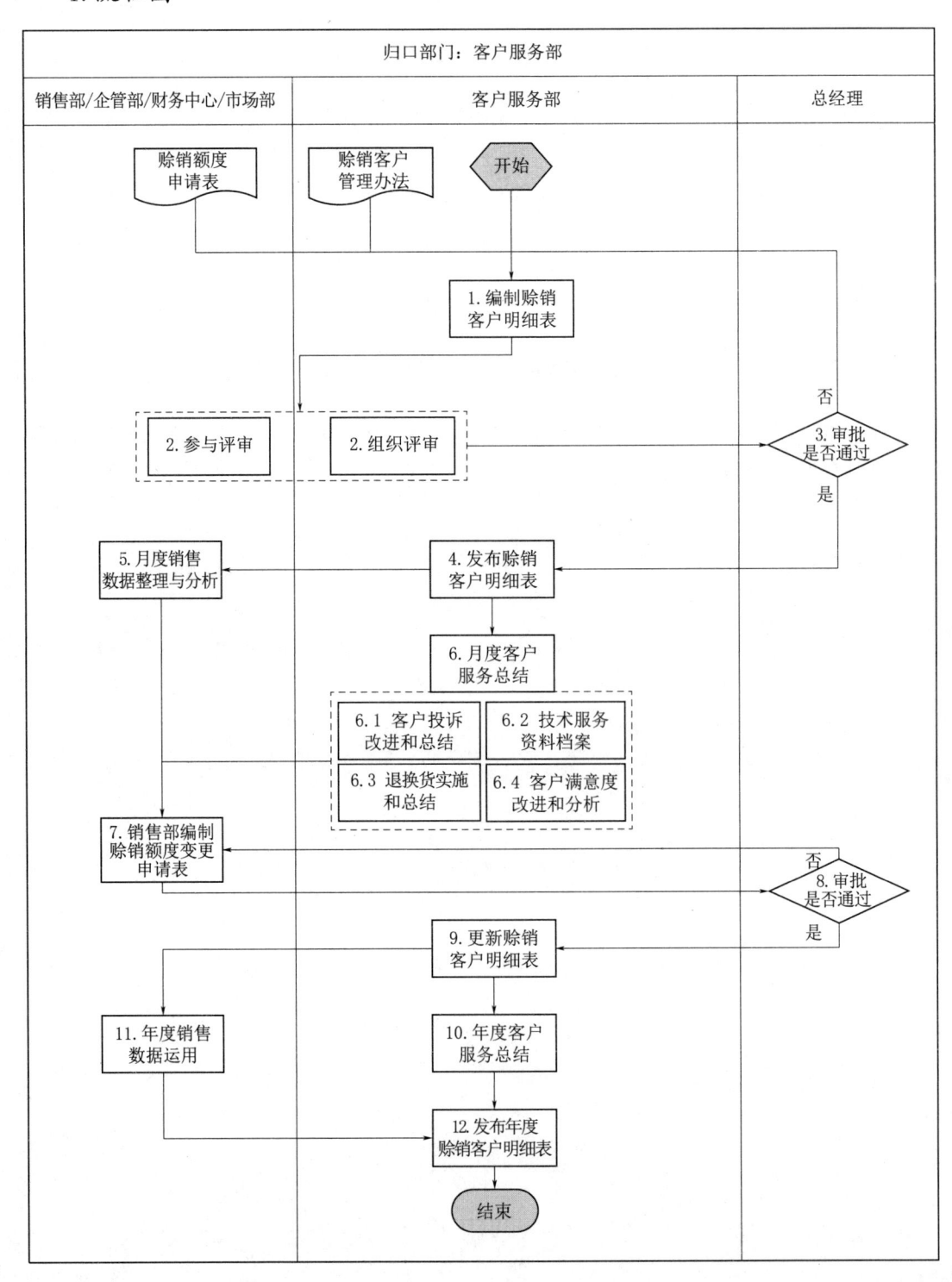

归口部门：客户服务部		
销售部/企管部/财务中心/市场部	客户服务部	总经理

图 8-14 客户信用管理流程图

2. 流程步骤说明

表 8-53　客户信用管理流程步骤说明

序　号	步骤名称	流程步骤说明	相关制度/文件	相关表单
步骤1	编制赊销客户明细	责任人：客户服务部客服专员 依据：赊销客户管理办法 输出：（赊销）客户档案信息表（V 0.0）	赊销客户管理办法	客户档案信息表（V 0.0）
步骤2	组织评审/参与评审	责任人：客户服务部经理 依据：（赊销）客户档案信息表（V 0.0）、赊销客户管理办法 输出：赊销额度评审意见		
步骤3	审批是否通过	初审：销售部经理 复审：营销中心总监 会审：企管部/财务中心/市场部 审批：总经理		
步骤4	发布赊销客户明细表	责任人：客户服务部经理 输出：（赊销）客户档案信息表（V 1.0）		客户档案信息表（V 1.0）
步骤5	月度销售数据整理与分析	责任人：客户经理 依据：赊销客户月度销量、赊销客户月度回款情况、赊销客户资信及履约情况 输出：月度销售数据分析报告		
步骤6	月度客户服务总结	责任人：客户服务部经理 依据：客户投诉总结、技术服务总结、退换货总结、客户满意度改进分析 输出：月度客户服务总结		
步骤7	销售部编制赊销额度变更申请表	责任人：客户经理 依据：赊销客户行业前景及发展战略、赊销客户资信及履约情况、赊销客户合作年限、赊销客户影响力 输出：（赊销）客户档案信息表（V 2.0）		客户档案信息表（V 2.0）
步骤8	审批是否通过	初审：销售部经理 复审：营销中心总监 会审：企管部、财务中心 审批：总经理		
步骤9	更新赊销客户明细表	责任人：客户服务部客服专员 输出：（赊销）客户档案信息表（V 3.0）		客户档案信息表（V 3.0）
步骤10	年度客户服务总结	责任人：客户服务部经理 依据：客户投诉总结、技术服务总结、退换货总结、客户满意度改进分析 输出：年度客户服务总结报告		

续上表

序号	步骤名称	流程步骤说明	相关制度/文件	相关表单
步骤11	年度销售数据运用	责任人：客户经理 依据：赊销客户年度销量、赊销客户年度回款情况、赊销客户年度资信及履约情况 输出：年度销售数据报告		
步骤12	发布年度赊销客户明细表	责任人：客户服务部经理 依据：年度客户服务总结、年度销售数据 输出：（赊销）客户档案信息表（V 4.0）		客户档案信息表（V 4.0）

3. 相关制度与文件

赊销客户管理办法。

4. 相关表单

客户档案信息表。

5. 流程授权表

表 8-54　客户信用管理流程授权表

序号	流程业务授权内容	提报	审核 初审	审核 复核	审核 会审	审批
步骤3	（赊销）客户档案信息表	客户经理	销售部经理	营销中心总监	企管部/财务中心	总经理

6. 流程风险点

表 8-55　客户信用管理流程风险点

流程步骤	风险描述	控制措施	控制类型	控制频率	控制文档	相关部门
步骤1	（1）不能完备地了解客户价值，可能造成客户流失，或客户满意度降低 （2）客户风险识别不到位，可能增加公司运营风险	合作前审核客户价值评估及风险识别的全面性、准确性	事前	随时	客户档案信息表	销售中心
		月度/年度总结客户合作状况，及时评估客户资质及风险，调整合作策略	事中	月/年	客户档案信息表	销售中心
		年度更新赊销客户明细，作为次年度执行依据	事中	年	客户档案信息表	销售中心

7. 流程绩效指标

表 8-56 客户信用管理流程绩效指标

序号	流程绩效指标	指标定义	数据提供部门	考核周期
1	赊销客户档案更新准确率	客户信息更新准确数量 ÷ 总客户信息数量 ×100%	企管部	月/年
2	赊销客户档案更新及时率	客户信息更新及时数量 ÷ 总客户信息数量 ×100%	企管部	月/年

第九章
消费品整合营销业务流程再造

消费品是用来满足人们物质和文化生活需要的社会产品，也可以称作"消费资料"或者"生活资料"。

消费品根据使用寿命长短可分为快消品、耐用品，其中：

（1）快消品又称快速消费品，是指那些使用寿命比较短、消费速度快的产品。我们熟悉的包装食品、个人卫生用品、家庭护理产品、烟草、酒类及饮料等大都属于快消品范畴。这类产品主要依靠消费者高频次、重复的使用与消耗，通过一定规模的市场量来获得利润和价值的实现。

（2）耐用品指能够多次使用、寿命较长的商品，如电视机、电冰箱、音响、电脑等。消费者购买这类产品时，决策较为慎重。生产这类商品的企业，要注重技术创新，提高产品质量，同时要做好售后服务，满足消费者的售后需求。

不论是快消品，还是耐用品，其目标客户都是终端消费者，这类产品都具有流通渠道广、客户可选择性大、消费者对产品外观/包装/性能等关注度高、客户选择的随机性比较大等特征。

本章就以【案例3-2】、【案例3-5】快消品为例，重点介绍消费品整合营销核心业务流程再造的全过程。

一、市场调研流程

市场调研流程的输入为年度市场调研计划、临时市场调研需求，输出为市场调研报告，增值方式为提升市场调研质量与效率。图9-1、表9-1至表9-3为市场调研流程全过程。

1. 流程图

归口部门：市场部		
调研需求部门	市场部	市场中心负责人

流程步骤：

- 开始
- 1. 调研模板及报告格式、分析模型规划
- 2. 市场调研规划
- 3. 开发数据供应商、市场调研服务商
- 采购管理流程
- 结束
- 开始
- 5. 提出市场调研需求
- 6. 审核是否通过（否→返回5；是→7）
- 7. 编制/更新年度调研计划
- 8. 审批是否通过（否→返回7；是→9）
- 9. 组织市场调研
- 10. 调研报告撰写
- 11. 调研报告发布
- 12. 报告应用
- 13. 调研报告归档
- 结束

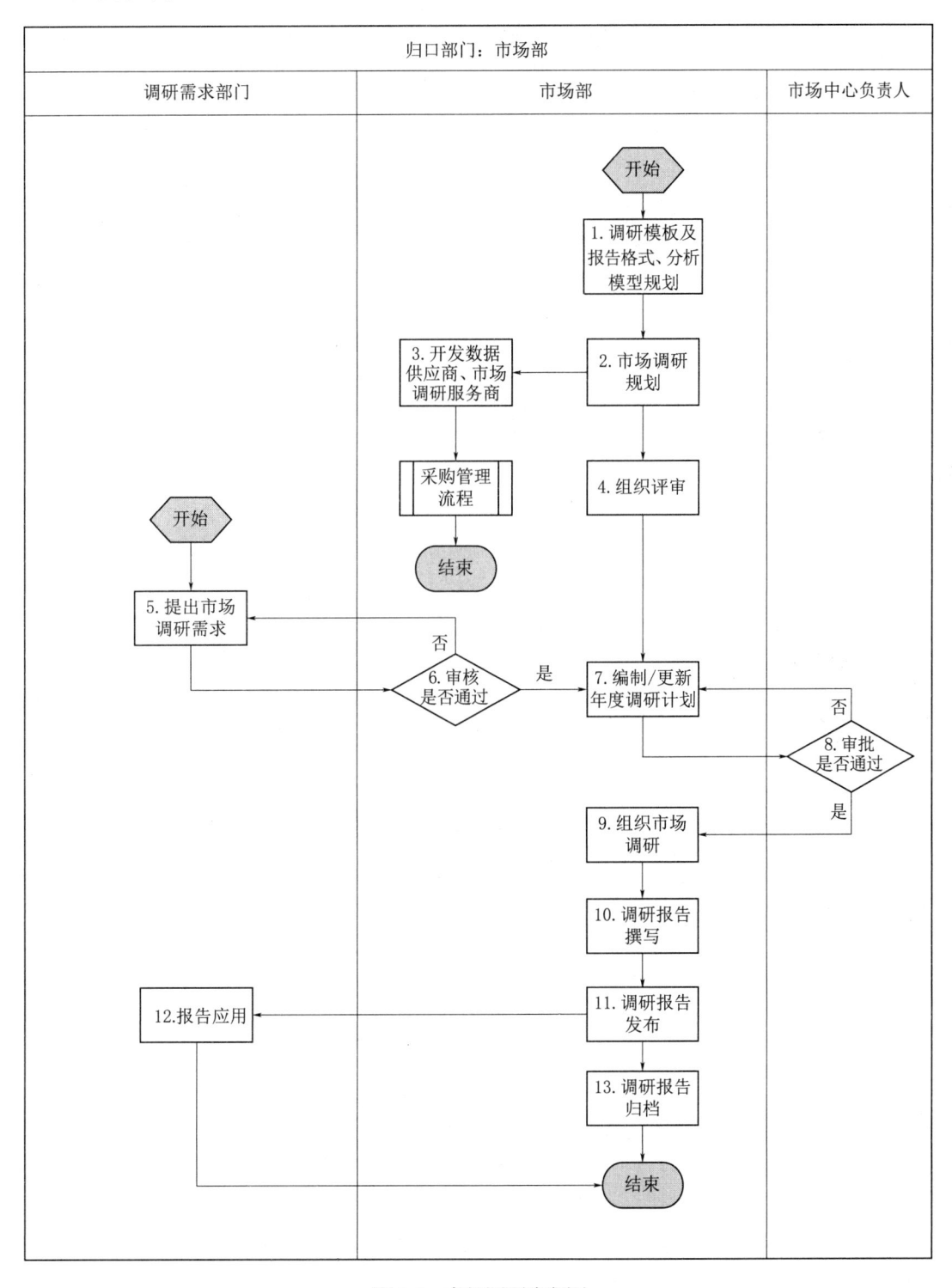

图 9-1　市场调研流程图

2. 流程步骤说明

表 9-1　市场调研流程步骤说明

流程步骤	步骤名称	流程步骤说明	相关文件/制度	相关表单
步骤 1	调研模板及报告格式、分析模型规划	市场部整理、更新调研模板及报告格式、分析模型		
步骤 2	市场调研规划	市场部收集市场调研渠道、数据来源，规划发布对象、时间		
步骤 3	开发数据供应商、市场调研服务商	需要购买外部数据/委外调研时，市场部开发数据供应商、市场调研服务商，进入采购管理流程	采购管理流程	
步骤 4	组织评审	（1）市场部组织部门内部人员对调研模板、报告格式、分析模型、市场调研渠道、数据来源、发布对象等进行评审 （2）市场调研汇报后，对市场调研工具库进行更新、补充		
步骤 5	提出市场调研需求	相关部门根据各自业务需要、管理需要提出市场调研需求，描述需求背景、调研目的、调研范围、样本要求、需求时间、费用预算等信息		市场调研需求表
步骤 6	审核是否通过	市场部审核需求描述是否清晰、是否可操作		
步骤 7	编制/更新年度调研计划	市场部编制年度调研计划，明确调研任务、调研类型、排期、人员安排等，并根据各部门市场调研需求，更新年度调研计划		年度调研计划
步骤 8	审批是否通过	市场中心负责人审批		
步骤 9	组织市场调研	市场部根据年度调研计划组织调研活动： （1）深度分析调研需求 （2）编写调研方案，明确调研目的、调研对象、调研范围、职责分工、责任人、时间进度、调研方式、调研预算等 （3）调研前期物料准备、调研宣导 （4）组织调研执行 （5）调研素材回收、数据整理		市场调研方案
步骤 10	调研报告撰写	市场部对调研数据进行分析，编制调研报告，明确调研方式、数据来源、样本情况、数据分析、调研结论与建议等		市场调研报告
步骤 11	调研报告发布	市场部结合调研需求方、调研结果涉及范围，发布市场调研报告，并知会董事办		
步骤 12	报告应用	市场调研需求部门根据业务需要对市场调研报告进行应用，向市场部反馈应用情况		
步骤 13	调研报告归档	市场部按照公司档案管理办法将调研报告及相关资料归档	档案管理办法	

3. 相关制度与文件

（1）采购管理流程。

（2）档案管理办法。

4. 相关表单

（1）市场调研需求表。

（2）年度调研计划。

（3）市场调研方案。

（4）市场调研报告。

5. 流程授权表

表 9-2 市场调研流程授权表

流程步骤	流程业务授权内容	提 报	审 核	二级审核	审 批	知 会
步骤 7、步骤 8	年度调研计划	市场专员	市场部经理		市场中心负责人	

6. 流程风险点

表 9-3 市场调研流程风险点

流程步骤	风险描述	控制类型	控制方式	控制频率	控制文档	相关部门
步骤 5、步骤 6、步骤 9	市场调研需求部门需求描述不清晰、不准确，可能导致市场调研方向跑偏，调研结论未能对市场调研需求部门的业务提供有价值的决策信息	预防型/发现型	人工	每次	市场调研需求表	市场部、市场调研需求部门
步骤 9、步骤 10	（1）市场调研方案不科学、不合理，可能造成市场调研成本增加或收集的信息不准确、有偏差，执行有难度 （2）市场调研执行有偏差，收集的信息不准确、不客观，影响调研报告结论的准确性	预防型/发现型	人工	每次	市场调研方案	市场部

二、年度销售政策管理流程

年度销售政策管理流程的输入为上年度销售政策总结、年度经营预算，输出为年度销售政策，增值方式为提升销售政策针对性与使用效率。图 9-2、表 9-4 至表 9-6 为年度销售政策管理流程。

1. 流程图

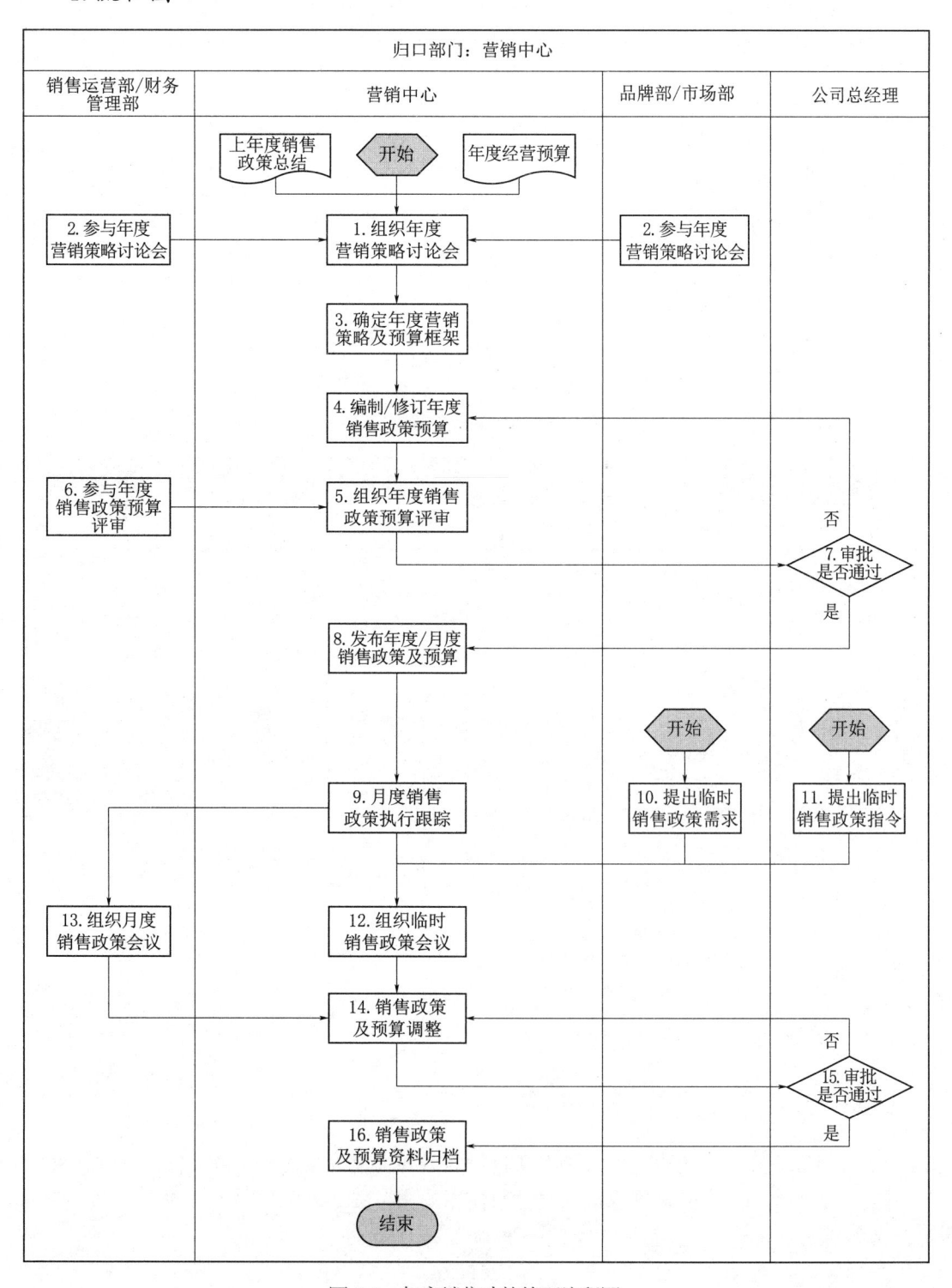

归口部门：营销中心			
销售运营部/财务管理部	营销中心	品牌部/市场部	公司总经理

流程要素：
- 开始（上年度销售政策总结、年度经营预算）
- 1. 组织年度营销策略讨论会
- 2. 参与年度营销策略讨论会（销售运营部/财务管理部、品牌部/市场部）
- 3. 确定年度营销策略及预算框架
- 4. 编制/修订年度销售政策预算
- 5. 组织年度销售政策预算评审
- 6. 参与年度销售政策预算评审
- 7. 审批是否通过（公司总经理）；否→返回4；是→继续
- 8. 发布年度/月度销售政策及预算
- 9. 月度销售政策执行跟踪
- 10. 提出临时销售政策需求（品牌部/市场部，开始）
- 11. 提出临时销售政策指令（公司总经理，开始）
- 12. 组织临时销售政策会议
- 13. 组织月度销售政策会议
- 14. 销售政策及预算调整
- 15. 审批是否通过；否→返回14；是→继续
- 16. 销售政策及预算资料归档
- 结束

图 9-2　年度销售政策管理流程图

2. 流程步骤说明

表 9-4　年度销售政策管理流程步骤说明

流程步骤	步骤名称	流程步骤说明	相关文件/制度	相关表单
步骤 1	组织年度销售策略讨论会	（1）营销中心根据上年度销售政策活动总结及年度经营预算，于每年 10 月组织年度销售策略讨论会，沟通下一年度微信销售策略（活动方式、中奖率、投放区域等）及预算 （2）参与部门：销售运营部、财务管理部、品牌部、市场部等		上年度销售政策活动总结、年度经营预算、会议记录
步骤 2	参与年度销售策略讨论会	营销中心负责人、相关部门及人员参与年度销售策略讨论会		
步骤 3	确定年度销售策略及预算框架	营销中心根据会议决议确定年度销售策略及预算框架：费用原则、销售策略调整原则等		
步骤 4	编制/修订年度销售政策预算	营销中心根据销售政策预算框架及原则编制年度销售政策预算，输出年度销售策略及预算审批表		年度销售策略及预算审批表
步骤 5	组织年度销售政策预算评审	营销中心组织公司总经理、销售运营部、财务管理部、品牌部、市场部等相关人员进行年度销售政策预算评审：年度销售策略及预算、品牌投放规则、市场拓展策略等		
步骤 6	参与年度销售政策预算评审	相关部门及人员参与年度销售政策预算评审		
步骤 7	审批是否通过	公司总经理审批		
步骤 8	发布年度/月度销售策略及预算	营销中心部将年度/月度销售策略发布至销售运营部、财务管理部、市场部、品牌部		年度/月度销售策略
步骤 9	月度销售政策预算执行跟踪	（1）营销中心每月跟进销售政策预算执行情况，编制并更新销售政策费用预算跟进表、销售策略一览表 （2）针对异常部分（费用超标、投入产出等），营销中心组织召开销售政策小分队沟通会，讨论应对措施		销售政策费用预算跟进表、销售策略一览表

续上表

流程步骤	步骤名称	流程步骤说明	相关文件/制度	相关表单
步骤10	提出临时销售策略需求	品牌部、市场部根据市场经营提出临时销售策略的需求		
步骤11	提出临时销售策略指令	公司总经理根据市场洞察、数据分析提出临时销售策略的需求，沟通讨论数据波动、费用超标、竞争应对等，输出销售策略调整指令		
步骤12	组织临时销售策略会议	营销中心根据公司总经理及品牌部、市场部的销售策略需求组织召开临时销售策略会议，沟通讨论后形成会议决议		
步骤13	组织月度销售策略会议	销售运营部每月组织召开销售策略会议		
步骤14	销售策略及预算调整	营销中心根据月度销售策略会议、临时销售政策会议决议进行策略调整：区域的投放策略、中奖率的调整、费用变化的测算等，形成销售策略调整申请		销售策略调整申请
步骤15	审批是否通过	公司总经理审批，审批内容：销售策略及预算调整、策略调整带来的费用增减对于年度销售政策预算的影响等		
步骤16	销售策略及预算资料归档	营销中心根据公司档案管理办法进行销售策略及预算资料归档操作	档案管理办法	

3. 相关制度与文件

档案管理办法。

4. 相关表单

（1）上年度销售政策活动总结。

（2）年度经营预算。

（3）会议记录。

（4）年度销售策略及预算审批表。

（5）年度/月度销售策略。

（6）销售政策费用预算跟进表。

（7）销售策略一览表。

（8）销售策略调整申请。

5. 流程授权表

表 9-5　年度销售政策管理流程授权表

流程步骤	流程业务授权内容	提　报	审　核	二级审核	审　批	知　会
步骤 5、步骤 7	年度销售策略及预算审批表	营销中心		营销中心负责人	公司总经理	财务管理部
步骤 14、步骤 15	销售策略调整申请	营销中心		营销中心负责人	公司总经理	财务管理部

6. 流程风险点

表 9-6　年度销售政策管理流程风险点

流程步骤	风险描述	控制类型	控制方式	控制频率	控制文档	相关部门
步骤 1～步骤 8	年度销售政策预算编制不合理，可能导致费用超标	预防型	人工	每年	年度销售策略及预算审批表	营销中心、销售运营部、财务管理部
步骤 9～步骤 15	（1）年度销售策略执行追踪不及时或不全面，导致费用超标（2）临时销售策略需求评估不充分，费用规划不合理，导致预算超标	预防型	人工	月/次	销售策略调整申请	品牌部、市场部、财务管理部

三、年度品牌宣传计划及预算管理流程

年度品牌宣传计划及预算管理流程的输入为年度媒介投放工作总结与评价、年度公关传播工作总结与评价、年度推广工作总结与评价、年度品牌策划与实施工作总结与评价等，输出为年度品牌费用使用评价，增值方式为提升品牌费用使用效率。图 9-3、表 9-7 至表 9-9 为年度品牌宣传计划及预算管理流程全过程。

1. 流程图

公关部、市场部	品牌部	财务管理部	营销中心负责人/品牌中心负责人/总经理
年度媒介投放工作总结与评价 / 年度公关传播工作总结与评价 / 年度推广工作总结与评价	年度品牌策划与实施工作总结与评价 → 开始 → 1.组织品牌现状盘点（品牌战略）→ 2.组织年度品牌计划制订（年度经营计划及目标）→ 3.组织年度品牌计划评审（市场调研报告）→ 4.年度品牌预算总额分解		5.审核/审批是否通过（否/是）
7.年度媒介投放费用预算 / 8.年度公关传播费用预算 / 9.年度推广费用预算	6.年度品牌策划及实施费用预算 → 10.组织年度品牌费用预算	年度经营预算管理流程	11.提出临时品牌策略 ← 开始
年度经营预算调整与控制流程 → 12.年度品牌费用使用分析	年度经营预算调整与控制流程 → 12.年度品牌费用使用分析 → 结束		

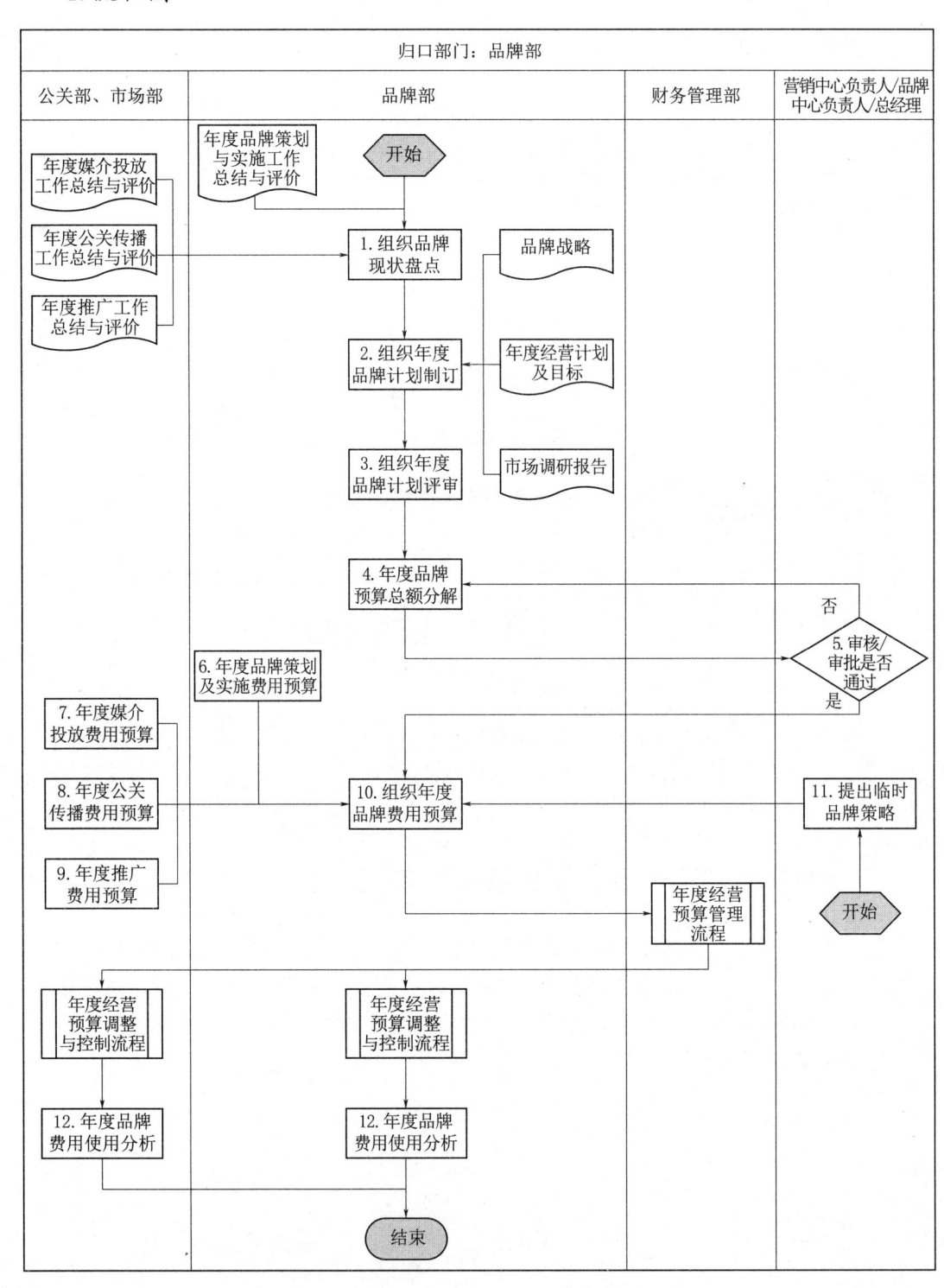

图 9-3　年度品牌宣传计划及预算管理流程图

2. 流程步骤说明

表 9-7　年度品牌宣传计划及预算管理流程步骤说明

流程步骤	步骤名称	流程步骤说明	相关文件/制度	相关表单
步骤 1	组织品牌现状盘点	品牌部负责人根据年度品牌策划与实施工作总结与评价、年度媒介投放工作总结与评价、年度公关传播工作总结与评价、年度推广工作总结与评价，组织品牌发展中心各部门、营销中心在每年 10 月进行品牌现状盘点，如业绩目标达成、品牌策略实施情况、品牌专案执行情况、预算执行情况等	年度品牌策划与实施工作总结与评价、年度媒介投放工作总结与评价	
步骤 2	组织年度品牌计划制订	品牌部负责人根据品牌战略、年度经营计划及目标、市场调研报告组织年度品牌计划制订，明确各品牌策略、新品上市计划、媒介投放计划、公关传播计划、品牌推广计划等	年度经营计划及目标	年度品牌计划
步骤 3	组织年度品牌计划评审	品牌部负责人组织公关部、品牌部、市场部进行年度品牌计划评审		
步骤 4	年度品牌预算总额分解	（1）由公司总经理、财务管理部、品牌中心负责人依照年度经营计划及目标、年度经营预算、年度品牌计划沟通确认年度品牌预算总额 （2）品牌部组织将年度品牌预算总额分解至品牌部、公关部、市场部		年度品牌总额与分解
步骤 5	审核/审批是否通过	品牌中心负责人审核、公司总经理审批		
步骤 6	年度品牌策划及实施费用预算	品牌部负责人编制年度品牌策划及实施费用预算		
步骤 7	年度媒介投放费用预算	品牌部负责人编制年度媒介投放费用预算		
步骤 8	年度公关传播费用预算	公关部负责人编制年度公关传播费用预算		
步骤 9	年度推广费用预算	市场部负责人编制年度推广费用预算（市场物料、终端形象建设、市场活动）		
步骤 10	组织年度品牌费用预算	（1）品牌部组织公关部、市场部编制各模块费用预算 （2）整理汇总品牌、公关、媒介、推广等各模块费用预算，形成公司的年度品牌费用预算		年度品牌费用预算
步骤 11	提出临时品牌策略	营销中心负责人、品牌中心负责人、公司总经理根据公司经营需要提出临时品牌策略		

续上表

流程步骤	步骤名称	流程步骤说明	相关文件/制度	相关表单
步骤12	年度品牌费用使用分析	品牌部、公关部、品牌部、市场部在每年11月对年度品牌、公关、媒介、推广费用预算使用情况进行统计与分析，盘点各项目的预算执行情况、达成效果、策略得失等		年度品牌费用使用分析报告

3. 相关制度与文件

（1）年度品牌策划与实施工作总结与评价。
（2）年度媒介投放工作总结与评价。
（3）年度经营计划及目标。

4. 相关表单

（1）年度品牌计划。
（2）年度品牌总额与分解。
（3）年度品牌费用预算。
（4）年度品牌费用使用分析报告。

5. 流程授权表

表9-8　年度品牌宣传计划及预算管理流程授权表

流程步骤	流程业务授权内容	提报	审核	二级审核	审批	知会
步骤4、步骤5	年度品牌总额与分解	品牌部负责人	品牌中心负责人		公司总经理	财务管理部、品牌部、公关部、市场部

6. 流程风险点

表9-9　年度品牌宣传计划及预算管理流程风险点

流程步骤	风险描述	控制类型	控制方式	控制频率	控制文档	相关部门

四、品牌策划与实施流程

品牌策划与实施流程的输入为品牌战略、年度经营计划，输出为品牌建设工作总结，增值方式为提升品牌知名度。图9-4、表9-10至表9-12为品牌策划与实施流程。

1. 流程图

公关部、媒介部、市场部、电商部、营销大区	品牌部	品牌中心负责人、公司总经理
	归口部门：品牌部	

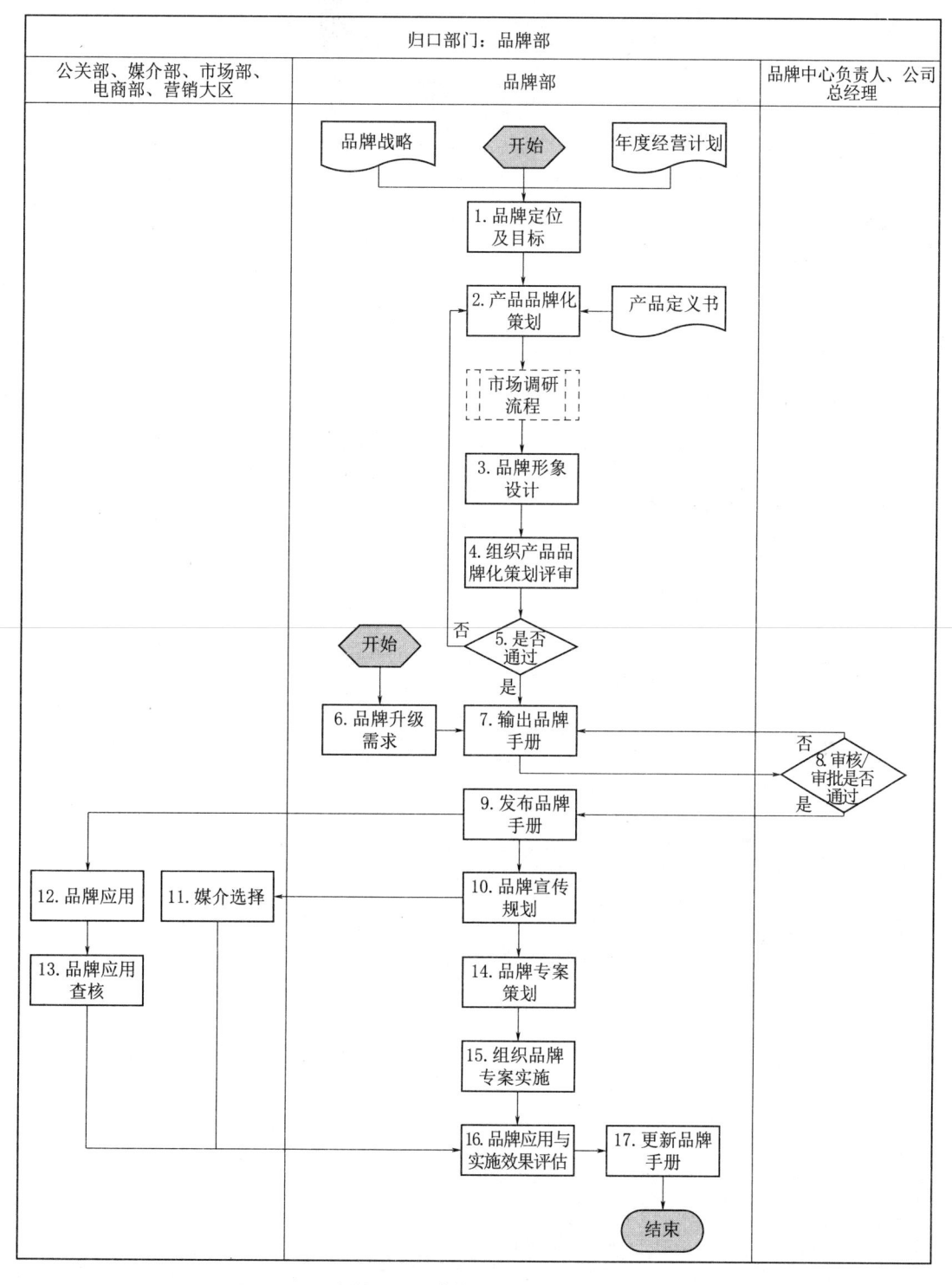

品牌战略 → 开始 ← 年度经营计划

1. 品牌定位及目标
2. 产品品牌化策划 ← 产品定义书
   (市场调研流程)
3. 品牌形象设计
4. 组织产品品牌化策划评审
5. 是否通过
6. 品牌升级需求（开始）
7. 输出品牌手册
8. 审核/审批是否通过
9. 发布品牌手册
10. 品牌宣传规划
11. 媒介选择
12. 品牌应用
13. 品牌应用查核
14. 品牌专案策划
15. 组织品牌专案实施
16. 品牌应用与实施效果评估
17. 更新品牌手册

结束

图 9-4 品牌策划与实施流程图

2. 流程步骤说明

表 9-10　品牌策划与实施流程步骤说明

流程步骤	步骤名称	流程步骤说明	相关文件/制度	相关表单
步骤 1	品牌定位及目标	品牌部根据公司品牌战略及公司年度经营计划，确定各品牌定位（市场定位、价格定位、人群定位、形象定位、区域定位、渠道定位等）及目标（利润、份额、品牌提升等）		公司年度经营计划
步骤 2	产品品牌化策划	（1）品牌部根据品牌定位与目标、产品定义书，进行产品品牌化策划，策划内容包含：品牌故事、产品定位、卖点提炼、产品及品牌形象塑造等 （2）需进行市场调研的，进入市场调研流程	产品定义书、市场调研流程	
步骤 3	品牌形象设计	品牌部根据产品品牌化策划方案及调研分析结果，设计品牌形象，包含沟通视觉、推广物料		产品品牌化策划方案
步骤 4	组织产品品牌化策划评审	品牌部组织对产品品牌化策划方案进行评审：明确评审参与人、时间节点、评审内容		
步骤 5	是否通过	评审通过进入步骤 7；评审不通过，返回步骤 2		
步骤 6	品牌升级需求	根据市场变化、产品迭代、销售需求等启动品牌升级，包括但不限于品牌形象、包装升级等		
步骤 7	输出品牌手册	品牌部编制品牌手册，内容包含：品牌缘起、品牌策略（品牌名称、广告语、品牌形象、目标人群、品牌故事、包装设计等）、产品策略、渠道策略、推广策略、视觉形象识别系统、终端物料延展规范等	品牌手册	
步骤 8	审核/审批是否通过	品牌中心负责人审核、公司总经理审批		
步骤 9	发布品牌手册	品牌部正式发布品牌手册		
步骤 10	品牌宣传规划	品牌部组织相关部门进行讨论，输出品牌宣传规划，包含品牌策略、媒介投放策略及品牌推广策略等		
步骤 11	媒介选择	品牌部根据媒介投放策略，匹配媒介资源，选择符合品牌调性的媒介资源，进入公司级/区域级媒介传播管理流程	公司级/区域级媒介传播管理流程	
步骤 12	品牌应用	公关部、品牌部、市场部、电商部、营销大区、市场部根据品牌手册中的品牌形象要求执行落地		

续上表

流程步骤	步骤名称	流程步骤说明	相关文件/制度	相关表单
步骤 13	品牌应用查核	公关部、品牌部、市场部、电商部、营销大区、市场部自行检查		
步骤 14	品牌专案策划	品牌部根据品牌策略，策划及编制品牌专案		
步骤 15	组织品牌专案实施	品牌部依据专案类型组织市场部、各营销部实施品牌专案		
步骤 16	品牌应用与实施效果评估	品牌部组织公关部、品牌部、市场部、电商部、营销大区针对品牌宣传效果进行评估与总结		品牌宣传总结报告
步骤 17	更新品牌手册	品牌部根据各部门反馈的意见和评估结果定期修订品牌手册		

3. 相关制度与文件

（1）产品定义书。
（2）市场调研流程。
（3）品牌手册。
（4）公司级/区域级媒介传播管理流程。

4. 相关表单

（1）公司年度经营计划。
（2）产品品牌化策划方案。
（3）品牌宣传总结报告。

5. 流程授权表

表 9-11　品牌策划与实施流程授权表

流程步骤	流程业务授权内容	提报	审核	二级审核	审批	知会
步骤7、步骤8	品牌手册	品牌部		品牌中心负责人	公司总经理	

6. 流程风险点

表 9-12　品牌策划与实施流程风险点

流程步骤	风险描述	控制类型	控制方式	控制频率	控制文档	相关部门
步骤2、步骤3	产品品牌化过程中出现差异，导致产品市场接受度不高	预防型	人工	每次	产品品牌化策划方案	品牌部

五、年度市场推广费用预算管理流程

年度市场推广费用预算管理流程的输入为年度品牌计划及预算，输出为年度市场推广工作总结，增值方式为提升市场推广费用使用效率。图 9-5、表 9-13 至表 9-15 为年度市场推广费用预算管理流程全过程。

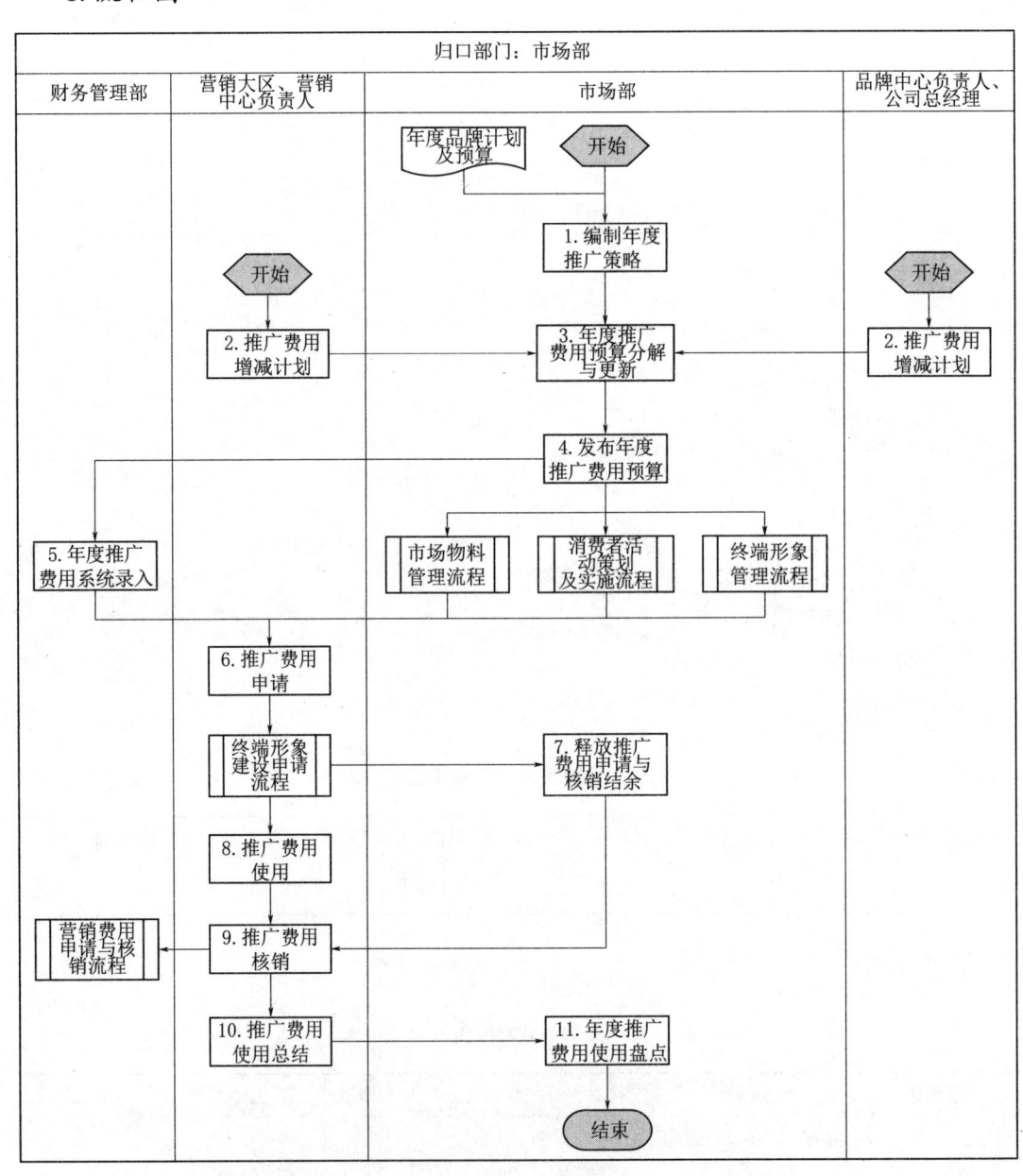

1. 流程图

图 9-5　年度市场推广费用预算管理流程图

2. 流程步骤说明

表 9-13　年度市场推广费用预算管理流程步骤说明

流程步骤	步骤名称	流程步骤说明	相关文件/制度	相关表单
步骤 1	编制年度推广策略	市场部负责人根据年度品牌计划及预算，每年 11 月底前，组织营销大区、市场部各模块负责人制定年度推广策略（市场物料、市场活动、终端形象建设）		年度品牌计划及预算、年度推广策略
步骤 2	推广费用增减计划	营销中心负责人、品牌中心负责人、公司总经理，根据业务需要提出推广费用专项增减计划		
步骤 3	年度推广费用预算分解与更新	（1）市场部负责人根据审批后的年度推广费用规划表和年度推广策略，下发至营销大区按市场物料、市场活动、终端形象建设分解到各大区 （2）市场部负责人根据非常规启动规划的专案支持费用登记专项增减计划总费用		年度推广费用规划表
步骤 4	发布年度推广费用预算	（1）市场部负责人根据各营销大区提交的推广费用预算分解表进行汇总，市场部负责人审批，发布年度推广费用预算 （2）进入市场物料管理流程、市场活动策划及实施流程、终端形象管理流程	市场物料管理流程、市场活动策划及实施流程、终端形象管理流程	推广费用预算分解表
步骤 5	年度推广费用系统录入	财务管理部根据审批后的推广费用预算分解表完成费用系统录入		
步骤 6	推广费用申请	各营销大区根据推广需要提出推广费用申请：背景分析、活动目的、活动时间、产品系列、预计销量、执行方式、活动区域、费用预算、结案凭证		季度行动计划表、季度总案申请、全国主题市场活动方案
步骤 7	释放推广费用申请与核销结余	（1）市场部负责人根据审批的总案金额登记费用使用进度 （2）系统导出推广费用申请金额，跟进提案申请进度 （3）根据财务管理部提供的核销数据跟进核销费用		
步骤 8	推广费用使用	各营销大区根据市场部下发的总案签批件，在 OA 提交子案申请流程，归档后，按方案申请内容、时间要求执行方案		
步骤 9	推广费用核销	各营销大区在活动结束后，根据营销费用申请及核销流程、营销费用核销管理细则、财务报支制度提交核销资料，并在 OA 发起费用核销申请	营销费用申请及核销流程、营销费用核销管理细则、财务报支制度	
步骤 10	推广费用使用总结	营销大区，每月在 ERP 系统导出子案申请金额及核销金额，分析推广费用使用情况，在月度会议上总结		

续上表

流程步骤	步骤名称	流程步骤说明	相关文件/制度	相关表单
步骤11	年度推广费用使用盘点	（1）市场部负责人根据系统申请及核销数据，按各科目盘点及分析推广费用使用情况，输出推广费用复盘总结 （2）营销大区根据推广费用复盘总结控制费用使用节奏，为下一年度预算提供参考		推广费用复盘总结

3. 相关制度与文件

（1）市场物料管理流程。
（2）市场活动策划及实施流程。
（3）终端形象管理流程。
（4）营销费用申请及核销流程。
（5）营销费用核销管理细则。
（6）财务报支制度。

4. 相关表单

（1）年度品牌计划及预算。
（2）年度推广策略。
（3）年度推广费用规划表。
（4）推广费用预算分解表。
（5）季度行动计划表。
（6）季度总案申请。
（7）全国主题市场活动方案。
（8）推广费用复盘总结。

5. 流程授权表

表 9-14　年度市场推广费用预算管理流程授权表

流程步骤	流程业务授权内容	提 报	审 核	二级审核	审 批	知 会

6. 流程风险点

表 9-15　年度市场推广费用预算管理流程风险点

流程步骤	风险描述	控制类型	控制方式	控制频率	控制文档	相关部门
步骤9	各营销大区提交子案过程中可能发生超总案费用的风险	预防型	系统/人工	每次	推广费用使用进度表	市场部、财务管理部

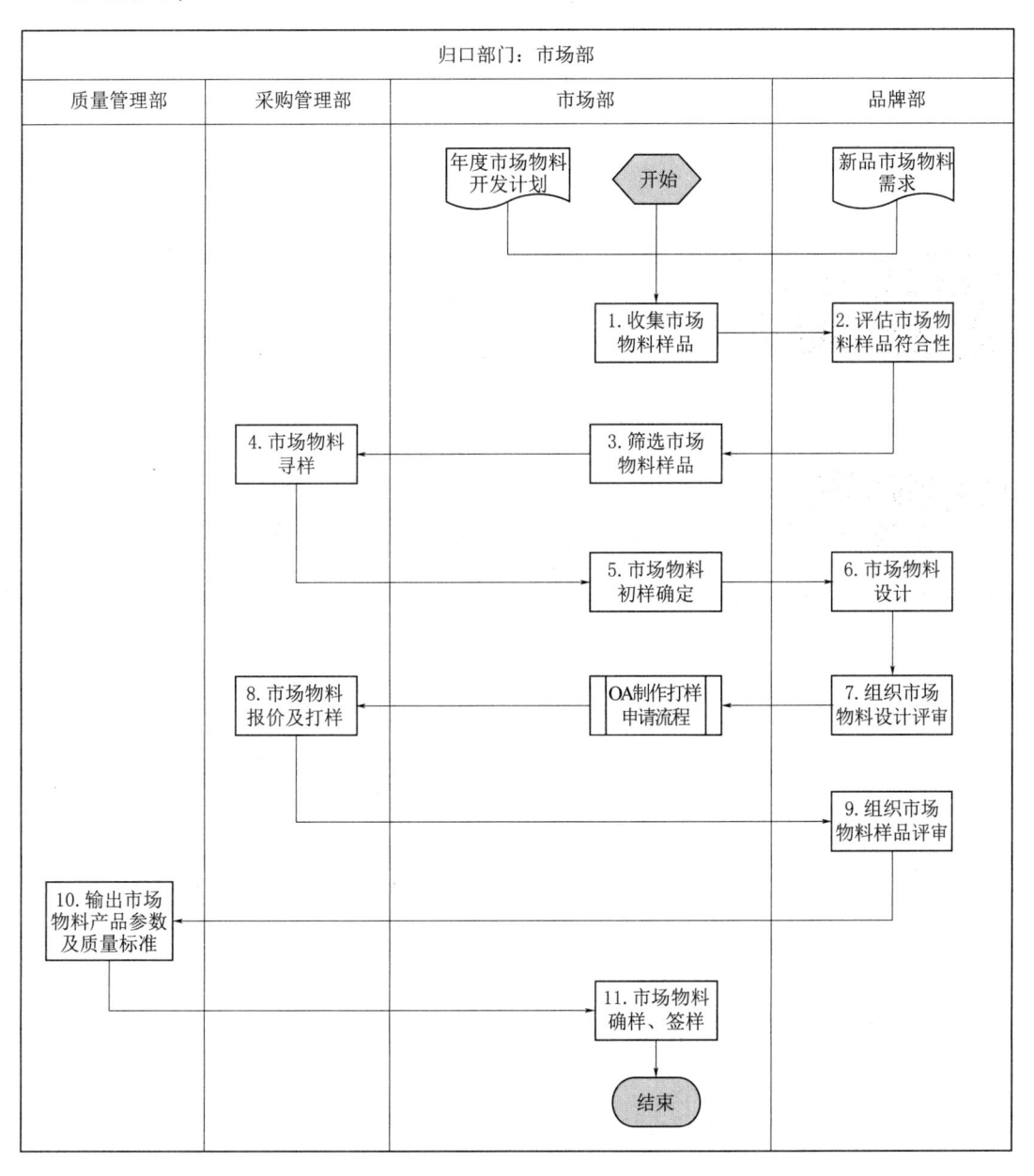

六、市场物料开发流程

市场物料开发流程的输入为年度市场物料开发计划、新品市场物料需求，输出为市场物料确样、签样记录，增值方式为提升市场物料开发质量。图 9-6、表 9-16 至表 9-18 为市场物料开发流程全过程。

1. 流程图

图 9-6 市场物料开发流程图

2. 流程步骤说明

表 9-16　市场物料开发流程步骤说明

流程步骤	步骤名称	流程步骤说明	相关文件/制度	相关表单
步骤 1	收集市场物料样品	市场部赠品开发负责人从渠道收集样品		
步骤 2	评估市场物料样品符合性	品牌部根据市场部赠品开发负责人提供的样品照片，确认收集赠品类型是否符合品牌要求		
步骤 3	筛选市场物料样品	市场部赠品开发负责人将品牌部评估后符合品牌要求的赠品样品，通过企业微信投票功能组织投票筛选		
步骤 4	市场物料寻样	（1）市场部赠品开发负责人汇总筛选后的赠品至"赠品需求表"，明确赠品名称、参考图片、预算单价、需求数量等 （2）采购管理部根据需求表进行寻样，于一周内填写完整需求表中礼品公司提供样品图片、产品尺寸、工艺、材质、起订量、工期信息等		赠品需求表
步骤 5	市场物料初样确定（初版产品参数及质量标准）	（1）市场部赠品开发负责人召集品牌部、市场部、采购管理部相关人员，对采购管理部提供的样品进行挑选，现场确认初样 （2）初样确定一周内，采购管理部向供应商收集的新增赠品样品确认资料，参照"市场物料产品参数及质量标准要求"格式要求填写并提交市场部，明确样品的材质、工艺、尺寸、起订量、二次报价、执行标准等		
步骤 6	市场物料设计	品牌部按照需求表对入选赠品结合品牌元素进行设计		
步骤 7	组织市场物料设计评审	品牌部及市场部结合工艺、预算联合确认设计画面，进入制作打样申请流程		
步骤 8	市场物料报价及打样	（1）采购管理部按照制作打样申请流程需求安排供应商报价及打样 （2）供应商打样过程中，需确认样品设计内容的，由采购管理部协调沟通		
步骤 9	组织市场物料样品评审	（1）市场部赠品开发负责人拿到采购管理部取回的赠品样品，品牌部组织市场部、质量稽查处、采购管理部对样品进行评审 （2）品牌部确认赠品样品的颜色、图案、比例、位置等是否符合品牌需求 （3）市场部赠品开发负责人确认赠品样品的质感、尺寸、功能等是否符合推广需求 （4）质量管理部依据市场物料产品参数及质量标准要求文件对采购管理部供应商所提供的样品进行一次检验 （5）采购管理部汇总评审意见，反馈至供应商		

续上表

流程步骤	步骤名称	流程步骤说明	相关文件/制度	相关表单
步骤10	输出市场物料产品参数及质量标准	(1)市场部根据年度市场物料开发计划编制"市场物料确样规划":市场物料质量标准输出部门、质量管理部、确样责任部门、留样部门等 (2)质量管理部组织制定市场物料产品参数及质量标准要求	市场物料产品参数及质量标准要求	市场物料确样规划
步骤11	市场物料确样、签样	(1)确样责任部门对评审通过的样品进行签样 (2)采购管理部对样品签字,确认已知晓标准要求及样品,并将一份样品寄回给供应商 (3)市场部、采购管理部和质量检验部各留存一份		

3. 相关制度与文件

市场物料产品参数及质量标准要求。

4. 相关表单

(1)赠品需求表。
(2)市场物料确样规划。

5. 流程授权表

表9-17 市场物料开发流程授权表

流程步骤	流程业务授权内容	提 报	审 核	二级审核	审 批	知 会

6. 流程风险点

表9-18 市场物料开发流程风险点

流程步骤	风险描述	控制类型	控制方式	控制频率	控制文档	相关部门
步骤9~步骤12	市场物料样品评审时不全面,存在潜在质量缺陷、安全隐患,影响品牌形象	发现型	人工	随时	市场物料产品参数及质量标准要求	品牌部、市场部、质量管理部、采购管理部

七、终端形象管理流程

终端形象管理流程的输入为年度终端形象建设策略、年度终端形象建设费用预算,输出为年度终端形象建设费用盘点,增值方式为提升终端形象影响力。图9-7、表9-19至表9-21为终端形象管理流程全过程。

1. 流程图

广告公司	营销大区	归口部门：市场部 / 市场部	营销中心负责人、品牌中心负责人、公司总经理

流程节点：

- 年度终端形象建设策略
- 年度终端形象建设费用预算
- 开始 → 1. 年度终端形象建设规划
- 2. 区域年度终端形象建设规划
- 3. 推广处编制季度行动计划
- 年度终端形象建设费用预算 / 季度工作重点
- 4. 季度行动计划汇总形成总案
- 5. 审核是否通过（否 / 是）
- 6. 按权限审核/审批是否通过（否 / 是）
- 7. 提出终端形象建设专项（开始）
- 8. 终端形象建设申请
- 终端形象建设申请流程
- 9. 商户/客户确认
- 品牌视觉规范
- 10. 终端形象建设测量、设计
- 11. 设计稿递审
- 终端形象建设设计评审流程
- 12. 终端形象建设下单
- 13. 终端形象建设制作、安装及系统录入
- 14. 组织验收
- 15. 对账
- 16. 费用核销
- 付款申请流程
- 17. 年度终端形象建设费用盘点
- 结束

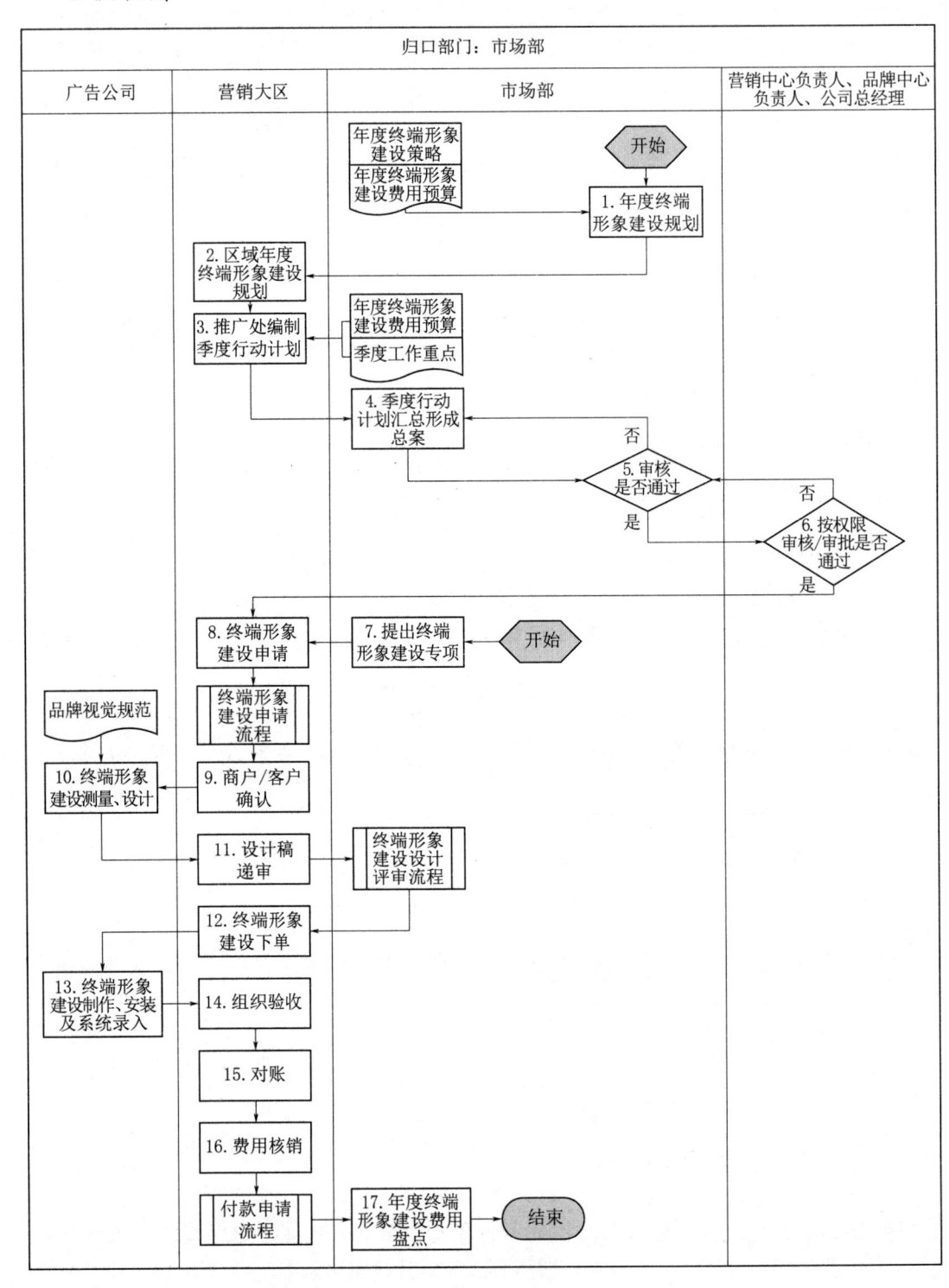

图 9-7　终端形象管理流程图

2. 流程步骤说明

表 9-19　终端形象管理流程步骤说明

流程步骤	步骤名称	流程步骤说明	相关文件/制度	相关表单
步骤 1	年度终端形象建设规划	（1）市场部终端形象建设负责人依据上年度盘点总结、新年度终端形象建设策略、新年度终端形象建设费用预算，规划新一年度的终端形象建设工作，形成新一年度的终端形象建设工作规划指引 （2）明确品牌形象要求、品牌建设重点、渠道建设重点、终端制作类型、市场建设重点等	品牌视觉应用规范手册、终端形象建设工作规划指引	
步骤 2	区域年度终端形象建设规划	营销大区、区域负责人依据市场部终端形象建设工作规划指引，结合各区重点渠道建设需求、品牌宣传重点内容等因素，规划区域性终端形象建设工作，形成区域新一年度的终端形象建设工作规划		区域年度终端形象建设规划
步骤 3	推广处编制季度行动计划	（1）营销大区根据季度工作重点及年度终端形象建设费用预算，编制季度行动计划，以推广处为单位提交至市场部支持科负责人 （2）明确制作类型、点数、渠道、费用等		季度行动计划表
步骤 4	季度行动计划汇总形成总案	市场部支持科负责人根据各营销大区处提交的季度行动计划表汇总形成总案		季度总案申请
步骤 5	审核是否通过	市场部负责人审核		
步骤 6	按权限审核/审批是否通过	市场部支持科负责人按公司文件审批权限逐级递签审批，不符合要求的退回上一级进行调整		
步骤 7	提出终端形象建设专项	推广活动管理负责人根据全国主题市场活动总案规划，提出终端形象建设专案项目制作计划与设计		全国主题市场活动方案
步骤 8	终端形象建设申请（选点、费用、子案等）	营销大区根据终端形象建设规划，筛选合适网点，进入终端形象建设申请流程	终端形象建设申请流程	
步骤 9	商户/客户确认	各营销大区与所选择制作的商户/客户商谈制作等事宜，明确商户/客户的需求信息（如制作位置、补充信息等），提交广告公司		

续上表

流程步骤	步骤名称	流程步骤说明	相关文件/制度	相关表单
步骤10	终端形象建设测量、设计	（1）各营销大区提交制作需求给广告公司设计 （2）广告公司根据品牌视觉规范及各营销大区处提交的制作需求，设计符合公司及门店要求的制作图稿		
步骤11	设计稿递审	各营销大区将设计稿发送商户/客户确认，确认后进入终端形象建设设计评审流程	终端形象建设设计评审流程	
步骤12	终端形象建设下单	终端形象建设设计评审通过后，各营销大区下单给广告公司制作，在终端形象建设小程序按推广验收下单列表格式录入制作内容、尺寸、材质、单价、制作编号、画面编号等		推广验收下单列表
步骤13	终端形象建设制作、安装及系统录入	广告公司接单，依照推广提供的审核通过后的效果图进行制作，完成后实地进行安装		
步骤14	组织验收	（1）营销大区按照推广验收下单列表对广告公司安装好的门店进行现场验收：材料、尺寸、色彩、图案、效果等 （2）验收不合格，市场部与广告公司进行商议，不影响使用的情况，做扣款处理（按尺寸比例、材料差额、缺项等）；影响使用寿命、安全性的，要求重新整改、制作		
步骤15	对账	营销大区与广告公司进行对账，对账无误准备核销资料；对账不符合实际的（如数量、金额、尺寸、材料等），进行整改扣款调整		
步骤16	费用核销（含结案、核销附件等）	营销大区对项目进行结案，按照财务管理部要求整理核销附件，进入终端形象建设付款流程	终端形象建设付款流程	
步骤17	年度终端形象建设费用盘点	推广终端形象建设负责人根据全年终端形象建设申请及使用情况，盘点营销大区费用，按大区分析及总结，形成总结报告		终端形象建设复盘报告

3. 相关制度与文件

（1）品牌视觉应用规范手册。
（2）终端形象建设工作规划指引。
（3）终端形象建设申请流程。

（4）终端形象建设设计评审流程。
（5）终端形象建设付款流程。

4. 相关表单

（1）区域年度终端形象建设规划。
（2）季度行动计划表。
（3）季度总案申请。
（4）全国主题市场活动方案。
（5）推广验收下单列表。
（6）终端形象建设复盘报告。

5. 流程授权表

表 9-20　终端形象管理流程授权表

流程步骤	流程业务授权内容	提报	审核	二级审核	审批	知会
步骤4～步骤6	季度终端形象建设计划	终端形象建设专员	市场部经理	财务管理部	市场中心负责人	营销大区、财务管理部

6. 流程风险点

表 9-21　终端形象管理流程风险点

流程步骤	风险描述	控制类型	控制方式	控制频率	控制文档	相关部门
步骤9～步骤14	（1）终端形象建设设计因商户、客户要求使用未经授权的非公司元素，存在侵权风险 （2）终端形象建设制作、安装完成后，合作期内，客户未经公司许可自行拆换	发现型	人工	每次		市场部、销售部、品牌部

八、市场活动策划与实施流程

市场活动策划与实施流程的输入为年度推广策略、年度销售策略、年度品牌策略，输出为年度市场活动总结，增值方式为提升市场活动策划质量，提升市场影响力。图9-8、表9-22至表9-24为市场活动策划与实施流程全过程。

1. 流程图

营销大区	市场部	财务管理部	营销中心负责人、市场中心负责人、公司总经理

归口部门：市场部

- 年度推广策略 → 开始
- 年度销售策略、年度品牌策略
- 1. 编制年度市场活动策略
- 2. 编制全国主题市场活动方案
- 3. 审核是否通过（否→返回2；是↓）
- 4. 审核是否通过（否→返回2；是↓）
- 5. 审核/审批是否通过（否→返回；是↓）
- 年度市场活动费用预算 → 开始
- 季度工作重点
- 6. 编制季度行动计划
- 7. 季度行动计划汇总形成总案
- 8. 审核是否通过（否→返回7；是↓）
- 9. 按权限审核/审批是否通过（否→返回；是↓）
- 10. 市场活动宣导
- 11. 市场活动规划
- 12. 市场活动子案申请
- 终端形象建设申请流程
- 13. 市场活动执行
- 14. 市场活动执行进度、效果追踪及反馈
- 年度市场推广费用预算制定与管理流程
- 15. 区域市场活动总结
- 16. 专案市场活动总结
- 17. 年度市场活动总结
- 结束

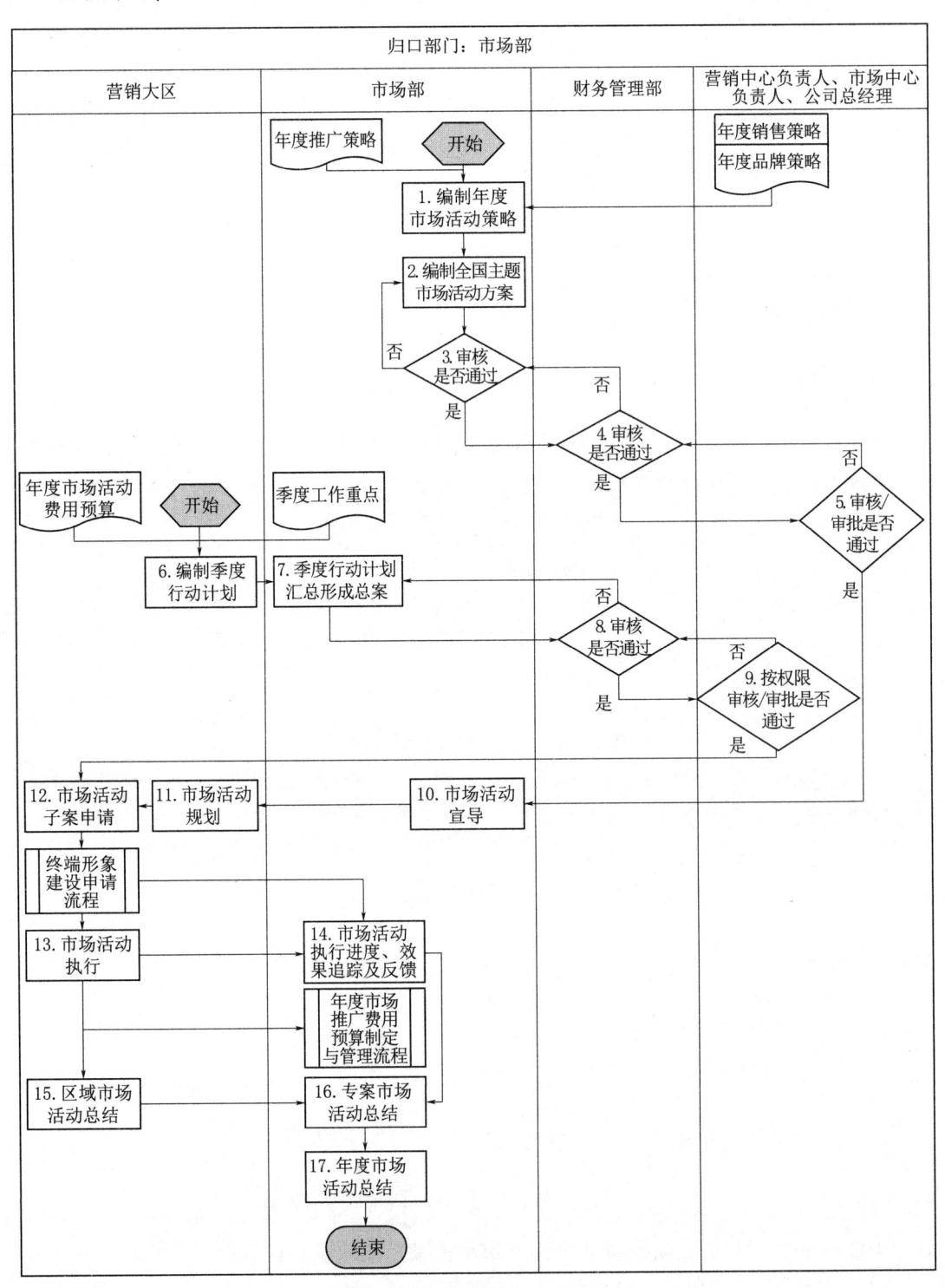

图9-8　市场活动策划与实施流程图

2. 流程步骤说明

表 9-22 市场活动策划与实施流程步骤说明

流程步骤	步骤名称	流程步骤说明	相关文件/制度	相关表单
步骤 1	编制年度市场活动策略	市场推广活动管理负责人根据年度规划会议确定的年度销售策略、年度品牌策略，在 11 月底前编制年度市场活动策略		
步骤 2	编制全国主题市场活动方案	推广活动管理负责人根据年度市场活动策略编制全国主题市场活动方案，形成总案及活动执行指引		全国主题市场活动方案、专项活动指引
步骤 3	审核是否通过	市场部负责人审核		
步骤 4	审核是否通过	财务管理部审核费用是否在预算内		
步骤 5	审核/审批是否通过	按业务核决权限表审核、审批		
步骤 6	编制季度行动计划	各营销大区根据季度工作重点及年度市场活动费用预算，编制季度行动计划		季度行动计划、季度工作重点
步骤 7	季度行动计划汇总形成总案	市场部负责人根据各营销大区处提交的季度行动计划汇总，形成季度总案申请提报市场部负责人审核		季度总案申请
步骤 8	审核是否通过	财务管理部审核费用是否在预算内		
步骤 9	按权限审核/审批是否通过	相关领导按核决权限表进行审核、审批		
步骤 10	市场活动宣导	市场部推广活动管理负责人根据市场活动执行指引组织营销大区推广、大区推广进行宣导贯彻		
步骤 11	市场活动规划	各营销大区处负责人根据全国主题市场活动方案、季度总案申请，规划、分配至各营销大区、区域		
步骤 12	市场活动子案申请	各营销大区根据全国主题市场活动方案、季度总案申请，提交推广费用申请流程、终端形象建设申请流程	推广费用申请流程、终端形象建设申请流程	

续上表

流程步骤	步骤名称	流程步骤说明	相关文件/制度	相关表单
步骤13	市场活动执行	各营销大区根据审批后的子案，执行活动，进入步骤15和年度推广费用预算制定与实施流程	年度推广费用预算制定与实施流程	
步骤14	市场活动执行进度、效果追踪及反馈	（1）市场部推广活动管理负责人定期跟进市场活动执行进度、效果追踪 （2）市场部推广活动管理负责人将执行简报反馈至大区推广		专案活动追踪简报
步骤15	区域市场活动总结	（1）营销大区、区域根据活动执行活动过程、效果进行总结 （2）营销大区输出活动总结报告提交至市场部推广活动管理负责人		活动总结报告
步骤16	专案市场活动总结	市场部推广活动管理负责人针对专案活动进行总结，输出专案总结报告		专案总结报告
步骤17	年度市场活动总结	品牌推广管理处负责人根据全年市场活动执行情况，输出年度市场活动复盘报告		年度市场活动复盘报告

3. 相关制度与文件

（1）推广费用申请流程。
（2）终端形象建设申请流程。
（3）年度推广费用预算制定与实施流程。

4. 相关表单

（1）全国主题市场活动方案。
（2）专案活动指引。
（3）季度行动计划。
（4）季度工作重点。
（5）季度总案申请。
（6）专案活动追踪简报。
（7）活动总结报告。
（8）专案总结报告。
（9）年度市场活动复盘报告。

5. 流程授权表

表 9-23　市场活动策划与实施流程授权表

流程步骤	流程业务授权内容	提　报	审　核	二级审核	审　批	知　会
步骤 2 ~ 步骤 5	全国主题市场活动方案	推广活动管理负责人		市场中心负责人	公司总经理	营销大区、市场部

6. 流程风险点

表 9-24　市场活动策划与实施流程风险点

流程步骤	风险描述	控制类型	控制方式	控制频率	控制文档	相关部门
步骤 10	市场活动宣导不到位，导致推广执行有偏差	预防型	人工	每次	专案活动指引	推广部、市场部

九、年度销售合同管理流程

年度销售合同管理流程的输入为销售合同修改意见，输出为销售合同签订记录，增值方式为规范销售合同管理，降低合同风险。图 9-9、表 9-25 至表 9-27 为年度销售合同管理流程全过程。

1. 流程图

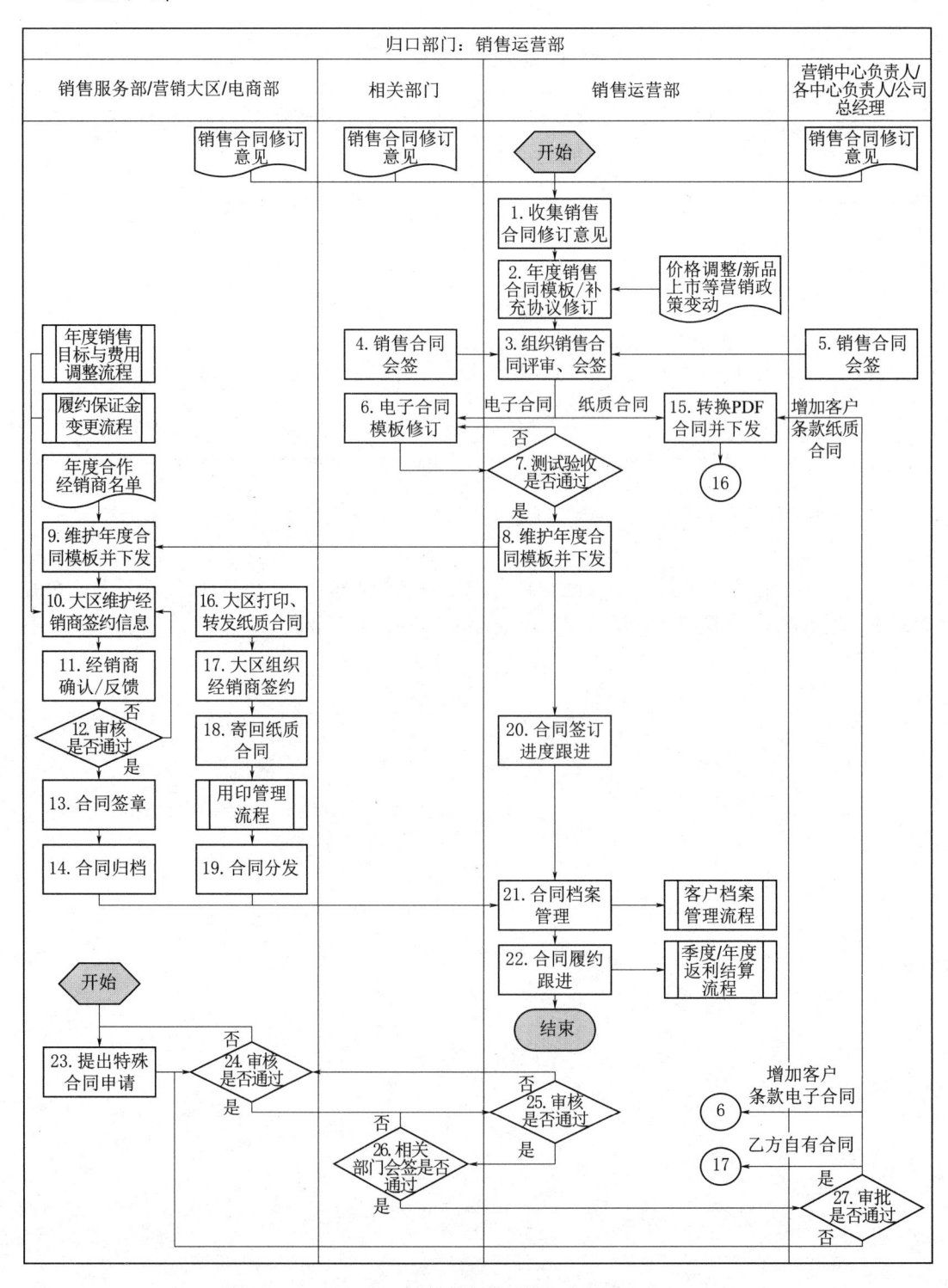

图 9-9　年度销售合同管理流程图

2. 流程步骤说明

表 9-25　年度销售合同管理流程步骤说明

流程步骤	步骤名称	流程步骤说明	相关文件/制度	相关表单
步骤 1	收集销售合同修订意见	销售运营部每年 9 月收集、整理营销中心、公司各部门的经销协议修订意见	经销商合同管理细则	销售合同修订意见登记表
步骤 2	年度销售合同模板/补充协议修订	（1）销售运营部每年 10 月根据当年经销协议执行情况规划下一年度的合同文本：合同模板、合同条款、签约方式、签约系统功能优化等 （2）销售运营部每年 10 月根据营销中心、公司各部门反馈的修订意见及相关管理制度编制修订经销协议 （3）公司出现价格调整、新品上市等营销政策变动时，销售运营部编制、修订相关补充协议		经销协议
步骤 3	组织销售合同评审、会签	（1）销售运营部每年 11 月编制、修订完成销售合同文本后，组织营销中心、公司各相关部门进行销售合同的评审，评审销售合同文本业务范围是否合理、合规、全面等 （2）按经销商签约需求，区分电子合同或者纸质合同签约 （3）电子合同签约，进入步骤 6；纸质合同签约，进入步骤 15		
步骤 4	销售合同会签	公司各部门在 OA 系统进行合同会签		
步骤 5	销售合同会签	营销中心负责人在 OA 系统进行合同会签		
步骤 6	电子合同模板修订	（1）销售运营部依据系统研发部电子合同模版要求进行电子合同整理 （2）系统研发部电子合同模板进行排期开发		
步骤 7	测试验收是否通过	系统研发部电子合同开发完成后，组织测试工程师、销售运营部、营销中心等进行合同的全流程测试，不通过，返回步骤 6；验收通过，进入步骤 8		

续上表

流程步骤	步骤名称	流程步骤说明	相关文件/制度	相关表单
步骤8	维护年度合同模板并下发	（1）销售运营部每年12月启动电子合同签约，维护年度合同模板，审核无误后下发至营销大区 （2）销售运营部编制下发合同签订注意事项及填写规范指引、组织在线签约培训		
步骤9	维护年度合同模板并下发	（1）营销大区销售服务部/科每年12月份收集年度合作经销商名单 （2）营销大区销售服务部/科维护合同模板，并下发至大区 （3）维护内容：产品价格、返利系数标准等		
步骤10	大区维护经销商签约信息	大区销售负责人根据年度销售目标与费用调整流程、履约保证金变更流程维护经销商签约信息（保证金、销售计划等）	年度销售目标与费用调整流程、履约保证金变更流程	
步骤11	经销商确认/反馈	经销商确认合同信息是否有误，如合同签约信息有误，经销商线下反馈至大区，大区核对后重新维护		
步骤12	审核是否通过	负责人对合同内容、资料完整性等进行审核；审核通过，进入步骤13；不通过，返回步骤10		
步骤13	合同签章	大区负责人、经销商双方电子签章		
步骤14	合同归档	合同签约完成，在"鹏讯通"平台（电脑端）将合同归档		
步骤15	转换PDF合同并下发	提交纸质签约申请审核/审批后，销售运营部将PDF纸质合同下发至申请部门		
步骤16	大区打印、转发纸质合同	将PDF销售合同打印下发或转发至需求部门		
步骤17	大区组织经销商签约	大区负责人组织经销商现场进行纸质合同的签约		
步骤18	寄回纸质合同	（1）大区与经销商完成纸质合同签约，将2份合同寄回营销中心 （2）进入用印管理流程	用印管理流程	

续上表

流程步骤	步骤名称	流程步骤说明	相关文件/制度	相关表单
步骤19	合同分发	销售服务部负责已签约盖章合同的分发，销售运营部、经销商各执一份		
步骤20	合同签订进度跟进	销售运营部负责合同签订进度跟进，督促营销中心在规定时间内完成经销商合同的签订，输出经销商签约明细、签约进度追踪表		经销商签约明细、签约进度追踪表
步骤21	合同档案管理	销售运营部依据客户档案管理流程进行合同档案管理	客户档案管理流程	
步骤22	合同履约跟进	销售运营部追踪各大区是否按结算时限对经销商季度、年度返利进行结算，输出年公司经销商返利结算表	返利结算流程	年公司经销商返利结算表
步骤23	提出特殊合同申请	各大区负责人/负责人/销售服务部因业务需求提出特殊合同申请		
步骤24	审核是否通过	申请进行审核，审核通过，进入步骤25；不通过，则返回步骤23		
步骤25	审核是否通过	销售运营部对合同内容、风险点等进行审核，审核通过，进入步骤26；不通过，则返回步骤24		
步骤26	相关部门会签	销售运营部组织大区负责人/负责人及公司各部门（法务部、内审部、财务管理部、财务核算中心负责人等）进行销售合同的会签		
步骤27	审批是否通过	（1）营销中心负责人审批 （2）增加客户条款电子合同，进入步骤6；增加客户条款纸质合同，进入步骤15；乙方自有合同，进入步骤17		

3. 相关制度与文件

（1）经销商合同管理细则。
（2）年度销售目标与费用调整流程。
（3）履约保证金变更流程。
（4）用印管理流程。

（5）客户档案管理流程。
（6）返利结算流程。

4. 相关表单

（1）销售合同修订意见登记表。
（2）经销协议。
（3）经销商签约明细、签约进度追踪表。
（4）年公司经销商返利结算表。

5. 流程授权表

表 9-26　年度销售合同管理流程授权表

流程步骤	流程业务授权内容	提 报	审 核	二级审核	审 批	知 会
步骤 23～步骤 27	特殊合同申请	营销大区	销售运营部	相关部门	营销中心负责人	相关部门

6. 流程风险点

表 9-27　年度销售合同管理流程风险点

流程步骤	风险描述	控制类型	控制方式	控制频率	控制文档	相关部门
步骤 9、步骤 10	合同相关信息维护错误，可能导致部分条款失效	发现型	人工	随时	经销协议签约及注意事项	营销大区、销售运营部
步骤 13、步骤 14、步骤 17～步骤 19	1. 经销商合同未及时签约，实质交易仍然存续，存在潜在违规风险 2. 经销商合同未及时签约，经销商违规无法约束	预防型	人工	随时	经销商签约明细、签约进度追踪表	营销大区、销售运营部
步骤 21	1. 合同丢失，发生合同纠纷时无法提供证据 2. 合同丢失，存在潜在违规风险	预防型	人工	随时	客户档案管理流程	销售运营部

十、客户开户及资料变更流程

客户开户及资料变更流程的输入为合作意向客户信息、客户设立、终止、变更管理办法，输出为客户档案，增值方式为规范客户档案管理，降低经营风险。图 9-10、表 9-28 至表 9-30 为客户开户及资料变更流程。

1. 流程图

归口部门：销售运营部				
销售服务部/营销大区、区域	财务管理部	销售运营部	营销中心负责人/各中心负责人/公司总经理	

流程节点：
- 合作意向客户 → 开始
- 客户设立、终止、变更管理办法
- 1. 收集客户信息资料
- 2. 提出客户开户/资料变更申请
- 3. 审核是否通过（否→返回2；是→继续）
- 4. 审批是否通过（否→返回2；是→继续）
- 5. 通知客户缴纳保证金并建档/资料变更
- 新开户 → 6. 确认保证金到账并入账
- 资料变更 → ERP录入资料修改
- 7. 复核客户资料是否正确（否→返回；是→继续）
- OA流程表单/附件修改
- 8. 客户资料更新/信息修改
- 9. 客户资料确认
- 10. 资料归档 → 客户档案管理流程
- 结束

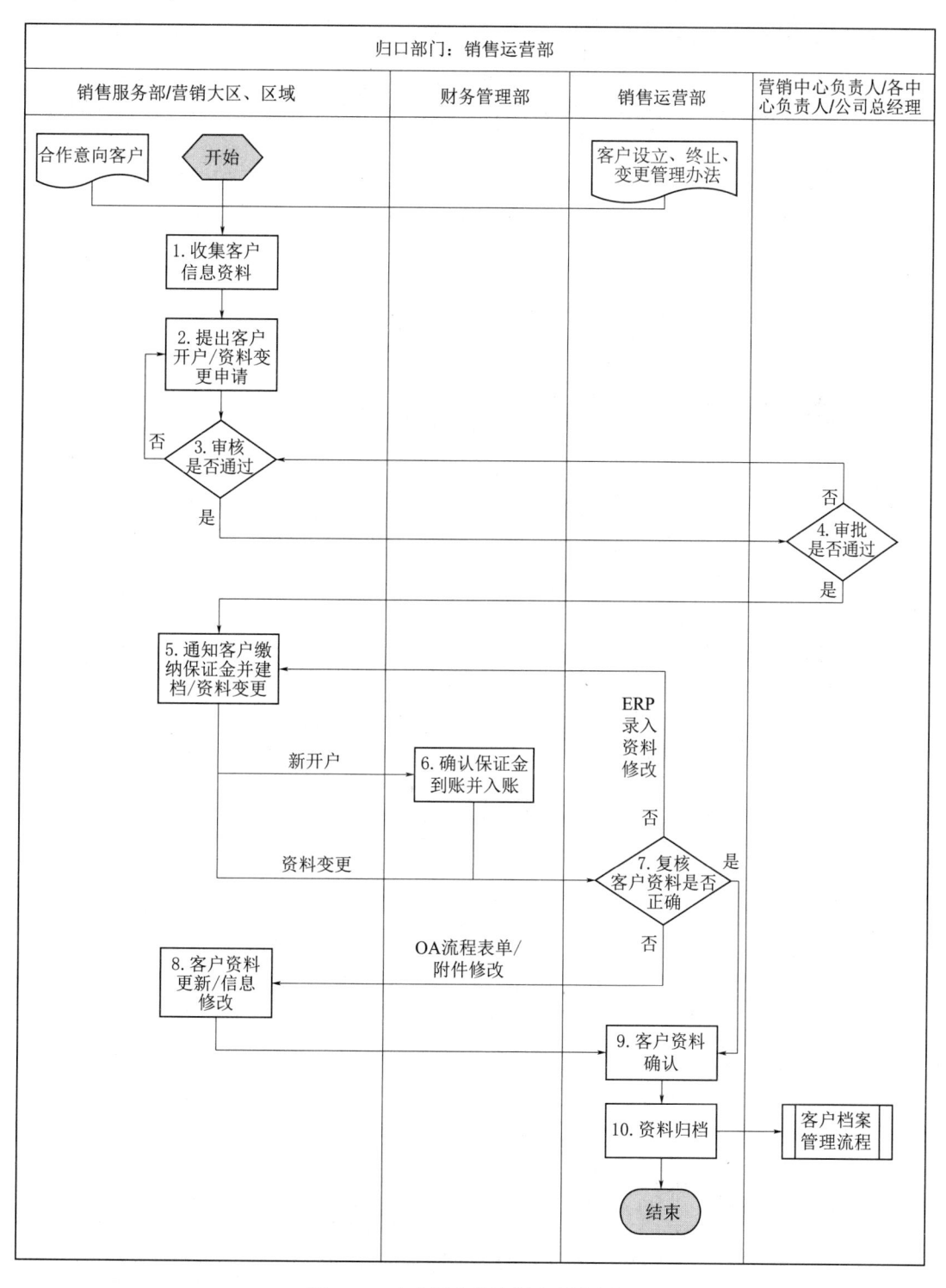

图 9-10　客户开户及资料变更流程图

2. 流程步骤说明

表 9-28 客户开户及资料变更流程步骤说明

流程步骤	步骤名称	流程步骤说明	相关文件/制度	相关表单
步骤 1	收集客户信息资料	依据经销商设立终止变更管理办法收集经销商开户/资料变更所需资料，填写相关表单及印章等	经销商设立终止变更管理办法	
步骤 2	提出客户开户/资料变更申请	发起客户开户/资料变更流程	客户开户/资料变更流程	
步骤 3	审核是否通过	（1）大区和负责人审核经销商资质及开户、资料变更申请 （2）销售服务部登录"国家企业信用信息公示系统"复核证件的真实、有效性，检查所有资料是否完整和准确		
步骤 4	审批是否通过	营销中心负责人/各中心负责人审批		
步骤 5	通知客户缴纳保证金并建档/资料变更	（1）销售服务部在 ERP 系统录入客户档案建立账号 （2）通知经销商缴纳保证金 （3）资料变更申请通过审批后，销售服务部/科在 ERP 系统进行经销商资料的修改操作 （4）新开户进入步骤 6；资料变更进入步骤 7 （5）如涉及经销商年度销售计划量变更，由财务管理部在 ERP 系统更新导入		
步骤 6	确认保证金到账并入账	（1）财务管理部确认保证金的到账及操作系统入账，开具履约保证金收据并转交财务管理部 （2）销售服务部在财务管理部领取履约保证金收据，邮寄至营销大区，由大区转交至经销商		
步骤 7	复核客户资料是否正确	（1）销售运营部复核经销商附件资料与 ERP 系统资料录入、修改的正确性 （2）ERP 系统录入资料有误，返回步骤 5 进行资料修改；OA 流程表单/附件有误，进入步骤 8；资料正确无误，进入步骤 9		
步骤 8	客户资料更新/信息修改	更新、修改客户资料		
步骤 9	客户资料确认	营销大区依据"经销商设立终止变更管理办法"要求寄回客户开户资料/变更资料原件，销售运营部对客户资料进行确认		
步骤 10	资料归档	销售运营部依据客户档案管理流程进行资料归档	客户档案管理流程	

3. 相关制度与文件

（1）经销商设立终止变更管理办法。
（2）客户开户/资料变更流程。
（3）客户档案管理流程。

4. 相关表单

无。

5. 流程授权表

表 9-29　客户开户及资料变更流程授权表

流程步骤	流程业务授权内容	提报	审核	二级审核	审批	知会
步骤2～步骤4	经销商开户/资料变更申请		大区负责人	负责人	营销中心负责人、各中心负责人	销售运营部、财务管理部、市场部、财务管理部

6. 流程风险点

表 9-30　客户开户及资料变更流程风险点

流程步骤	风险描述	控制类型	控制方式	控制频率	控制文档	相关部门
步骤9、步骤10	客户开户资料/变更资料原件未及时寄回或丢失，存在潜在违规风险	预防型	人工	随时	经销商设立终止变更管理办法	大区、销售运营部

十一、月度销售目标及政策制定与执行流程

月度销售目标及政策制定与执行流程的输入为月度销售目标，输出为政策执行分析，增值方式为提升销售政策执行率。图9-11、表9-31至表9-33为月度销售目标及政策制定与执行流程全过程。

1. 流程图

销售服务部/ 计划管理部	财务管理部	营销大区、区域	市场部	渠道管理部	营销中心负责人
					归口部门：营销中心

流程节点：

- 开始
- 1. 组织月度经营复盘（营销中心负责人）
- 2. 编制月度渠道策略（渠道管理部）
- 3. 编制月度推广策略（市场部）
- 4. 组织营销中心经营分析会评审（营销中心负责人）
- 5. 拟定渠道策略总案及操作指引（渠道管理部）
- 6. 拟定推广策略总案及操作指引（市场部）
- 7. 审核/审批是否通过（否→返回1；是→继续）
- 8. 下发渠道策略总案及操作指引（渠道管理部）
- 9. 下发推广策略总案及操作指引（市场部）
- 10. 大区渠道策略/推广策略部署（营销大区、区域）
- 11. 服务处提交子案申请（营销大区、区域）
- OA推广费用申请流程
- OA通路建设费用申请流程
- 4W+2M提货计划管理流程（销售服务部/计划管理部）
- 营销费用申请及核销流程（财务管理部）
- 12. 服务处渠道策略/推广策略执行（营销大区、区域）
- 13. 营销大区、区域经营复盘（营销大区、区域）
- 结束

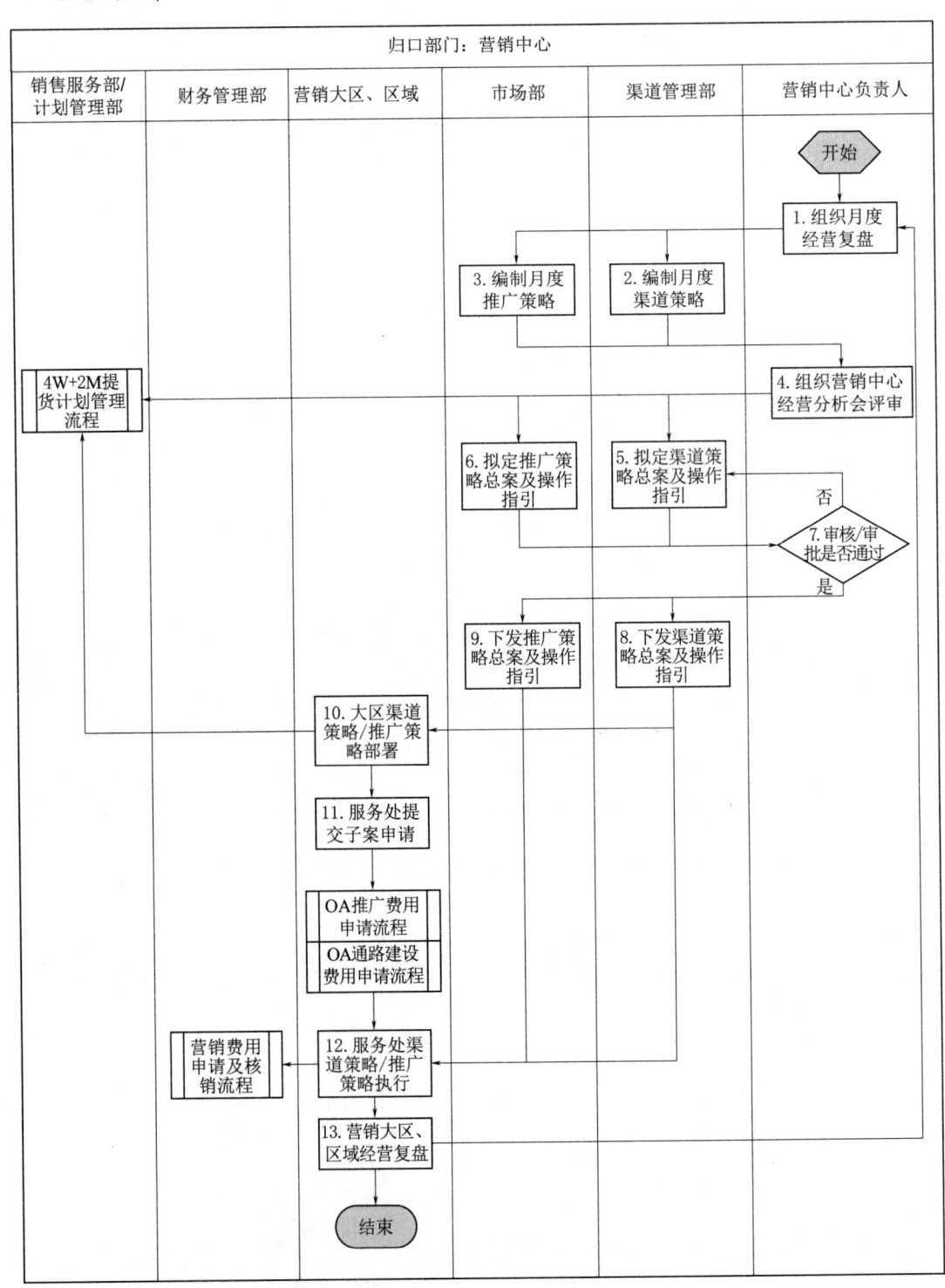

图 9-11　月度销售目标及政策制定与执行流程图

2. 流程步骤说明

表 9-31　月度销售目标及政策制定与执行流程步骤说明

流程步骤	步骤名称	流程步骤说明	相关文件/制度	相关表单
步骤 1	组织月度经营复盘	每月公司经营分析会后两天，召开营销中心职能述职会		
步骤 2	编制月度渠道策略	渠道管理部根据职能述职会修正意见，编制月度渠道策略方案	月度渠道策略方案	
步骤 3	编制月度推广策略	推广处根据职能述职会修正意见，编制月度推广策略方案	月度推广策略方案	
步骤 4	组织营销中心经营分析会评审	每月 21 日前召开营销中心经营分析会		
步骤 5	拟定渠道策略总案及操作指引	渠道管理部项目负责人根据营销中心经营分析会议纪要，每月 25 日前拟定渠道策略总案及操作指引，渠道管理部负责人审核		
步骤 6	拟定推广策略总案及操作指引	推广处项目负责人根据营销中心经营分析会议纪要，每月 25 日前拟定推广策略总案及操作指引，推广处负责人审核		
步骤 7	审核/审批是否通过	渠道/推广总案：提交通路建设费用申请流程，送审核/审批		
步骤 8	下发渠道策略总案及操作指引	渠道管理部下发渠道策略总案及操作指引至各大区，抄送市场部		
步骤 9	下发推广策略总案及操作指引	推广处项目负责人下发推广策略总案及操作指引至各大区，抄送市场部		
步骤 10	大区渠道策略/推广策略部署	（1）大区总监在推广主任、销管的辅助下，梳理、分解目标，疑问点向渠道管理部/推广处沟通、确认 （2）大区总监在 28 日前召开大区经营分析会，回顾当月目标达成与项目进展，部署下月渠道/推广专案		经营分析报告

续上表

流程步骤	步骤名称	流程步骤说明	相关文件/制度	相关表单
步骤11	服务处提交子案申请	营销大区提交渠道类子案申请		
步骤12	服务处渠道策略/推广策略执行	1. 渠道专案： （1）业务人员终端拜访时执行渠道专案，并通过"鹏讯通"平台做执行数据/图片管理 （2）经理、组长跟踪/抽查渠道专案执行进度和质量 2. 推广专案： 推广专员根据推广月度规划及跟踪表执行并做市场走访 3. 渠道管理部/推广处项目负责人做项目执行抽检，输出市场走访报告，及时提炼亮点进行推广/纠偏/问题警示 4. 进入营销费用申请及核销流程	营销费用申请及核销流程	推广月度规划及跟踪表
步骤13	营销大区/区域经营复盘	1. 大区推广主任对推广专案、渠道专案做市场走访，并提交报告给营销大区 2. 大区推广主任对专案的向下部署、过程追踪的相关邮件要抄送营销大区 3. 营销大区完成经营分析报告并在营销中心经营分析会上汇报		

3. 相关制度与文件

（1）月度渠道策略方案。
（2）月度推广策略方案。
（3）营销费用申请及核销流程。

4. 相关表单

（1）经营分析报告。
（2）推广月度规划及跟踪表。

5. 流程授权表

表 9-32　月度销售目标及政策制定与执行流程授权表

流程步骤	流程业务授权内容	提 报	审 核	二级审核	审 批	知 会
步骤 5	渠道专案操作指引	渠道管理部负责人			营销中心负责人	市场部、销售服务部
步骤 6	推广专案操作指引	市场部负责人			营销中心负责人	销售服务部、财务管理部

6. 流程风险点

表 9-33　月度销售目标及政策制定与执行管理流程风险点

流程步骤	风险描述	控制类型	控制方式	控制频率	控制文档	相关部门
步骤 1	大区提报的下月产品需求不合理、不准确，导致产销不协调（呆滞、脱销）	预防型	人工	每月	4+2 销售预测	销售服务部、营销大区
步骤 8～步骤 12	大区总监对渠道、推广专案要点理解有偏差、宣导不到位，导致执行有偏差	预防型	人工	每月	月度推广策略方案	渠道管理部、营销大区、市场部

十二、返利结算流程

返利结算流程的输入为公司年度销售政策，输出为返利结算结果，增值方式为增加客户粘性，准确、及时结算返利。图 9-12、表 9-34 至表 9-36 为返利结算流程全过程。

1. 流程图

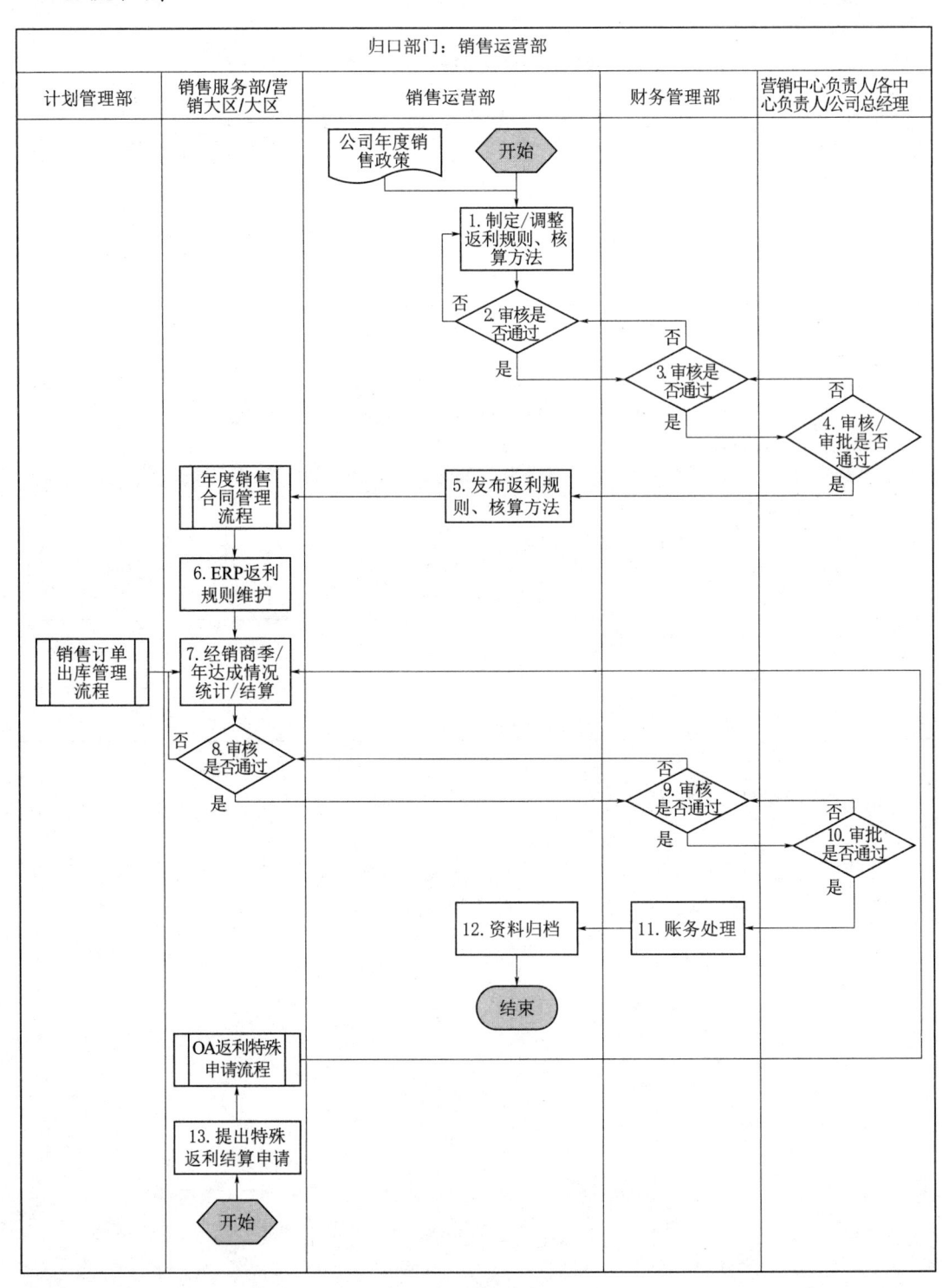

图 9-12 返利结算流程图

2. 流程步骤说明

表 9-34　返利结算流程步骤说明

流程步骤	步骤名称	流程步骤说明	相关文件/制度	相关表单
步骤 1	制定/调整返利规则、核算方法	销售运营部每年 10 月依据公司年度销售策略，制定/调整返利规则、核算方法	经销商返利考核方案	
步骤 2	审核是否通过	销售运营部负责人审核		
步骤 3	审核是否通过	财务管理部负责人、财务中心负责人审核		
步骤 4	审核/审批是否通过	营销中心负责人审核，公司总经理审批		
步骤 5	发布返利规则、核算方法	销售运营部发布返利规则、核算方法，并拟定年度销售合同附件相关内容，进入年度销售合同管理流程	年度销售合同管理流程	
步骤 6	ERP 返利规则维护	销售服务部在 ERP 系统中维护已完成签约经销商的返利规则	年度销售合同管理流程、经销协议	
步骤 7	经销商季/年达成情况统计/结算	（1）依据经销商的实际销售达成数据，进行经销商季度/年度达成情况的统计与结算 （2）季度返利在下季度的第一个月发起，年度返利在当年的 12 月底前发起	销售订单出库管理流程、经销协议、经销商返利流程	经销商季度/年度返利表
步骤 8	审核是否通过	营销大区/销售服务部对经销商的返利达成情况进行审核		
步骤 9	审核是否通过	财务管理部主管/主任对经销商的返利达成情况进行核准		
步骤 10	审批是否通过	营销中心负责人/各中心负责人进行审批		
步骤 11	账务处理	财务管理部进行账务处理，做折扣金额冲账操作		
步骤 12	资料归档	销售运营部负责相关资料归档		
步骤 13	提出特殊返利结算申请	经销商季度/年度达成情况未满足返利核算规则时，营销大区依据经销商合同履行和政策执行情况，进入返利特殊申请流程	经销协议、返利特殊申请流程	

3. 相关制度与文件

（1）经销商返利考核方案。
（2）年度销售合同管理流程。
（3）经销协议。
（4）销售订单出库管理流程。
（5）经销商返利流程。
（6）返利特殊申请流程。

4. 相关表单

经销商季度/年度返利结算表。

5. 流程授权表

表9-35 返利结算流程授权表

流程步骤	流程业务授权内容	提报	审核	二级审核	审批	知会
步骤1～步骤4	年度销售政策	销售运营部	销售运营部负责人	财务管理部、财务中心负责人、营销中心负责人	公司总经理	各相关部门
步骤7～步骤10	经销商季/年达成情况的统计/结算	大区负责人	营销大区、销售服务部	财务管理部负责人	营销中心负责人、各中心负责人	财务管理部

6. 流程风险点

表9-36 返利结算流程风险点

流程步骤	风险描述	控制类型	控制方式	控制频率	控制文档	相关部门
步骤6	ERP系统返利规则维护错误，经销商返利结算时出错	预防型	人工	随时	年度返利销售政策、经销协议	销售服务部

十三、自营平台运营管理流程

自营平台运营管理流程的输入为公司年度经营计划，输出为自营平台运营总结，增值方式为提升自营平台销量及利润。图9-13、表9-37至表9-39为自营平台运营管理流程全过程。

1. 流程图

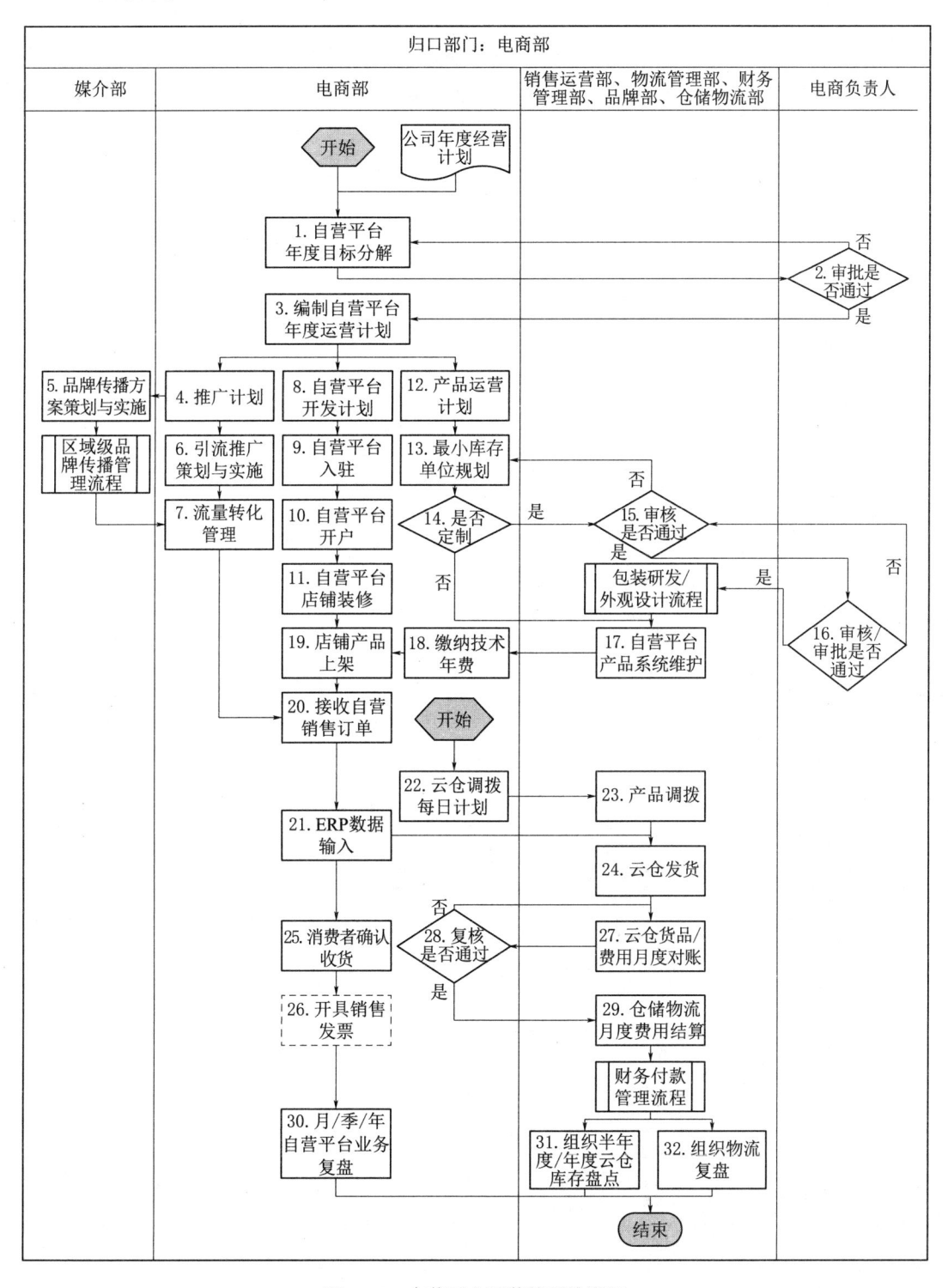

图 9-13　自营平台运营管理流程图

2. 流程步骤说明

表 9-37　自营平台运营管理流程步骤说明表

流程步骤	步骤名称	流程步骤说明	相关文件/制度	相关表单
步骤 1	自营平台年度目标分解	电商部负责人每年 11 月份根据公司年度经营计划进行自营平台目标分解，明确平台、品项、月份、目标等		自营平台年度目标分解表
步骤 2	审批是否通过	审批通过，进入步骤 3；不通过，返回步骤 1		
步骤 3	编制自营平台年度运营计划	电商部负责人每年 11 月份根据审批后的自营平台年度目标分解表，编制自营平台年度运营计划		自营平台年度运营计划表
步骤 4	推广计划	电商部推广策划负责人编制推广计划，包含站内推广、站外推广、直播推广、"种草"推广、品牌化推广等		推广计划表
步骤 5	品牌传播方案策划与实施	品牌部结合推广计划需求进行品牌传播方案策划与实施，进入区域级品牌传播管理流程	区域级品牌传播管理流程	
步骤 6	引流推广策划与实施	电商部推广策划负责人通过站内、站外等付费广告进行流量的导入		
步骤 7	流量转化管理	电商部各平台负责人对引入的流量进行持续优化，提升整体投资回报率		
步骤 8	自营平台开发计划	如有新的平台经电商部负责人评估后需入住，平台运营负责人编制自营平台开发计划		
步骤 9	自营平台入驻	平台运营负责人按照平台的要求进行入住、按要求提供相应的资料，完成平台入住		
步骤 10	自营平台开户	平台运营负责人根据公司要求，通过 OA 系统提交电商平台客户开户申请流程，完成自营平台的开户建档工作	电商平台客户开户申请流程	
步骤 11	自营平台店铺装修	电商设计负责人根据公司的品牌元素进行店铺的基础装修；节日活动根据活动主题进行装修		
步骤 12	产品运营计划	各平台运营负责人根据自营平台年度目标分解表编制各平台产品的运营计划，包括老产品的维稳、新产品的拓新和开发、大型节日活动主题的规划等		产品运营计划表
步骤 13	最小库存单位规划	各平台运营负责人根据产品运营计划进行最小库存单位的规划，包括产品品项、规格、价格、包装等		

续上表

流程步骤	步骤名称	流程步骤说明	相关文件/制度	相关表单
步骤14	是否定制	（1）各平台运营负责人根据产品特性进行定制需求的提报，打造线上线下产品的差异化 （2）如需定制，各平台运营负责人提交新品需求表，电商部负责人审核后提交至品牌部，进入步骤15；如无需定制，进入步骤17		新品需求表
步骤15	审核是否通过	品牌部负责人审核		
步骤16	审核/审批是否通过	审核、品牌中心负责人审批，进入包装研发流程、外观设计流程	包装研发流程、外观设计流程	
步骤17	自营平台产品系统维护	销售运营部在ERP系统对各自营平台产品进行维护，包含价格、系数、选项维护		
步骤18	缴纳技术年费	各平台负责人根据各平台要求发起OA"活动费用申请流程（电商）"进行年费的申请，并缴纳	活动费用申请流程（电商）	
步骤19	店铺产品上架	（1）电商设计负责人在完成店铺基础装修后，根据最小库存单位规划进行店铺最小库存单位的上架工作 （2）电商设计负责人日常新品的上架		
步骤20	接受自营销售订单	上架销售后进行消费者的咨询和订单接受		
步骤21	ERP数据输入	（1）ERP系统自动对于平台后台的订单通过第三方系统进行数据的同步 （2）电商客服人员/各平台负责人手动进行订单的ERP数据导入		
步骤22	云仓调拨每日计划	电商物流负责人根据各平台的"4+2"销售计划信息制订云仓调拨每日计划		云仓调拨计划表
步骤23	产品调拨	物流管理部根据电商物流负责人提供的云仓调拨计划表进行统一的产品调拨		
步骤24	云仓发货	（1）第三方云仓公司根据ERP的订单数据进行打单、发货，上传发货物流单号至各平台后台系统 （2）发货后次日，公司SCM系统抓取第三方ERP生成的发货明细，上传至公司内部ERP，经各平台负责人、电商负责人、订单组、仓储部审核后自动扣账		
步骤25	消费者确认收货	消费者收到货满意后手动/自动确认收货		
步骤26	开具销售发票	消费者通过平台聊天工具或者后台自主提交开票信息进行开票		

续上表

流程步骤	步骤名称	流程步骤说明	相关文件/制度	相关表单
步骤27	云仓货品/费用月度对账	(1)每月月初由第三方云仓公司、电商物流负责人、仓储部成品入库仓管员进行上月的发货量、调拨量、第三方云仓库存数量的核对 (2)每月月初由第三方云仓公司发起上月月度结算单,客服岗提供上月售后清单		货品月度对账单、费用月度结算单
步骤28	复核是否通过	(1)各平台运营负责人对云仓货品数量进行复核 (2)电商物流负责人配合物流管理部共同确认上月月度结算单		
步骤29	仓储物流月度费用结算	由第三方云仓公司将复核无误的月度结算单打印、盖章,连同发票邮寄至电商物流负责人,签字后转至物流管理部,签字后提交至财务管理部,进入财务付款管理流程	财务付款管理流程	
步骤30	月/季/年自营平台业务复盘	每月/季/年,电商部负责人组织部门对各平台业务进行复盘,包含平台销售数据、推广费、物流费、人工费、平台消费者画像、亮点/不足及次月/季/年销售规划		
步骤31	组织半年度/年度云仓库存盘点	仓储部组织半年度/年度云仓库存盘点,电商部负责人、电商物流负责人配合,核查仓内实物与账面库存差异,沟通合作近况、存在问题点		库存盘点报告
步骤32	组织物流复盘	供应链物流管理部负责人组织电商部负责人、电商物流负责人、第三方云仓公司就近期发货量、费用情况、现存问题点进行复盘		

3. 相关制度与文件

(1)区域级品牌传播管理流程。
(2)电商平台客户开户申请流程。
(3)包装研发流程。
(4)外观设计流程。
(5)活动费用申请流程(电商)。
(6)财务付款管理流程。

4. 相关表单

(1)自营平台年度目标分解表。
(2)自营平台年度运营计划表。
(3)推广计划表。
(4)产品运营计划表。

（5）新品需求表。

（6）云仓调拨计划表。

（7）货品月度对账单。

（8）费用月度结算单。

（9）库存盘点报告。

5. 流程授权表

表9-38　自营平台运营管理流程授权表

流程步骤	流程业务授权内容	提报	审核	二级审核	审批	知会
步骤1、步骤2	自营平台年度目标分解表	电商部负责人				
步骤13～步骤16	新品需求表	平台运营负责人	电商部负责人、品牌部负责人		品牌中心负责人	

6. 流程风险点

表9-39　自营平台运营管理流程风险点

流程步骤	风险描述	控制类型	控制方式	控制频率	控制文档	相关部门
步骤4、步骤6、步骤7	推广策划前期评估不足，流量转化效果差、投产比低于预期	发现型	人工	随时	推广计划表	电商部
步骤25、步骤28	第三方云仓管理不善导致实物和账面存在差异	发现型	人工	半年度	库存盘点报告	电商部、仓储部

参考文献

[1] 沃泽尔．什么是业务流程管理 [M]．姜胜，译．北京：电子工业出版社，2017．

[2] 舒尔茨 T，舒尔茨 H．整合营销传播：创造企业价值的五大关键步骤 [M]．王茁，顾洁，译．北京：清华大学出版社，2013．

[3] 黑曼，桑切兹，图勒加．新概念营销：第2版 [M]．官阳，译．北京：中央编译出版社，2006．

[4] 科比．流程思维：企业可持续改进实践指南 [M]．肖舒芸，译．北京：人民邮电出版社，2018．

[5] 科特勒，凯勒．营销管理：第13版·中国版 [M]．卢泰宏，高辉，译．北京：中国人民大学出版社，2009．

[6] 波特．竞争优势 [M]．陈小悦，译．北京：华夏出版社，2005．

[7] 哈默，钱皮．企业再造 [M]．王珊珊，译．上海：上海译文出版社，2007．

[8] 布拉干扎．全面流程再造 [M]．爱丁文化，译．北京：中华工商联合出版社，2004．

[9] 佩帕德，罗兰．业务流程再造精要 [M]．高俊山，译．北京：中信出版社，2002．

[10] 武田哲男．如何提高客户满意度 [M]．李伟，译．北京：东方出版社，2004．

[11] 修文群，张蓬．ERP/CRM/SCM/BI 协同商务建设指南 [M]．北京：科学出版社，2004．

[12] 吴文钊．决战营销：企业分销资源计划（DRP）原理与实现 [M]．北京：电子工业出版社，2004．

[13] 黄迎新．整合营销传播理论批评与建构 [M]．北京：人民出版社，2012．

[14] 施炜．管理架构师：如何构建企业管理体系 [M]．北京：中国人民大学出版社，2019．

[15] 于海澜．企业架构：价值网络时代企业成功的运营模式 [M]．北京：东方出版社，2009．

[16] 何荣勤．CRM 原理·设计·实践 [M]．北京：电子工业出版社，2003．

[17] 兰涛，张泓翊．华为营销铁军 [M]．北京：人民邮电出版社，2021．

[18] 水藏玺．业务流程再造 [M]．5版．北京：中国经济出版社，2019．

[19] 水藏玺．互联网时代业务流程再造 [M]．4版．北京：中国经济出版社，2015．

[20] 水藏玺，吴平新，刘志坚．流程优化与再造 [M]．3版．北京：中国经济出版社，2013．

[21] 水藏玺．流程优化与再造：实践·实务·实例 [M]．2版．北京：中国经济出版社，2011．

[22] 水藏玺，昝鹏．企业流程优化与再造实例解读 [M]．北京：中国经济出版社，2008．

[23] 水藏玺．不懂流程再造，怎么做管理 [M]．北京：中国纺织出版社有限公司，2019．

水藏玺作品集

（独著或合著）

序 号	书 名	出版社	出版时间
1	吹口哨的黄牛：以薪酬留住人才	京华出版社	2003
2	金色降落伞：基于战略的组织设计	中国经济出版社	2004
3	睁开眼睛摸大象：岗位价值评估六步法	中国经济出版社	2004
4	管理咨询35种经典工具	中国经济出版社	2005
5	看好自己的文件夹：企业知识管理的精髓	中国经济出版社	2005
6	绩效指标词典	中国经济出版社	2005
7	培训促进成长	中国经济出版社	2005
8	拿多少，业绩说了算	京华出版社	2005
9	成功向左、失败向右：在企业的十字路口如何正确决策	中国经济出版社	2006
10	激励创造双赢：员工满意度管理8讲	中国经济出版社	2007
11	人力资源管理最重要的5个工具	广东经济出版社	2008
12	人力资源管理体系设计全程辅导	中国经济出版社	2008
13	企业流程优化与再造实例解读	中国经济出版社	2008
14	金牌班组长团队管理	广东经济出版社	2009
15	薪酬的真相	中华工商联合出版社	2011
16	流程优化与再造：实践·实务·实例（第2版）	中国经济出版社	2011
17	管理成熟度评价理论与方法	中国经济出版社	2012
18	流程优化与再造（第3版）	中国经济出版社	2013
19	定工资的学问	立信会计出版社	2014
20	互联网时代业务流程再造（第4版）	中国经济出版社	2015
21	管理就是解决问题	中国纺织出版社	2015
22	年度经营计划管理实务	中国经济出版社	2015
23	学管理用管理会管理	中国经济出版社	2016
24	人力资源就该这样做	广东经济出版社	2016
25	人力资源管理体系设计全程辅导（第2版）	中国纺织出版社	2016
26	互联网+：电商采购、库存、物流管理实务	中国纺织出版社	2016

续上表

序号	书名	出版社	出版时间
27	年度经营计划制订与管理（第2版）	中国经济出版社	2016
28	班组长基础管理培训教程	化学工业出版社	2016
29	互联网+：中外电商发展路线图	中国纺织出版社	2017
30	石油与化工安全管理必读	化学工业出版社	2018
31	年度经营计划制订与管理（第3版）	中国经济出版社	2018
32	不懂解决问题，怎么做管理	中国纺织出版社有限公司	2019
33	不懂流程再造，怎么做管理	中国纺织出版社有限公司	2019
34	高绩效工作法	中国纺织出版社有限公司	2019
35	业务流程再造（第5版）	中国经济出版社	2019
36	胜任力模型开发与应用	中国经济出版社	2019
37	年度经营计划制订与管理（第4版）	中国经济出版社	2020
38	不懂激励员工，怎么做管理	中国纺织出版社有限公司	2020
39	不懂带领团队，怎么做管理	中国纺织出版社有限公司	2020
40	不懂组织再造，怎么做管理	中国纺织出版社有限公司	2021
41	不懂任职资格，怎么做管理	中国纺织出版社有限公司	2022
42	人力资源管理体系设计全程辅导（第3版）	中国经济出版社	2022
43	A级选手成长路径	中国纺织出版社有限公司	2023
44	班组长基础管理培训教程（第2版）	化学工业出版社	2023
45	集成供应链业务流程再造	中国铁道出版社有限公司	2023
46	集成研发业务流程再造	中国铁道出版社有限公司	2023